ACADEMIC
PUBLISHING
RESEARCH

THE

QUALITY

OF

CHINESE ACADEMIC BOOKS

AND

ACADEMIC PUBLISHING

ABILITY EVALUATION

谢曙光 等 著

中国学术图书质量
与学术出版能力评价

学术出版研究

社会科学文献出版社
SOCIAL SCIENCES ACADEMIC PRESS (CHINA)

课题组名单

课题组组长　谢寿光

课题总协调　吴　丹

课题组成员　蔡继辉　童根兴　吴　丹　张艳丽
　　　　　　　孙胜元　史晓琳　炊国亮

课题执行　吴　丹　张艳丽　孙胜元　史晓琳

课题组秘书　丁阿丽

前　言

2017 年注定是一个被历史浓墨重彩记载的年份。这一年，中共十九大胜利召开，习总书记在报告中庄严宣布："经过长期努力，中国特色社会主义进入了新时代，这是我国发展新的历史方位。"这一年，"知识服务"成为热词，信息的遴选方式、传播方式悄然变化，学术出版乃至整个出版界都在面临新的机遇和挑战。

早在 2013 年，我曾发文论述："中国的学术出版面临很多问题，但机遇大于挑战，包括国家和社会对创新性知识的需求越来越迫切，学术出版作为专业出版的主体，已经成为中国特色社会主义伟大事业不可或缺的重要角色。"但国内学术界对学术出版本身的研究存在明显不足，学术出版实践也常常面临诸多困境。2015 年，我牵头组织了一支研究团队，并申请到了社科基金重点项目"中国学术图书质量分析与学术出版能力建设"（项目号：14AXW006）。本书就是这个项目的结项成果。

在这个课题中，我们把"学术出版"作为研究对象，主要做了以下几个方面的探索。

第一，厘清学术出版相关概念的内涵及外延。通过对研究现状的梳理，我们发现，把"学术出版"作为研究对象的研究太少，实证研究更少！现代出版业关于"大众出版、教育出版、专业出版"三大分类的理念仍然需要推广。一些基础性的概念，比如"学术""学术图书"

1

"学术出版"等模糊不清。继而引发的问题包括，无法量化学术图书、学术出版机构，更毋宁说以其为对象进行深入研究了。本研究尝试明确界定了26个与学术出版密切相关的基本概念，并提出和界定了"学术出版能力"等原创性概念。

第二，梳理学术出版基础性行业数据。在厘清专业概念的基础上，本研究以2014年中国大陆出版社初版的图书为样本，对2014年学术图书的整体出版情况进行了分析，这是业界的首次尝试。我们也希望未来能够坚持持续性的研究，为了解目前我国学术图书的出版现状提供数据支撑。

第三，构建学术出版能力评价指标体系，并进行实证评价。本研究提出学术出版五大能力，即学术出版资源整合能力、学术产品加工能力、学术产品营销传播能力、数字出版能力和国际出版能力。其中，前三个是基础要素，后两个是面向未来的引领性要素。本研究以101家学术出版机构为研究对象，发现只有少数学术出版机构的基础能力和引领性能力均较高，多数出版机构在至少一个方面还有很大的提升空间。

第四，提出繁荣发展中国学术出版的对策与建议。建议国家层面着力提升对学术出版地位的认知，营造良好政策环境，着力提升中国学术出版能力；建议社会科学界和研究机构着力构建科学的学术成果、制定科学的学术出版的评价标准以及评价体系；建议行业实施智慧出版战略，提升学术出版领域的研究水平；建议学术出版机构精心打造五大能力，全面提升学术出版水平。

我的研究团队和创作团队主要来自于社会科学文献出版社皮书研究院的同事，以及博士后科研工作站的在站博士后。社会科学文献出版社副总编辑蔡继辉参与课题研讨并审稿，为本研究提出了很多建设性的建议；皮书研究院执行院长吴丹协助我申报课题、统筹课题计划、推动各个研究模块的执行，可以说没有她的努力，本研究难以如期完成；博士后科研工作站站长史晓琳承担了国际出版能力的研究，张艳丽、孙胜元两位博士后承担了子课题，分别完成"学术图书质量现状分析及评价""中国学术出版能力评价指标体系构建及评价"的研究。课题秘书丁阿丽做了大量的会议统筹、资料梳理等工作。本书的执笔人是：第一章，谢曙光；第二章，张艳丽、孙胜元；第三章、第四章，张艳丽；第五章，张艳丽、吴丹；第六章、第七章，孙胜元；第八章，史晓琳；第九章，谢曙光、吴丹。全书由我和吴丹统稿。

值此岁末年初，由社会科学文献出版社组织、策划的一年一度的中国学术出版年会召开在即，到今年，已经是第八届了。本书将在此次年会上正式发布。

在这本书中，我们希望能够尽可能全方位为读者呈现我们的研究成果，希望为"学术出版研究"开个好头。但因时间及能力所限，不足之处在所难免，恳请各位读者特别是同行批评指正。愿本书能够抛砖引玉，未来有更多的学者关注学术出版，共同创造中国学术的美好未来！

2018 年 7 月 6 日

于北京马甸

目录

第一章　绪论 ……………………………………………………… 1

　　第一节　研究背景与意义 ………………………………… 2

　　第二节　相关概念辨析与界定 …………………………… 15

　　第三节　研究体系与分析技术 …………………………… 22

第二章　国内外研究现状述评 ………………………………… 25

　　第一节　学术图书质量研究 ……………………………… 25

　　第二节　学术出版机构能力评价述评 …………………… 38

第三章　人文社会科学类学术图书出版现状调查 …………… 53

　　第一节　学术图书的认定 ………………………………… 53

　　第二节　数据来源 ………………………………………… 55

　　第三节　学术图书的筛选与统计分析 …………………… 57

　　第四节　学术图书数据结构化分析 ……………………… 61

第四章　人文社会科学类学术图书评价指标构建质性研究 … 70

　　第一节　研究目的和研究方法 …………………………… 70

　　第二节　研究步骤与流程 ………………………………… 71

　　第三节　访谈提纲设计、访谈对象选择 ………………… 74

　　第四节　资料分析 ………………………………………… 76

第五节　人文社会科学类学术图书质量评价
　　　　指标的差异化构建 ……………………………………… 87

第五章　学术图书及学术出版案例评价 ……………………… 94
　第一节　应用性研究成果质量评价 ………………………… 94
　第二节　人文社会科学类学术图书规范性质量评价 ……… 104
　第三节　学术出版机构提升年度性智库报告
　　　　　出版能力的探索 ………………………………………… 123

第六章　学术出版能力评价指标体系研究 ………………… 130
　第一节　学术出版能力概念模型 …………………………… 130
　第二节　学术出版能力评价指标体系的质性研究 ………… 138

第七章　中国学术出版能力实证评价 ……………………… 179
　第一节　评价对象 …………………………………………… 179
　第二节　学术出版五大能力指标数据获取 ………………… 181
　第三节　评价方法 …………………………………………… 190
　第四节　评价结果及其分析 ………………………………… 195

第八章　国外学术出版能力分析与中国借鉴 ……………… 250
　第一节　国外学术出版的宏观环境 ………………………… 250
　第二节　国外学术出版概况及特点 ………………………… 254
　第三节　国外学术出版能力分析 …………………………… 258

第九章　研究建议及对未来可能性的探讨 ………………… 270
　第一节　繁荣发展中国学术出版的建议 …………………… 270
　第二节　提升学术图书质量的建议 ………………………… 274
　第三节　提高学术出版五大能力的对策与建议 …………… 279

附录：学术出版基本术语 …………………………………… 284

参考文献 ……………………………………………………… 291

索　引 ………………………………………………………… 314

第一章 绪论

学术出版，是指学术作品经过评审、选择、编辑加工、印刷复制（拷贝），向同行和公众传播的专业出版活动。学术出版是学术成果的载体和传播平台，是人类出版活动的基本组成部分，是学术研究不可或缺的组成部分，也是学术市场的主体之一。它发挥了为学术成果研究提供知识服务和学术成果交易、传播的功能，是学术价值得以实现的基本环节。

从广义上说，学术涵盖了人文社会科学、自然科学和技术等诸多领域。与此对应，学术出版也包括人文社会科学学术出版、自然科学学术出版和工程技术学术出版三大专业门类。但通常人们更多地把学术出版用于指称人文社会科学专业出版。按照国际通行的标准，现代出版业分为大众出版、教育出版和专业出版三大类型，学术出版属于专业出版范畴。本课题研究也主要是在这个意义上来定义学术出版。学术出版包括学术期刊出版和学术图书出版两大门类，本研究的研究对象定位于后者，即人文社会科学图书出版。

学术出版服务于每一个时代的社会精英，它承载着思想传播和文明传承的功能，满足了人们对于原创性和创新性知识消费的需求，处于整个出版产业链的顶端。一个国家、一个地区的学术出版水平，很大程度上决定了一个国家和地区出版业的发展水平。

党的十八大以来，以习近平同志为核心的党中央提出了治国理政的新理念、新思路、新战略，在经济、政治、文化、社会和生态文明五大方面做出全面的战略部署，并明确提出繁荣发展中国特色哲学社会科学，实现文化强国的战略目标。而推动学术出版的大繁荣、大发展，无疑是实现这一战略目标的应有之义！因此，全面准确了解目前中国学术图书质量现状，深入研究学术出版机构的出版能力，改进和完善学术出版的评价体系和评价方法，从而提升中国学术出版质量和水平，正是本课题研究的任务和目的所在。

第一节　研究背景与意义

一　研究背景：中国学术出版正步入大繁荣、大发展的美好时代

学术出版服务于每一个时代的社会精英，它承载了思想传播和文明传承的功能。当代中国正经历着我国历史上最为广泛而深刻的社会变革，也正在进行着人类历史上最为宏大而独特的实践创新。这种前无古人的伟大实践，必将给学术繁荣提供强大动力和广阔空间。

进一步推进学术出版的繁荣，是党的十七届六中全会提出的繁荣哲学社会科学研究、实现文化强国目标的最重要组成部分之一。全面了解目前学术图书质量现状、深入研究学术出版能力，是实现文化强国梦的现实路径，也是推动更多学术产品走向世界，实现中国话语国际传播的前提。

（一）中国学术出版面临多重利好机遇期

2016年5月17日，习近平总书记在全国哲学社会科学座谈会上高屋建瓴地做出了划时代的断言："这是一个需要伟大思想而且一定能够

产生伟大思想的时代"（习近平，2016）。

虽然人口红利不再，但经济、社会转型期的改革红利十分丰厚。对于学术出版来说，它恰恰迎来了双重甚至多重利好的叠加。

第一，学术产品供应与学术产品消费的双向增长。中国已进入全面建成小康社会的决胜阶段，国家和社会对人文社会科学知识服务有巨大需求，这必将推动人文社会科学研究的繁荣与发展，学术成果的产出将持续增长；与此同时，互联网、大数据技术将进一步推动包括人文社会科学在内的科学研究的发展。因此，学术产品供应与学术产品消费都将呈现双重利好叠加的态势。

第二，学术产品的消费占比将持续增加。2015 年，中国人均GDP 达到 8400 美元，已迈入中等收入国家行列，数以亿计的中产阶层对于学术出版物，尤其是对于满足其深度阅读需求的人文社会科学类学术图书，其消费支出占比无疑将持续增加。浅阅读、轻阅读或快速阅读，的确是数字时代的阅读特征之一，但也只是之一而不是唯一；而另一特征也逐渐呈现，即深度阅读、多介质交互阅读、多学科跨界联动阅读。从 2015 年起全国图书销售实现正增长就是一个最好的例证。

第三，当代中国研究成为全球显学。中国成为全球第二大经济体后，中国研究尤其是当代中国研究成为国际热门课题。在全球思想市场中，中国学术所占的比重近年来持续上升，中国已成为学术论文、学术图书的第二生产大国（谢寿光，2016）；同时，世界范围内几乎所有的知名高校都在开设有关中国的课程乃至设立当代中国研究中心。中国的大众图书一直难以进入西方国家的主流图书市场，但近年有关中国内容的学术图书却大有持续热销的态势。同时，国际上大的学术出版公司都纷纷加大对中国的投资。这些现象对中国的学术出版无疑是一大利好。

第四，中国本土学术出版能力快速提升。传统出版社经过互联网的洗礼，正在焕发新生和活力，学术出版作为专业出版的一个主要门类基本得以在中国确立，本土的学术出版能力在国家文化"走出去"政策的支持下，近年来得以快速提升。其中，有部分国内出版机构已具备与国际知名学术出版机构合作、对话的能力（谢寿光，2016）。

（二）互联网、大数据环境下的学术出版生态正发生改变

当前，互联网、大数据技术席卷一切，深入一切，学术出版生态也在发生新的变化。

第一，在阅读方式方面，面对信息时代的海量资源，数字化阅读渐成主流阅读方式。截至 2015 年底，我国成年国民数字化阅读方式的接触率已达 64%，连续 7 年持续上升（新华网，2016）；通过终端设备尤其是便携的移动终端进行碎片化阅读、泛阅读成为阅读新特点。

第二，在学术知识需求方面，人们对知识的需求呈现更加专业化和多元化的特征，对专业深度资讯、细分领域资讯、个性化研究成果的需求成倍增加。碎片化阅读、泛阅读习惯下的专业深度资讯服务，乃至全方位的知识服务，成为知识提供者的重要竞争力之一。

第三，在学术生产方式方面，学者们开始运用技术工具提高科研工作效率。基于大数据技术的新科研工具的应用，更是使学术生产能力迅速提升、学术产品呈爆发趋势。大数据促使传统科研范式转型，数据密集型科研成为重要趋势（贺威、刘伟榕，2014）。过去的学术论文写作耗时费力，现在通过数据库很快就能查询到研究所需的资料，大大降低了学术内容生产的时间成本。各种交易数据、海量数据替代了实地调研，在生产领域为学术出版提供了无限可能。传统学术出版所推崇的"十年磨一剑"成为历史，"一年磨十剑"成为常态（至少在社会科学学术领域是如此）。交流互动在学术生产中的作用日益突出，互动式出版成为学术出版新亮点。对此，可成为佐证的是，近年来，学术专著特别是个人学术专著比重下降。而专题论文集、研究报告集等合著、合编式学术图书的比重明显上升。

第四，出版主体发生变化。数字时代也是自出版时代，学术出版门槛开始降低，学术交流的屏障进一步被打破。自出版平台、免费出版平台涌现，众筹出版作为一种新的出版方式登上舞台，知识生产者与编辑的界限开始模糊，"研而优则编，编而优则研"成为学术研究和学术出版的常态。

二　问题的提出：中国人文社会科学类学术图书出版现状及发展困境

改革开放近四十年来，伴随着中国经济增长的发展进程，中国出版业从总体上看也取得了巨大的进步，出版总量位居世界第二。按国际通行的三大出版领域划分，中国大陆的大众出版基本满足了国人的阅读需求，教育出版也基本能适应当代中国教育事业的发展。然而，与海外发达国家和地区出版水平差距最大的就是专业出版，而专业出版中的短板就是学术出版。

首先，从整体规模上看，尽管我国每年出版的人文社会科学类学术图书数量接近20000种，但无论是数量还是销售收入，在全部年出版图书数量和经济份额中所占的比重均不到10%。而发达国家和地区学术出版（含学术期刊）的这一占比则在30%以上（中国新闻出版广电网，2017）。其次，从人文社会科学类学术图书的质量上看，尽管拥有高质量的优秀学术图书，但常常被诟病的低水平重复、鱼龙混杂、抄袭剽窃等乱象频出却是不争的事实；而学术出版规范的缺失、标准不统一等问题尽管在2012年原新闻出版总署下发《关于进一步加强学术著作出版规范的通知》后有巨大改进，但总体上看，学术图书出版规范的完备率仍然偏低。最后，受市场化和主要以GDP为经济考核指标的影响，以及外部生存环境的约束，包括学术图书和学术期刊的分制管理，中国学术图书出版的集中度偏低、专业性不强，以学术出版为主业的出版机构为数不多，更遑论出现像施普林格、爱思唯尔这类世界级的专业学术出版集团。

有关中国学术出版现状和问题的研究，中国学术界和出版界多侧重于学术出版某一领域的具体研究，如朱杰人（2007），王旭坤（2012），陈广仁（2003）。同时，学者对于学术出版的价值与定位也进行了探讨，如朱杰人（2007），陈丽霞（2012）。《中国图书评论》组织过关于"学术出版，出版的鸡肋还是盛宴？"这一话题的讨论，中华书局总经理徐俊等多位来自学术出版机构的业界人士都进行了探讨。

近年来，出版理论界、出版业界、学术界普遍感受到学术图书尤其是人文社会科学图书质量良莠不齐，"出版乱像"已经引起了多方的关注，因而有必要对学术图书质量进行一个摸底。本研究对我国学术图书质量进行了评价，首先，在国内首次对我国出版的学术图书数量和质量有了定量化的认识。其次，在决定学术图书质量的因素中，出版机构是一个重要因素。出版改制以来，随着出版业市场化的发展，部分出版社过于追求经济利益，相关管理部门在出版社管理上没有按照教育出版、大众出版、专业出版进行分类，也没有对其进行管理、引导，出版社对于提升学术图书质量的主动性不够强，这是毋庸讳言的。

因而，本研究从出版社的角度进行研究，提出学术出版能力这一全新的概念。通过学术出版能力的评价，一方面，在一定程度上发现影响学术图书质量的因素中"出版机构"这一因素的实际情况；另一方面，通过对学术出版能力的评价，为今后的出版机构进行分类管理、分类评价，通过管理和评价来促进学术图书质量提升提供一定的借鉴和参考。

当然，本研究目前还没有进一步研究学术图书质量与学术出版能力之间的关系。学术出版是多主体参与的过程，图书的质量不仅取决于出版社，还取决于学术研究本身、研究者等多重因素。在今后研究中，进一步对决定学术图书质量的因素进行结构化分析，明晰各种因素之间的关系、各种因素与学术图书质量之间具体的关系。例如在技术上，首先要将决定学术图书质量的其他因素——学术研究本身、研究者等作为控制变量，才有可能分析学术图书质量与学术出版能力之间的关系，这需要对 控制变量进入更细致的研究，以确定可操作的方案。课题组将在今后研究工作中对此问题进行进一步的探索。

本课题主持人近年结合自己经营社会科学文献出版社的实践，率领研究团队从不同角度做了分析研究，并从 2011 年起连续主办了 7 届"中国学术出版年会"，先后发表了 10 多篇论文。本课题就是在此前所做的研究的基础上进行的一项专题性研究。

本课题通过实证调查和理论分析，发现造成上述学术出版存在问题和困境的主要原因有三点：一是社会和业界对学术出版在整个出版业和中国哲学社会科学事业乃至国家发展战略中的重要价值和地位认知偏低；二是专业性缺失，人文社会科学学术图书出版专业门槛过低，学术研究与学术出版的融合互动不足；三是政府主管部门、学术界和行业组织尚未建立一套公认的对人文社会科学学术图书和出版机构的评价体系和评价方法，发行量、经济规模和效益成为主要的引领性指标。此外，社会和业界对学术出版本身也缺乏研究，甚至对学术出版自身的概念也界定不清楚，甚至毫无界定，这也是造成上述问题的原因之一。因此，深入分析研究中国学术出版现状，推动学术出版机构的能力建设，提出相关的对策建议，克服学术出版存在的问题和困境，是时代的迫切要求。

三　课题研究步骤

本研究根据课题申报书的要求，从中国人文社会科学学术图书质量和中国学术出版机构能力建设两个维度展开研究。研究的学理基础是出版传播学、社会学和经济学，采用了文献文本分析、实证调查、深度访谈、指标构建等方法。

本研究历时 40 个工作月，主要研究步骤大体可分为六个阶段。

1. 第一阶段：2014 年 5 ～ 12 月，文献梳理

本研究对国内外与学术出版相关的文献进行搜索、整理，包括对政府部门的相关文件、法规进行梳理。

2. 第二阶段：2015 年 1 ～ 6 月，概念辨析与界定

本研究认为，学术图书应包括三个特征：一是学术图书的内容具有专业性，属于某一学科或专业领域原创性成果；二是学术图书的主要受众（阅读人群）专业水平较高；三是学术图书使用专业语言写作并遵循较严格的学术出版规范，包括注释、参考文献、索引等要件要齐全。

根据学术图书的内涵，学术图书即作者就某一主题、事物、现象，基于系统的或者某一特定视角（视域），运用理论研究、实证研究（实地研究、实验研究、调查研究）等方法形成的专著、研究报告等形式的研究成果。本研究讨论的学术图书主要是指人文社会科学类的学术图书，自然科学等学科著作不在研究范围之内。

本研究在对文献资料和现有学术成果进行分析的基础上，对学术图书的相关概念进行了界定，包括学术图书、学术成果、人文社会科学学术图书。同时，也对学术图书评价的相关概念进行了界定，包括学术评价、同行评议、文献计量、人文社会科学学术图书评价。此外，还对其英文进行了标识。

在概念界定的过程中，学术图书、学术成果、学术评价、同行评议、文献计量五个概念，均从政府文件、词典、研究文献、百度百科、维基百科中找到了相关的界定。人文社会科学学术图书、人文社会科学学术图书评价两个概念的界定参考均来源于期刊文献，并对人文社会科学研究成果和人文社会科学研究成果评价的概念进行了界定。

对学术图书质量现状进行调查以及对人文社会科学学术图书评价指标进行设计的前提是要清晰地界定学术图书相关概念的内涵。对学术图书以及学术图书评价的相关概念的内涵界定进行阐述，是本研究的逻辑起点，也是本报告后续能顺利进行研究首要解决的问题，为后续的研究

提供了基础资料。

3. 第三阶段：2015 年 7～12 月，实证研究数据采集

通过确定学术图书的内涵，界定本次研究对象的外延。本研究对样本集中的图书信息逐一判定，国家新闻出版广电总局规划发展司（2015）最终认定，在 2014 年初版图书中学术图书的数量为 16799 种。从结构上来看，我国出版的学术图书目前占出版图书总量的比例（8.27%）并不算高。

从出版社的分布来看，国家新闻出版广电总局规划发展司（2015）认定，2014 年初版的 16799 种学术图书分布在 429 家出版单位。根据《2015 中国新闻出版统计资料汇编》以及《2016 中国新闻出版统计资料汇编》的统计，2014 年，中国的出版社达 582 家。可见，70% 以上的出版单位都有学术图书出版业务。而真正以学术出版为主业（学术出版主营业务年收入占总收入的 50% 以上）的只有十几家。当下，中国学术著作存在着泛化、低水平重复甚至剽窃、抄袭等种种乱象，与中国学术出版机构专业化水平低有很大关系。

4. 第四阶段：2016 年 1～6 月，专家访谈、评价指标体系构建

结合学术出版的行业特性和当前我国学术出版业所承载的历史使命，本研究对学术出版能力的内涵已做出界定。经过互联网和大数据的洗礼，学术出版作为专业出版的重要门类，基本得以在国内确立。中国的学术出版能力近几年得以快速提升，其中部分国内学术出版机构已具备与国际大牌学术出版机构合作、对话的能力，而且具有与他们谈判的资本。

通过对学术出版过程的解析和学术出版能力内涵的界定，本研究提出了学术出版能力的三个基本要素，分别是学术出版资源整合能力、学术产品加工能力、学术产品营销传播能力。除上述三项基本能力之外，学术出版能力还应该包含适应行业发展趋势的能力，即数字出版能力和国际出版能力。本研究所提出的学术出版五大能力力图全方位挖掘学术出版健康运行的内在动力，旨在建立相对完善、科学的学术出版评价体

系，从出版环节"反哺"学术环境，既提升学术出版在三大出版体系内的价值，更为学术出版与学术界良性互动建立平台。

5. 第五阶段：2016 年 7～12 月，中国学术出版能力的实证评价及案例分析

目前，学术界对于学术出版机构并没有明确的定义。国内对于学术出版机构的认识更多地基于各家出版社的出版范围。例如，"社会科学文献出版社""中国社会科学出版社""中华书局"等以学术出版物为主要产品的出版机构通常被业内认同为学术出版机构。本研究为学术出版机构做出如下界定：学术出版机构是指主要从事学术图书和学术期刊等有版权学术出版物的出版活动的组织。学术出版机构属于专业出版机构，其有别于一般出版机构，最重要的特点体现在"出版物的专业性"，主要为学术图书和学术期刊。目前，国内出版单位的传统的出书范围已经被打破，多数出版社都涉足学术出版领域，本研究的初衷是通过学术出版机构的评价引导学术出版物质量的提升，因而，所面向的群体必然是出版学术图书数量相对较多的出版机构。本研究选取评价对象的主要标准为出版的学术图书。因本研究重点关注人文社会科学领域的学术出版能力，所以，评价对象为出版人文社会科学学术图书种类较多的出版机构。

本研究以中国版本图书馆 2014 年出版的《全国新书目》为基础数据，同时，结合北京台湖出版物会展贸易中心有限责任公司、北京人天书店有限公司和湖北三新文化传媒有限公司 2014 年的发行数据，形成本次调查相对完整的 2014 年学术图书出版品种数据样本集。按照前文对学术图书的界定进行逐条认定，最终，确定各家出版社所出版的人文社会科学学术图书数量排名前 100 位的出版机构为本研究的评价对象。另外，因只以 2014 年一年所出版的学术图书数量选取评价对象可能存在一定的不足。考虑到生活·读书·新知三联书店的出版物以社会科学为主，有专业性很强的学术著作。并且，在中国出版界，生活·读书·

新知三联书店具有鲜明的标志性出版风格。因而，将生活·读书·新知三联书店也列入评价范围。所以，本研究的评价范围为2014年出版的人文社会科学学术图书数量排名前100位的出版机构和生活·读书·新知三联书店，共计101家出版机构。

6. 第六阶段：2017年1～12月，专家咨询、课题成果梳理

进入2017年后，本课题全面梳理前期成果，进一步整合相关数据资源，咨询专家意见，对学术出版机构评价指标体系进行局部修正。经过五轮修改，最终成稿。

四 研究发现：贡献与不足

(一) 理论意义：厘清学术出版相关概念的内涵及外延

在学术出版理念模糊、各出版社自身定位不清晰的情况下，学术出版自身研究既不完备，也不系统。对于出版尤其是学术出版的意义和价值，不仅学界没有做深入研究，甚至学术出版的从业者自身对这个问题或无暇思考，或无力思考。因此，直接导致"出版""学术出版""学术图书""学术出版机构"这些基础概念不明确，行业研究基础薄弱。

第一，厘清学术出版行业的基础性概念。对人文社会科学类学术图书进行数量统计和评价，首先要对其标准进行认定。而目前对学术图书的界定并无统一的标准，本研究在文献综述、专家访谈的基础上，筛选并认定了"学术""学术图书""学术出版"等26个学术出版领域的基本术语，明确了重要术语的内涵与外延。可以说，这项工作对深入了解目前人文社会科学类学术图书的出版数量情况提供了理论依据，并在一定程度上弥补了行业研究的空白。

第二，提出"学术出版能力"等原创性概念。本研究从提升学术图书质量的视角出发，针对学术出版机构提出了学术出版能力这一概念。结合基本的出版过程规律和出版业的行业规律提出了学术出版能力

的概念模型。学术出版能力由学术出版资源整合能力、学术产品加工能力、学术产品营销传播能力、数字出版能力和国际出版能力五大能力组成，其中前三者为基础能力，后二者为引领性能力。五大能力又各自由成因性能力和结果性能力组成，其中，成因性能力反映了在每种能力上应该具备的特质，结果性能力反映了每种能力当前所体现出的结果。

第三，进一步明确"大众出版、教育出版、专业出版"三大分类的理念。在厘清概念的同时，本研究通过全方位梳理国内学术图书质量评价的历程，对学术出版机构的历史、现状和发展前景进行实证调研，进一步阐释了现代出版关于大众出版、教育出版、专业出版三大分类的理念。

（二）实践意义：有效提升学术图书质量及学术出版机构能力的探索

第一，本研究对进一步提升学术图书质量，完善学术图书质量评价指标提出了政策建议。包括：学科界定、学术图书界定明晰化，同行评议与定量评价相结合的优势，学术共同体的结果评价与出版社的过程评价相互补充。评价指标的选择还兼顾以下几个方面，分别是：成果的形式与功能划分、不同类型的研究成果、评价指标权重的差异化、同行评议专家的"同行"性与信度，这对推进我国人文社会科学学术图书评价进入人文社会科学成果评价体系，不断提升人文社会科学学术图书质量起到了积极的作用。

第二，对于提升学术出版机构的学术出版能力，课题组进行了探索性的研究。本研究以 2014 年全国各家出版社出版的图书为样本集，筛选出其中的人文社会科学学术图书。以各家出版社出版的学术图书数量为依据并综合考虑出版社的专业特色，最终确定 101 家出版社为本研究的评价对象——学术出版机构。通过建立突变模型，对 101 家学术出版机构在人文社会科学领域的学术出版能力进行了评价，并得出排名和相关结论。通过评价，课题组发现只有少数学术出版机构的基础能力和引领性能力较高，多数出版机构在某项能力的指标上还有很大的提升空间。具体到五大能力上，通过逐一对其进行指标分析和聚类分析，本研究发现在 101 家学术出版机构中，只有少数出版机构的成因性指标和结果性指标均较高。以此为标杆，其他学术出版机构都有各自需要改进的方面。本研究提出了学术出版机构提升学术出版能力的五个方面，一要树立品牌意识、加强品牌建设；二要加强自律、严格执行学术出版规范；三要与时俱进、打造全新的营销模式；四要加强数字出版能力建设；五要实施国际出版战略。本研究旨在以此作为行业主管部门对出版社分类评价的决策参考，从而引导并带动整个出版行业健康有序的发展，提升我国新闻出版业国际竞争力和影响力，甚至在全球范围内提升中国学术话语权。

（三）数据贡献：梳理学术出版基础性行业数据

第一，全方位梳理学术图书的出版现状。由于对学术图书的界定不明晰，学术界对历年出版的学术图书的数量并没有明确的统计。本研究在对学术图书内涵进行界定的基础上，通过数据采集以及实证研究，以中国大陆 2014 年出版的初版图书为样本，对 2014 年学术图书的整体出版情况进行了分析，这为了解目前我国学术图书的出版现状提供了数据支撑。本研究对历史文献做了梳理，并运用实证的方法记录当下的学术出版历程，力图解答"一年究竟出版多少种学术图书"，对这个数字建立起一个统计的标准。

第二，多角度提供学术图书质量评价的案例研究。本研究在构建学术图书质量评价指标的基础上，通过两个案例进行研究，一个是以 2014 年中国大陆初版的人文社会科学类学术图书以及荣获教育部颁发的"第七届高校科学研究优秀成果奖"中的学术著作为例，侧重规范性质量的评价；另一个是以典型的应用性研究成果"皮书"为例，侧重定量与定性指标相结合的综合性评价，对人文社会科学类学术图书质量的指标进行评价给予了实践指导。

（四）行业贡献：构建学术图书及学术出版机构能力评价指标体系

第一，本课题构建了人文社会科学类学术图书质量评价指标体系。从文献检索看，构建一个实用的人文社会科学类学术图书质量评价指标体系是科学、公正地评价学术图书质量的重要保证。目前在学术图书质量的评价中，出版行业的实践者和学术界由于视角不同呈现出具有一定差异性的评价标准。本报告通过采用深度访谈和文献分析相结合的研究方法，对人文社会科学类学术图书质量的评价指标进行了构建，这将在一定程度上推动人文社会科学学术成果的评价，并通过建立科学的评价标准倡导良好的学术风气。

第二，本课题构建了学术出版机构的学术出版能力评价指标体系。首先，科学的评价指标体系可以调动广大学术出版工作者的积极性和创造性，激发创作热情。其次，评价指标体系有利于推动优秀学术出版物大量涌现，有效传播科学文化知识，从而显著增强我国文化软实力和在国际社会的话语权。最后，学术出版能力评价指标体系的构建，不仅能有效反映我国学术出版发展的现状和不足，还将促进我国学术出版乃至整个出版行业出版能力的有效提升。

（五）本研究不足之处

1. 关于数据

（1）数据的时效性与一致性

为保持研究的一致性，本课题统一使用了 2014 年的出版数据。但是需要说明的是，经过三年多的发展，行业内发生了一定变化，学术图书的数量这两年增长迅速。在学术规范性上，仅以参考文献、索引为例，2014 年以后，学术图书的参考文献、索引的缺失率大幅度降低，学术图书不规范的情况得到了较大的改善。这些情况仍需要持续的数据积累与分析。

（2）数据的代表性与连续性

本研究通过版本图书馆、各大出版社馆配数据等多个渠道，采集了相对全面的样本集。但由于出版行业信息公开工作的落后，实际的全样本数据确实极难获取。同时，受研究时间和研究条件所限，本研究也未采集长期的连续性数据进行对比研究。在以后的研究中，希望能够通过数据的持续采集进行长期的比较。

2. 关于行业影响力

本研究在开题阶段所做的第一件事就是厘清出版界的概念。在梳理概念的过程中，我们发现出版行业自身研究的薄弱。本研究的多篇成果已在出版业内核心期刊发表，通过研讨会，也掀起了行业内关于"学术出版"和"学术出版规范"的大讨论。但我们认为，所有的努力虽已取得了很好的效果，仍然远远不够。希望有更多的人参与这项研究，为中国学术出版的发展建言献策。

第二节　相关概念辨析与界定

一　学术图书相关概念界定

（一）学术图书

学术图书通常与学术著作混同使用，国内外对于学术图书概念的内涵和外延并没有一致的界定。2012 年 9 月，原新闻出版总署发布的《关于进一步加强学术著作出版规范的通知》（新出政发〔2012〕11 号）给出的定义是："学术著作是作者根据某一学科或领域的研究成果而撰写的作品。这些作品或在理论上有创新见解，或在实践中有新的发现，或具有需要的文化积累价值。"因此，学术著作泛指有关某个学术研究领域研究成果的图书。

工具书对学术图书的概念进行了界定，按照《实用百科全书》的界定，学术图书是指著者经过社会调查、科学考察或实验，深入研究而进行系统论述的著作。《简明出版百科词典》中对学术图书的定义是以专门研究人员的研究成果为内容的书籍的总称。《出版词典》中对学术著作下了定义："学术著作一般指围绕某一学科或者某一专题，将有关知识归纳成原理，从而进行系统论述的著作。"《简明编辑出版词典》认为，国内外各学科专家所撰写的学术著作，从内容来说是对某一知识领域所做的学术探索，是新的学术研究成果。它是属于一派一家之言并以本专业的研究人员及专家学者为主要研究对象。

相关学者也对学术图书的概念有一些论述，孙树松（1991）认为，学术图书是自然科学和社会科学的专业工作者，对某个学科或某个专题经过深入研究写出的科研成果。许力以（1997）认为，学术图书是对社会科学、自然科学的某一学科、某一知识领域，从理论上做较专门、较系统的分析、研究的著作。叶继元（2016）认为，学术图书是指内容涉及某学科或某专业领域，具有一定创新性，对专业学习、研究具有价值的图书。

本研究认为，学术图书是指作者基于某一专业或学科方法研究自然、社会和人的思维现象、事物或过程所形成的作品，并经由专业出版机构编辑加工而成的学术性的出版物。学术图书的特征包括以下几个方面：研创者主要是受过专业训练的研究者；内容具有专业性，属于某一学科或专业领域的研创性成果；主要受众（阅读人群）专业程度较高；使用专业语言和格式写作；具有特定要件，包括引文、注释、参考文献、索引等。学术图书，是学术论文的延伸，是学术成果的一种表现形式。一般而言，经过专业编辑出版的，可以称为学术图书。学术图书作为结构化学术成果的重要类型，按照构成单元划分，有以章节为单元的学术图书、以文章为单元的学术图书、以知识点为单元的图书等。前者包括专著、合著等，后者包括文集、集刊等，还包括词典、百科全书等。按照空间来源区分，有本土作品和外来作品（译著）。按照出版时期划分，有当代作品、古籍、民国时期作品。按照功用区分，有一般图书、学术工具书、智库产品、大众产品。按照学科领域划分，有社会学、史学、经济学、管理学等。

（二）学术成果

按照百度百科的定义，学术成果是指在系统的专门的或者在对存在物及其规律的学科化论证方面所取得的成就和成绩。发表于学术期刊上的论文，参与结题的科研项目均属于学术成果范畴。

基于对学术成果特征的研究，本报告认为学术成果应包括三个方面：一是学术成果的研究领域为自然科学和人文社会科学的问题；二是对研究问题的内在规律进行系统性、科学性的揭示；三是研究成果具有原创性和探索性。

本研究认为，学术成果是指对自然科学或人文社会科学某领域某个问题进行科学性、系统性的研究，并对其内在的规律进行学科化论证，以论文、专著、研究报告及其他各类形式呈现的成果。

（三）人文社会科学类学术图书

邱均平和王菲菲（2010）认为，人文社会科学类研究成果是人们在研究和探索各种人类社会现象的本质及其发展规律的实践过程中创造出来的具有一定学术价值、社会效益或经济效益的精神产品。任全娥（2010）认为，在人文社会科学研究领域，运用科学的研究方法与学术规范，通过创造性劳动生产出的具有一定学术价值或社会价值及传播渠道的科学文献（包括论文、专著、研究报告等）是人文社会科学研究成果。

本研究是作者基于人文社会科学领域的专业知识和研究方法，研究社会和人的思维现象、事物或过程所形成的作品，并经由专业出版机构编辑加工而成的图书。

二 学术图书评价相关概念界定

(一) 学术评价

百度百科对学术评价有相关的论述，认为学术评价实际上是将学术研究成果排排坐吃果果，分成三六九等。学术评价的基本方法有两种，一种是基于内容的学术评价，即基于学术发展的内在规律和学科本身的逻辑结构的评价方法；另一种是基于形式的评价方法，即游离于学术研究之外，客观描述学术研究成果的外在特征和学术成果之间的形式联系，从而描绘出学术研究的形式化图景，达到学术评估的目的。两种方法显然有主次之分，但又是相辅相成的，基于内容的评价显然是一种最符合逻辑的评价，形式化评价本质上是基于内容分析的评价方法的一种工具和补充。

本研究认为，学术评价是指依据学术共同体在长期学术活动中积累形成的规范以及标准程序，也是对学术成果的科学性、有效性、可靠性及其价值所做的一种判定。

学术评价的方法包括主观评价（例如：同行评议）和客观评价（例如：文献计量）。学术评价的内容是对学术成果的内在规律、学科本身的逻辑结构、外在特征等进行评估。

(二) 同行评议

百度百科对同行评议的定义为利用若干同行（即有资格的人）的知识和智慧，按照一定的评议准则，对科学问题或科学成果的潜在价值或现有价值进行评价，对解决科学问题方法的科学性及可行性给出判断的过程，是科学界对科研项目进行评审和对科研成果进行评估的一种基本方法，也是科学基金项目评审过程科学化和民主化的一个重要环节。维基百科对同行评议的定义则相对简洁，没有百度百科给出的定义全面，认为同行评审（Peer Review，在某些学术领域亦称 Refereeing），或译为同侪审查，是一种学术成果审查程序，即一位作者的学术著作或计划被同一领域的其他专家学者评审。

本研究认为，同行评议亦称专家评审，是学术评价的一种主要方法，是指同一个学科或研究领域的专家按照一定的判断准则，依据各自的专业知识和经验，对学术成果做出独立的、客观的判断和认定。

（三）文献计量

百度百科认为，文献计量是用数学和统计学的方法定量的分析一切知识载体的交叉科学。它是集数学、统计学、文献学为一体，注重量化的综合性知识体系。《中国百科大辞典》认为，文献计量是以文献体系和文献相关媒介为研究对象，采用数学、统计学等计量方法，研究文献的分布、结构、数量关系、规律与学科管理，进而探讨科学技术的某些结构、特征和规律的学科。

本研究认为，文献计量是指依靠数学工具和统计学技术对文献进行定量化研究，进而对文献的特征以及内在规律进行揭示的活动。

（四）人文社会科学类学术图书质量评价

学者对人文社会科学类学术图书质量评价有了一些零散的界定，王瑜（2008）认为，对人文社会科学类学术图书的质量进行评价，实质就是采用特定的评价标准和评价方法对其质量进行的一种价值判断。杨建林等（2012）认为，人文社会科学学术成果的质量评价就是其在满足社会需要和促进社会发展方面所具有的效能，对应于人文社会科学的价值功能。

本研究认为，人文社会科学类学术图书质量评价是评价主体依据人文社会科学领域学科本身的逻辑结构以及学术发展的内在规律对图书的质量进行评价。具体包括评价指标、评价方法、评价主体、评价客体、评价程序五个要素。

三　学术出版相关概念界定

（一）出版

1976年出版的《世界图书百科全书》认为，出版就是把富有想象力的人们创作的、经过编辑选择加工的，并由印刷厂印刷的文字和图片公之于众；边春光（1992）主编的《出版词典》解释道："现代的出版包括编辑加工、复制、发行三个方面。"进一步解释，"出版机构有目的地接受来自社会上的各种有价值的信息，经过审定和加工整理后，通过出版生产手段使其附以不同形式的物质载体，再通过流通渠道传播于社会即为出版"。中国出版科学研究所编撰的《编辑实用百科全书》认为，关于出版活动，一般可以表述为社会上各种作品，包括文稿、图片、信息、音响、录像制品等原件，汇集到出版机构以后，经过审定、选择、编辑和加工，使用一定的物质载体，复制成各种形式的出版物，通过流通渠道传播到全社会。狭义的出版活动，指图书刊物的编辑、印制和发行。

对于出版机构而言，出版活动的三个主要环节为整合资源、编辑加工、营销推广。因此，本研究认为，出版是一个整合出版资源、对出版资源进行编辑形成出版物，进而发行传播的过程。

（二）学术出版

王旭坤（2012）认为，学术出版是专业出版的一个重要方面或者说是一个专门的领域，各领域最高端的部分都属于学术出版的范畴。按照百度百科和维基百科的定义，学术出版（Academic Publishing）是出版业的一个分支，主要以期刊论文、学术书籍的形式出版学术成果。按照谢寿光（2013）的界定，学术出版在出版业的三大领域（即大众出版、教育出版和专业出版）中属于专业出版的范畴，它服务于每一个时代的社会精英，还承载了思想传播和文明传承的功能，满足了人们对于原创性、前沿性知识消费的需求，处于整个出版产业链的顶端。

将出版的过程结合学术出版的特点进行推演，本研究认为，学术出版的过程是整合学术出版资源，在遵守一定的原则、规范的前提下对学术成果进行加工、提升，从而形成学术出版物，进而按照学术出版物的特殊商业模式进行营销传播。

（三）学术出版能力

学术出版能力体现在三个基本方面：一是具备整合学术出版资源的某些特质，同时真正实现学术出版资源的整合。二是具备对学术出版物再加工的能力，比如人力和一定的规章制度，同时通过加工实现学术出版物质量的提升。三是具备实施学术图书营销推广的能力，同时实现了图书的营销和传播。

在出版业数字化转型的大趋势下，学术出版也要适应行业转型的趋势。同时，学术出版是学术成果的载体和传播平台，学术成果只有"走出去"才能被国际上的科学共同体所认识，融入全球的学术共同体中，这对提升中国学术话语权和国际影响力有重要意义，是中国国际话语权的核心部分。在中国文化"走出去"、我国文化软实力不断增强、国际话语权不断提高的大历史背景下，学术出版国际化也是学术出版的应有之义。因此，学术出版能力还应该体现为具备实施数字出版的能力，同时实现数字化产品的产出；具备实施国际出版的能力，同时实现学术图书的"走出去"，为中国文化的国际传播和中国文化"走出去"做出贡献。

结合学术出版的行业特性和当前我国学术出版业所承载的历史使命，本研究为学术出版能力的内涵做出如下界定：学术出版能力是出版机构利用自身的各种资源和技术手段整合学术资源、进行学术产品加工和营销传播，从而实现学术产品的经济效益和社会效益，并且能够适应行业数字化潮流和国际出版趋势的一种综合能力。

第三节　研究体系与分析技术

一　研究方法与步骤

本课题在国内外关于学术图书质量和学术出版能力研究的基础上，采用文献研究、质性研究、实证研究等研究方法，对我国学术图书质量现状进行调查和对学术出版能力进行客观科学的评价。具体研究方法和步骤如下所示。

（一）文献研究

本课题通过研究大量国内外文献，综合运用编辑学、出版学、目录学、新闻传播学以及相关理论，对学术图书的内涵进行界定，并根据内涵进行类型划分和特点归纳。同时，界定学术出版能力的内涵，并提出学术出版能力评价的基本指标框架。

（二）质性研究

本课题在文献研究的基础上对学术图书数量进行了研究，并对学术图书质量评价指标体系和学术出版能力评价指标体系进行了质性研究。主要包括以下四方面：第一，对出版行业的专家进行半结构性访谈，吸取各位专家的独到意见；第二，收集第一手资料，对访谈资料进行挖掘分析；第三，对中国学术图书质量存在的主要问题进行凝练；第四，对原学术出版能力评价指标体系框架进行修正和完善。访谈对象是出版行业资深专家，包括研究领域为出版方向的学者、读者（高校、研究所等学术图书的读者对象）等。访谈内容包括四方面：第一，目前调查提纲所包括的内容是否全面；第二，调查提纲具体细化的内容是否合理；

第三，调查提纲是否有其他补充；第四，对数据获取方式有何建议。

具体研究步骤如下所示。

1. 进行预访谈

与比较熟悉的出版行业专家进行预访谈，访谈之后与受访者讨论访谈技巧及访谈感受，并对访谈提纲进行不断的修正。

2. 正式访谈

采取一对一的深度访谈方式，根据访谈提纲，通过开放式问题了解受访者对学术出版能力指标的评价和对学术图书质量存在的问题的主观感受，并对最初未涉及的问题进行补充。访谈结束后，将访谈内容转为文字稿。

3. 资料分析

对访谈录音文字进行编码和归类。

4. 对资料进行编码

关注各种概念、关系之间的互动过程及变化，建立学术出版能力评价指标体系，并对学术图书质量问题进行总结。本部分采用 Nvivo 软件进行分析，利用其强大的编码功能的优势，有效地从大量的文字中搜索到有用信息。

5. 确定指标体系

通过上述步骤，最终确定中国学术图书质量现状的问题和中国学术出版能力评价指标体系。

（三）实证分析

根据质性研究，本课题对中国学术图书质量现状问题的凝练和数据的可获取性制定了具体的数据调查方案。针对不同的调查问题，采用不同的数据获取方式。本课题的实证分析数据包括客观数据和主观数据。客观数据通过实地调研、统计年鉴、官方数据等方式获取，主观数据主要通过问卷调查法获得。最后，根据调查的内容采用同行评议、专家评议和读者调查等方式对样本图书进行质量分析。

二 研究技术路线

本课题的研究技术路线如图 1-1 所示：

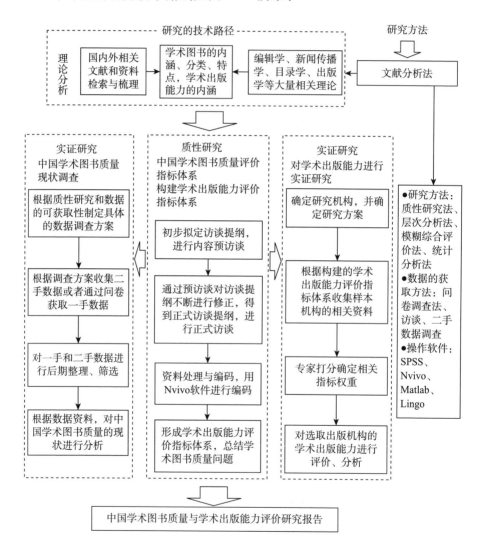

图 1-1 研究技术路线

第二章 国内外研究现状述评

第一节 学术图书质量研究

一 学术图书质量失范因素研究

（一）学术失范影响学术图书质量

一些学者认为，目前国内学术图书质量存在的首要问题是学术失范。刘影（2007）认为，学术图书目前陷入了困境，学术图书的学术水准、学术规范和学术道德都存在一定的问题。因此，规范学术出版以提升学术图书质量，必须抓规范、抓落实、抓配套。李瑞华（2013）认为，中国学术出版中存在浮躁、不规范、不严肃等种种现象，究其原因，在于一直没有建立起完善的专业化学术出版机制。

在参考文献失范方面，郭玲和陈燕（2007）对参考文献著录中的学术道德失范现象进行了分析，认为在参考文献著录中存在诸多问题，其中一些属于无意识过错，还有一些由于主观原因有意识地采取非正当或超过学术道德范畴的不良手段，主要包括引而不著、著而不引、过度他引、不正当自引、模糊著引等。刘东信（2011）指出了英文参考文献存在的问题，包括拼写错误、内容不完整和前后不一致等问题。谢寿光（2013）对学术出版的现状、问题与机遇进行了阐述，认为目前学术出版受到投入产出严重不成比例、数量与质量的发展严重不平衡、专业化水平低、学术出版规范严重缺失、学术评价体系紊乱等因素的制约。邱阳（2014）认为，参考文献著录失范包括引文缺失、引而不著、著而不引、著录不实、虚假引用、过度引用等。

在索引失范和注释失范方面，张积玉（2006）对注释的不规范现状进行了总结，认为注释的不规范包含两种情况：行文不规范和注释的编排位置不规范。丁玉玲和夏侯炳（2010）通过分析 1979～2008 年我国图书内容索引的研究综述，认为中国的内容索引工作远远落后于西方，与图书大国的地位极不相称，适应不了经济社会发展的需要。

（二）原创性不足影响学术图书质量

一些学者认为，目前的大环境导致学术图书质量原创性不足，源子（2005）认为，目前学术出版的原创水准集体滑坡是影响学术图书质量的最大障碍。焦贵萍（2012）就当下我国学术出版的现状进行了深入分析，认为主要问题是学术水平不高、原创性不强，学术图书出版水平低、抄袭剽窃现象严重等。李长青（2012）认为，学术出版失范表面上主要表现为引文、注释、参考文献、索引等出版技术规范执行上的不到位，实质上包括各种形式不一、程度不等的涉嫌伪造和篡改、抄袭和剽窃、不当署名、重复发表等学术失范问题。学术失范，又涉及学术出版技术规范的缺失，以及学术评价体系不合理、学术审查体系不完整、学术惩罚体系不严格等多种因素。段乐川和王振铎（2013）认为，我国学术出版失范存在学术不端屡禁不止、学术泡沫层出不穷、学术创新整体乏力等问题。

二 学术图书质量规范性研究

（一）相关学术规范标准的制定

学术图书的质量与学术出版水平有直接的关系，而学术出版规范的完善程度直接决定了学术出版水平以及出版物的质量。目前，在国内外的出版业中，学术出版占据了重要的地位。因此，在当前的背景下，完善学术出版规范是学术出版的一项基础性的工作，对提高学术图书的质量，进行学术图书质量评价具有重要的参考价值。

目前，为了保障学术图书质量，国内和国外的相关出版管理部门相继出台了一系列标准。最著名的是美国芝加哥大学出版社的一批资深编辑在 1906 年撰写的《芝加哥手册——写作、编辑和出版指南》（The Chicago Manual of Style：The Essential Guide for Writers，Editors & Publishers）。美国心理学会 1952 年正式出版了《美国心理学会出版手册》（Publication Manual of the American Psychological Association），该手册包括稿件的组织、编辑格式等内容，其中对"引用"有详细介绍，参考价值比较高。美国现代语言协会 1977 年出台了《MLA 文体手册和学术出版指南》（MLA Handbook for Writers of Research Papers），这是面向语言、文学和艺术等领域的学者、研究生的权威性写作规范指南，主要介绍了现代语言协会的文体格式、引用以及注释各种文献资料的具体方法。以上是在美国文科学术出版领域中比较权威性的学术论著和文章体例规范，除此之外，其他学科领域也出台了本学科的学术出版规范。国外出台的这些权威的学术出版行业规范指南，成为目前中国学者可参考的重要的学术出版准则，也成为各出版社录用稿件最常用的标准。

（二）政府相关规定的出台以及界内共识

鉴于国内学术出版规范的失范现象使国家政府机构和出版界已经意识到提升学术出版质量、规范学术出版环境对于提升学术水平、净化研究和出版风气以及促进学术交流的重要性。2012 年 9 月，原新闻出版总署根据《出版管理条例》《图书出版管理规定》《图书质量管理规定》等法规和规章，发布了《关于进一步加强学术著作出版规范的通知》，就加强学术著作出版规范提出了具体措施。时任新闻出版总署副署长邬书林发表了《加强学术出版 打牢中华民族伟大复兴知识根基》《遵循规律 扎实工作 精心抓好新闻出版行业标准化建设》《加强学术规范 攀登出版高峰——新闻出版总署关于规范学术图书出版的思路与措施》等关于加强学术出版规范方面的文章，意义重大。中国新闻出版研究院原院长郝振省在"2013中国学术出版年会"中做了《学术出版规范与中国学术出版》的专题演讲，指出了加强学术著作出版规范的重要意义，以及出版单位要加强学术规范应该处理好的关系。

2012年，社会科学文献出版社联合50余家出版社联合发出的《加强学术著作出版规范的倡议书》对新闻出版总署的通知进行了积极的回应与落实。同年，谢寿光发表了《加强学术图书出版规范体系建设 努力提升中华学术国际竞争力》的演讲，认为在国家有关部门的支持下，学术研究界和学术出版界应共同努力，深入研究学术规范和学术成果评价机制，建立起客观、公正、科学并被多数同行公认的学术出版规范体系和学科成果评价体系。

三 学术图书质量管理研究

随着出版产业化的持续推进，图书质量管理也面临更加严峻的挑战，出版企业在图书质量管理过程中不断遇到新的问题。继相关规定的文件出台后，出版业也在加强出版管理、提升图书质量方面做出了努力。一些学者和出版行业的管理者从不同视角对图书质量管理问题进行了研究。郑兆昭和黎秋萍（1993）认为，在众多图书质量管理方法中，通过"成书检查"量化检查结果、公布检查情况，是提高图书质量行之有效的方法。赵继准（1993）从提高图书选题质量、图书编印质量以及人员素质三个方面阐述了图书的质量管理。王智钧（1993）以图书质量的全方位监控为研究视角，从图书质量的全方位性、监控特点以及实现图书质量全方位监控要注意的问题进行了分析。何皓（2003）认为，全面质量管理包括对质量目标实行全程控制、对生产过程实行统一管理、对管理手段进行配套、对质量效果进行全方位评估等，这是对图书的形成和使用的全过程、全要素的质量管理，是出版业科学的质量管理思想、理念、手段及策略的综合。沈东山（2016）认为，要完善图书质量管理体系，首先，要充分认识图书质量与品牌、效益之间的关系；其次，要建立以预防为主的图书质量事前控制机制；最后，要改进图书质量事后监管机制。李苑青（2006）认为，出版企业运用的是DMAIC 管理模式，即定义（Define）、测量（Measurement）、分析（A-nalysis）、改进（Improvement）、控制（Control），结合各个环节来考虑如何改善出版流程质量，提高出版效率和图书质量。米戎（2007）认为，图书质量的检查工作要合理调配、普遍查看、详略得当。陈晓明（2008）认为，从图书质量管理的重要性出发，通过图书印制质量、印制周期和印制成本三个方面来阐述出版部门如何在实际工作中采取各种措施，加强管理、提高质量、保证出版任务的顺利完成。饶邦华（2008）认为，要提高图书质量，必须加强出版物整个生产过程的质量控制与管理，并对选题策划过程的质量控制、选题实施过程的质量控制、编校过程的质量控制以及印装过程的质量控制进行论述。孙艳华（2010）引入质量控制法，将一些问题和现象很直观地用图或表的形式表现出来，根据问题确定质量控制办法。何皓（2010）认为，图书质量管理应致力于图书质量评价体系的研究。施东毅（2011）从出版企业生产经营的实际出发，将 PDCA（Plan、Do、Check、Action）循环理论，即计划、执行、检查、处理四大环节引入图书质量管理工作中，为图书质量管理工作引入新的管理模式提供了参考。崔青峰（2014）分析了当前图书质量的现状、成因以及加强出版社内部质量管理的必要性，并结合工作实践对出版社图书质量检查制度、图书质量检查的依据和原则以及图书质量的激励和约束制度做了探讨。姜庆乐（2014）从领导管理、选题优化、坚持三审制、坚持"三校一读"制度、队伍建设等几个关键点入手，探讨了图书质量保障体系的建设。

四 学术图书质量评价方法研究

(一) 国外学术图书质量评价方法述评

1. 同行评议作为最早的评价方式被出版社广泛采用

从目前的研究成果看,国内外对学术图书质量评价最主要的方法仍是同行评议和引文分析 (见表 2 - 1)。

表 2 - 1　学术图书质量评价方法

评价方法	文献来源
同行评议	Small 和 Crane (1979)、倪润安 (2004)、李昌佳 (2006)、Kousha 和 Thelwall (2007)、刘建辉 (2007)、Kayvan 等 (2011)、Elea Gime'nez-Toledo 等 (2013)、Tsagari 和 Sifakis (2014)
引文分析	普赖斯 (1962, 1963)、Garfield (1985)、孙勇中 (2007)、White 等 (2009)、Peter 和 Leon (2010)、苏新宁 等 (2011)、Neville 和 Deborah (2014)、唐晓艳 (2014)、Mohammadi 和 Thelwall (2014)

同行评议最开始的雏形可以追溯到 17 世纪中叶,诞生于英国皇家学会刊物 (The Philosophical Transactions of the Royal Society,简称 Phil. Trans.) 的创刊时期。当时,该刊的主编开创了请同业人士评定文章具备发表资格的先河。随即,同行评议的评价方法在国外的出版社得到了广泛的应用。国外对学术图书的评价分为"事前评价"和"事后评价"。"事前评价"即出版前的准入,在出版前,要进入出版社的专业评价系统进行评审,确定是否达到出版的质量标准。牛津大学、剑桥大学、哈佛大学和芝加哥大学的出版社都有一套匿名评审、同行评议的规范流程对图书的准入进行评价。在最初的阶段,国外对出版后的学术图书是靠各种学会进行书评、评奖等方式来引导图书不断提升质量。

图书作为一种工具,其使用需求不断增加。为了满足大众对图书数量的大量需求,不论是生产的数量还是图书承载的信息量都会大大增加。只收集老品牌的图书已经不能满足读者的需要，在大量出版的图书中到底哪些有收藏的价值？因此，对图书质量评价提出了更高的要求。这个时候，各种学会进行书评、评奖等同行评议的方式已经不能满足需求，专业的评价机构开始介入。同时，图书馆开始考虑采用新的评价方法——引文分析。

2. 随着出版物数量的剧增，引文评价图书逐步被认可和采用

科学计量学是19世纪60年代开始兴起的，普赖斯（1962，1963）在其发表的学术专著中提出在学术评价中引入引文分析，这是首次提出"引文分析"的文献。Garfield（1985）运用引文分析法对各学科的文献分布规律及各学科的经典论文进行了分析，系统提出了采用引文量来作为检索和评价文献的间接指标，进而评价自然科学成果与社会科学成果。这也是首次专门提出的社会科学研究成果评价指标体系的研究。Peter和Leon（2010）以人文社会科学项目成果为样本数据库，运用引文分析的方法评估了欧盟某一人文社会科学项目出版物的影响。

随着引文评价对科学研究成果的广泛应用，学术图书评价也逐渐开始采用引文评价。White等（2009）认为，目前对人文社会科学类图书的评价相比报刊或者技术类图书评价的研究成果不够多，作者提出了采用引文分析指标的图书质量评价方式。Neville和Deborah（2014）认为，引文分析指标作为图书的评价指标非常重要。随着引文评价被广泛采用，有的学者对引文评价提出了质疑，Mohammadi和Thelwall（2014）认为，虽然引文评价可以对学术图书的影响进行分析，但是引文评价是否适合所有学科目前并不明确。作者对不同学科的读者人数与引文数据之间的关系进行研究，研究结果表明，引文数量受到读者人数的影响。

3. 同行评议与引文评价的结合成为国外目前最被认可的评价方式

同行评议有不可替代的优势，是图书质量评价的基石。目前在学术研究中，不少学者对图书的质量采用了同行评议的评价方式。Elea Gime'nez-Toledo等（2013）认为，评价学术图书最好的方式是通过同行

进行详细阅读和评价。Tsagari 和 Sifakis（2014）采用同行评议的方式，通过对读者进行问卷调查，对图书的结构和影响进行了评价。

但是，目前一些国外学者认为，同行评议也会存在由个性原因造成的结果差异大、缺乏公平性等问题。引文评价虽然能够在一定程度上反映学术成果的水平，但是无法全面判定一个学术成果的品质。为了保证公平性，国外一些学者认为，可以采用引文评价与同行评议相结合的评价方式。Kousha 和 Thelwall（2007）对人文社会科学类的图书评价进行了专业性的研究，认为可以采用引文分析指标和学术评价指标同时对人文社会科学类图书进行评价。Kayvan 等（2011）委托英国学术评价中心以 1000 种图书为样本，其中包括考古学、法律、政治与国际研究、哲学等学科，通过谷歌学术搜索、谷歌图书搜索以及帕高帕斯引文数据库检索等方式获取引文数据对 1000 种图书的评价，作者强调了这三种检索的重要性，认为引文评价方式可以为同行评议提供更多的参考信息。

（二）国内学术图书质量评价方法述评

1. 同行评议处于主体地位但缺乏系统的评价体系

同行评议是国内学术界普遍采用的一种重要的评价方法，目前主要应用于成果评价、项目鉴定、职称评定等活动。相比引文评价等文献计量方法，同行评议在成果评价中居于主体地位。在学术图书评价方面，同行评议的主要问题在于难以控制评价标准、评价成本，并且评价主体存在主观随意性等，仅在国内的一些评奖中采用。国内的一些著名的图书评奖如中国出版政府奖的"图书奖"、"五个一工程"的子项奖"一本好书奖"、中华优秀出版物奖的"图书奖"均采用了同行评议的方式对图书进行了评价，基本是按照同行提名筛选的方式进行，并没有采用系统的评价指标体系对参评图书进行评价。而从出版行业本身来看，至今也没有形成公认的、权威的学术图书评价指标体系。

目前，采用同行评议对学术图书进行评价的成功案例应属社会科学文献出版社的皮书评价，根据"皮书"的特点，社会科学文献出版社邀请皮书专家和资深媒体进行论证，从而形成了一套完善的人文社会科学成果的评价指标，包括内容评价指标和社会影响力评价指标，是中国首家比较系统的采用同行评议的方法依据各项指标对学术图书的质量进行评价的出版机构。① 皮书的同行评议专家包括相关学科学者、学术期刊资深编辑、资深媒体人等。目前，社会科学文献出版社所做的皮书评价已经成为某些科研机构进行资助与人员考核的重要标准。

2. 引文评价期刊的方式引入对学术图书的评价，但统计标准紊乱

引文评价主要利用数学和统计方法对科学期刊、论文、图书等引用和被引用现象进行分析，以揭示其数量特征和内在规律。此评价方式于20 世纪 60 年代在国外兴起，我国在 20 世纪 80 年代引入该评价法。最初，引文评价用来评价学术期刊，谢寿光（2013）认为，我国采用文献计量方法确定"核心期刊"，进而在评价成果、机构、作者的学术影响力等方面也存在不合理之处。过度依靠引文分析会出现"重量轻质""重刊轻文"等偏离评价目标的异化现象。

随着引文评价的广泛使用，引文评价期刊的方式逐渐引入对学术图书的评价。苏新宁等（2011）发布了《中国人文社会科学图书学术影响力报告》，运用文献计量学，通过对众多学者在 CSSCI 期刊上发表论文所引用文献的客观分析，统计出在各学科产生重要学术影响的图书。这是中国首部涉及人文社会科学各学科图书的学术影响力报告，作者对图书的学术影响力进行了评价。这一报告虽然对图书馆补充馆藏提供了非常有价值的信息，但是假如以此来评价出版社，没有去掉一个最高分和一个最低分的设置，会造成只要偶尔出版一本引用率很高的图书，就可在该学科出版领域排行第一的现象。同时，若出版社出版了较多的翻译类名著，其引文量较其他出版社出版的原创性图书占了绝对优势，两

---

① 详见第七章"学术图书及学术出版案例评价"第一节"应用性研究成果质量评价"部分。

者的引文量也没有可比性。因此，引文分析评价图书的方法可行，但是不宜采用此种方法评价出版机构。唐晓艳（2014）以1995～2005年出版的人文社会科学类学术图书为例，通过Google Scholar对图书的引文次数进行统计，进而运用"二八定律"测定出核心学术图书，在对核心学术图书的出版社、作者以及学科进行分析的同时，对11年的整体图书出版质量进行了评述。2015年，中国图书评论学会和南京大学中国社会科学研究评价中心共同发布了"中文学术图书引文索引"项目成果发布会。此项目采用引文评价的方式，对某一学科领域的重要学术图书给予了客观评价，对某一学科领域重要的出版机构进行了统计。

3. 同行评议与引文评价相结合的评价方式同样被国内认可

近年来，有的学者把图书的馆藏量作为衡量图书影响力的标准。例如，《中国出版传媒商报》与北京外国语大学从2014年起共同发布《中国图书海外馆藏影响力研究报告》来衡量图书的馆藏影响力，虽然具有一定的参考价值，但也存在明显不足，其价值不应被夸大更不应被滥用。有三个原因：第一，馆藏只代表图书馆收藏的数量，而作为馆藏的数量指标无法衡量图书的质量和影响力，尤其是学术图书；第二，用馆藏种类作为主要评价指标，也无法区分不同学科图书影响力的差别；第三，此报告以1年数据为周期，而用1年的周期来衡量馆藏影响力，并不是十分恰当。因为，图书馆不只采购每年的新书，补平往年的缺漏几乎是所有图书馆正常的业务。

国内学者认为，不论是引文评价、馆藏量还是同行评议，由于其自身存在的缺陷，均不能够客观、公正地对学术图书进行评价。引文评价与同行评议的有效结合是最佳的评价方式。倪润安（2004）认为，应在互相关联和牵制中尽量降低同行评议和引文评价两种方法的负面作用，形成"组合效应"。刘建辉（2007）认为，对学术成果评价的方法可以采用多种方式，既要完善引文分析法的应用，又要巩固同行专家评价方法的主体地位。同时，增加读者评价的意见也非常重要。

五　学术图书质量评价指标研究

（一）出版行业实践者的评价视角

对于学术图书质量的评价，学术界和出版行业实践者的视角不同。出版行业实践者认为，从目前的文献看，内容质量和形式质量是衡量学术图书的主要指标。牛太臣和曾勉之（1993）认为，应建立科学的图书质量评价指标体系，在统一质量标准的前提下开展图书质量评价，图书质量评价应该从选题方向与效益、编辑加工质量、装帧设计、校对、印装质量等方面进行评价。冯国祥（1993）认为，图书的质量分为内在质量与外在质量，其中，内在质量可以用模型来表示，即创新程度与务实程度之和的 1/2 与知识的科学性程度以及传播的有效性程度的乘积。王大达（1993）认为，图书微观质量的评价分为内在质量和外在质量。其中，内在质量包括选题质量、结构布局和内容质量，内容质量是关键因素。张雨竹（1996）认为，科技图书质量的评价指标应包括宏观方向（政治方向、政策吻合、法律约束、道德自律、预期效果）、出版价值（方向吻合、重点计划、学术价值、人才培养、经济效益）以及微观质量（观点内容、逻辑条理、标题注释、冗余重复、标准计量、标点符号、版式图表、装帧设计、校对误码、印制装订）。谢贵良（2001）认为，影响图书质量的因素有很多，包括选题质量、原稿质量、编辑质量、校对质量、装帧质量、纸张质量、印刷质量、排版质量、三审质量以及质检质量，作者利用层次分析法计算了各因素的相对权重，为提高图书质量提供了一个定量评价模型。谢琛香（2004）阐述了广义的图书质量要素，包括选题质量、写作质量、外观质量、价格质量、编校质量、市场质量等指标。岳凤翔（2006）认为，图书质量包括思想内容质量、编校质量、图书印制规范等。魏清荣（2005）从思想内容价值、文字质量价值、市场认可度三个方面构建了图书质量评价指标体系。何皓（2010）认为，学术图书质量包括内容质量、编校质量、装帧设计质量以及印装质量。代根兴和周晓燕（2013）运用比较研究的分析方法，对出版社的图书与图书馆的图书的评价标准进行了比较。其中，出版社对成书的评价指标包括内容质量、编校质量、设计质量、印制质量。作者通过对国内 10 所高校图书馆的 20 位资深外文图书采访专家进行的问卷调查，得到了 4 个重要指标的权重系数值。

（二）学术界的评价视角

学术界认为，学术图书的表现形式和功能不同，评价的方式亦不同。必须充分考察人文社会科学成果的具体类型归属，实事求是的为各具特色的不同成果设定不同的评价指标体系，如表 2－2 所示。

从"出版行业"和"学术界"这两个视角的评价指标看，出版行业将编校、印装质量纳入评价体系中，主要是将出版质量作为评价指标来考察，但实证性文献并不多见。这主要归因于编校质量、印装质量是针对所有图书的，学术图书在这方面并无特殊要求和规定。因此，主要从学术图书的学术质量的视角进行评价，未将编校质量、印装质量考虑在内。

表 2－2　人文社会科学类学术图书评价指标设计比较

文　献	划分形式	评价指标
卜卫等 （1998）	理论性成果	学术水平、成果科学性、学术影响、研究难度、文字水平
	应用性成果	应用价值、社会影响、研究难度、选题水平、文字水平
	科普资料类成果	实际效果、科学性、社会影响、文字水平、难度和工作量
刘大椿 （2009）	基础研究	学术贡献、原创性、卓越水平
	应用研究	实际效用、时效性、操作性、影响力
任全娥 （2009）	研究报告类	社会科学：社会价值、创新程度、成熟完备性
		人文科学：学术价值、创新程度、成熟完备性
	学术专著类	创新性、规范完备性、学术价值、社会价值

文　献	划分形式	评价指标
孙浩和 王海鸥 （1998）	学术专著和学术论文类	创造性、科学性、难度、选题、发表层次、社会反响
	编著类	科学性、应用性、难度、选题、出版层次、社会反响
	调研报告类	社会价值、真实可行性、难度、选题、应用层次、经济或社会效益
叶蓬 （2001）	应用性研究报告	选题来源、难易程度、社会价值、成熟程度、采纳范围、社会效益、出版层次、获奖层次
	专著	选题来源、难易程度、创新程度、成熟和完备程度、成果价值、出版层次、获奖层次、转载反响
	学术资料和工具书	选题来源、难易程度、选编完整性和合理性、成果价值、出版层次、获奖层次
	译著类	选题来源、难易程度、译作质量、学术价值、出版层次、获奖层次

（三）　其他指标作为补充指标的视角

一些学者认为，内容质量和形式质量不足以代表学术图书的质量，学术图书的质量应该包括社会影响力以及一些关键的图书信息。刘志荣（1994）认为，图书质量主要表现为图书使用性质量、社会性质量、经济性质量、技术性质量、服务性质量等五个方面。吴巧生和赵来时（1999）认为，图书质量包括规定性质量和非规定性质量。其中，规定性质量包括内容质量、编校质量、装帧设计质量、印装质量；非规定性质量包括方便读者索引、可读性质量。孙勇中等（2007）认为，学术图书质量包含三个方面的标准：一是内容标准，包括所覆盖学科范围、学科领域的专业分类、作者是否为该专业的核心作者；二是形式标准，包括版本、出版社声誉、价格；三是效用标准，包括借阅量、引用率。刘利和袁曦临（2011）认为，外文图书质量评价的指标应包括核心作者、核心出版社、作者所属核心研究机构、版次、书评。陆怡洲（2012）从图书采访的客观评价视角提出了评价图书质量的即时评价要素包括图书责任者和出版者，并通过对 1995 ～ 2005 年我国出版的 C（社会科学总论）大类学术图书进行引文分析进一步论证了此观点。

中国书评经历了 20 年的发展历程，主要对图书的形式、内容进行科学的分析评论。书评是宣传介绍图书，引导读者读书，帮助读者鉴别图书的重要手段。随着新媒体的出现和传媒生态的变迁，与传统的发表在专业期刊或报纸的书评专栏的文章相比，媒体对学术图书的评价是近年来逐步被关注的评价方式。目前，国内出现了多个专业从事书评的媒体。刘蒙之（2012）认为，庞大的图书出版数量需要市场进行消化，而市场消化必然需要图书信息的传播，书评传播是其主要手段。作者通过对美国书评媒体的类型与定位进行研究，强调了媒体书评的重要性。

综上所述，从学术界和出版界对学术图书质量评价的指标设计看，指标并没有统一的标准。从出版行业实践者的角度考虑，出版者认为，内容质量、编校质量、印装质量构成了图书的内容质量和形式质量。而一些学者从读者的角度考虑，把借阅量、引用率、书评等指标作为图书质量优劣的考量标准。

第二节 学术出版机构能力评价述评

一 国内学术出版机构能力评价的过程

到目前为止，我国对学术出版机构的评价大致经历了两个阶段，主要有四种评价方式（见表 2 - 3）。从中华人民共和国成立至改革开放前夕，大致是第一阶段，这一时期出版机构之间不存在激烈的竞争关系，宏观管理层面主要关注出版机构社会效益的完成情况。从改革开放至今是第二阶段，主要有三种评价方式，分别是评级式评价、评奖式评价和经济指标评价。

表 2 - 3　我国学术出版机构评价过程

大致时间段	评价方式
从中华人民共和国成立至改革开放前夕	社会效益评价
从改革开放至今	评级式评价
	评奖式评价
	经济指标评价

（一）中华人民共和国成立至改革开放前夕

中华人民共和国成立之后，我国逐步建立了出版业的计划管理体制。在这种管理体制下，一方面，包括学术出版机构在内的全部出版机构实现国营化和事业单位化。经过一系列调整，1965 年，全国的出版社完全实现了国营化，在此后很长的一段时间内，出版机构属于事业单位，各级、各类出版机构拥有相应的行政级别。另一方面，国家通过一系列规定，明确了出版、印刷、发行的专业化分工界限，并严格规定了各级、各类出版社的业务范围和产供销渠道。

在这种计划经济条件下的出版业基本框架内，出版机构实现社会效益是主要的考核指标，出版机构之间不存在激烈的市场竞争关系，"经济效益"也非出版机构所追求的目标。宏观管理层面主要考核出版机构是否完成出版任务，因而对出版机构的评价属于一种社会效益的评价。这一时期没有针对出版机构的专业评价，出版机构的行政隶属关系及其自身的行政级别是衡量出版社的主要标准。改革开放之后，出版机构竞争日趋激烈，"商品经济""市场经济"等意识纷纷兴起。

（二）改革开放至今

改革开放之后，尤其是 20 世纪 80 年代，我国各类出版机构的数量迅速增长，市场经济的意识渗透各出版领域，出版机构之间的竞争日趋激烈。对出版机构的专业评价逐渐兴起于这一时期，主要有三类。

1. 评级式评价

从 1993 年开始实行的全国优秀出版社和良好出版社的评选活动，拉开了对图书出版单位评比的序幕。前后举行 3 次评选活动，共评出 45 家优秀出版社和 100 余家良好出版社，并对优秀出版社和良好出版社给予了书号等资源的倾斜。优秀出版社和良好出版社的评选重点考虑的是规范出版社的经营行为。本研究分析了 1995 年刊发在《出版参考》上的一条讯息——《经评选在 1993、1994 年度表现良好　新闻出版署决定表彰商务等 127 家出版社》。因此，优秀出版社和良好出版社的评选主要从以下几方面考虑，分别是：办社宗旨是否明确，是否遵守出书范围，其他办社条件是否完备；书号使用量自我控制良好程度、有无卖书号行为；是否遵守出版管理规定，是否出版了在内容和质量上有问题的图书；内部机构健全程度和编辑出版队伍健康程度。

优秀出版社和良好出版社的评选虽然起到了一定的示范作用。但是，随着出版体制改革的不断深入，业界对书号有序放开的呼声渐高。为规范企业行为和市场秩序，我国政府根据市场主体行为配置资源，实现从微观管理向宏观管理转变，从传统的粗放型管理模式向精细化管理模式转变。原新闻出版总署于 2009 年委托中央教育科学研究所、中国编辑学会和中国出版工作者协会科技出版工作委员会三家机构，对全国 500 家经营性图书出版单位 2006～2007 年度出版综合情况实施了等级评估。按照社科、科技、大学、教育、古籍、少儿、美术、文艺八大类别，通过主要评价指标、违规记录、附加项目三大方面（见表 2 - 4），评出一级出版单位 100 家（全国百佳图书出版单位），二级出版单位 175 家，三级出版单位 200 家，四级出版单位 25 家。此次评价在很大程度上改变了以前平均分配力量、平均分配资源的管理方式，并在后续充分运用评估的成果"扬优限劣"——对获得

"全国百佳图书出版单位"的出版机构，在书号、版号、刊号的资源配置方面给予了倾斜，在相关政策上给予了优先，在产业发展方面给予了扶持。

表 2 - 4 全国 500 家经营性图书出版单位 2006 ~ 2007 年度出版综合情况评价项目

评价项目			
主要评价指标		违规记录	附加项目
一级指标	二级指标		
图书出版能力	内容质量	违纪违规	公益项目
	专业特色		
	重点图书完成情况		
	图书获奖情况		
	再版重印率		
	图书销售		
	版权输出情况		
	编校质量		
	印装质量		
基础建设能力	领导岗位培训	降级项	
	主业人员持证上岗		
	编校人员职称结构		
	从业人员受表彰情况		
	制度建设		
	信息化及数字化建设		
	办公条件		
	单位受表彰情况		
资产经营能力	净资产收益率	降级项	
	主营业务销售收入增长率		
	图书单品种平均利润		
	速动比率		
	主营业务销售收入		

2. 评奖式评价

评奖式评价是通过各种奖项的颁发，对出版人和出版物的评价结果进行表彰，可以看作是对出版机构的间接评价。1987 年韬奋出版奖开始评选，此后不断有新的奖项设立。如 1992 年开始组织"五个一工程"评选活动，1993 年开始评选国家图书奖等。进入 21 世纪，比较有影响力的中华优秀出版物奖、中国出版政府奖分别从 2006 年和 2007 年设立评选。因此，"评奖式"的评价方式一直延续至今。

3. 经济指标评价

这类评价是针对出版机构的诸多经济指标进行各类评价和排名，从 21 世纪初开始陆续出现。"中国图书出版资源基础数据库"课题组于 2001 年和 2002 年分别发布了《"九五"期间全国出版社竞争力评估报告》和《2001 年度全国大学出版社竞争力比较》，从品种板块、印数板块、印张板块、定价板块、销售板块以及其他因素共六大指标对出版社竞争力进行排名；"全国图书出版业竞争力研究"课题组于 2006 年利用 LM 竞争力监测系统，通过一系列经济指标的测算对全国出版社竞争力进行了评价。2008 年之后，出版机构进行转企改制，企业化色彩加重，生存压力倍增。在这种背景下，中国新闻出版研究院自 2009 年起，每年发布《新闻出版产业分析报告》，该系列报告利用主营业务收入、资产总额、所有者权益和利润总额等经济规模指标，对全国图书出版单位的总体经济规模进行了综合评价，并进行各类型的排名。

4. 评价历程述评

我国在出版机构的评价历程上使用了多种方式，各种方式的评价都有其独特的优势和特定的引导作用。但是通过梳理这些评价历程，我们又会发现，目前为止我国缺乏一种专业的、旨在引导出版机构全面提升学术出版物质量的评价活动。而且，某些评价历程在自身指标设计等方面也引起过一些争议。

（1）评级式评价述评

在当时的形势下，优秀和良好出版社的评选方法对促进图书出版业的发展起到了积极推动的作用，对出版单位有较大的激励作用。但是随着形势的变化，这种评选方法也逐步显现出其局限性，主要体现在评选条件过于笼统、定性指标过多，因而难以客观地反映出版单位的整体发展水平和综合实力。由于这种评选方法存在较多的争议，在进行了三次之后便终止了。

在优秀和良好出版社的评选中断多年之后，业界是否需要一种新的评价方法对出版单位进行分级分类管理？经过多年酝酿，"经营性出版单位等级评估"活动于2009年开始，这在当时属于一次重要的基础性、开创性工作，对全面了解出版业的实际发展情况有重要的意义，也对出版机构起到了一定的激励作用。当然任何一种评价都不会是完美无缺的，都必然存在一定的缺陷。此次评价结果发布之后，有关评价指标和出版社分类引起了业界的一些争议，本研究将这些争议归纳为三个方面。

首先，业界将出版单位分为社科、科技、大学、教育、古籍、少儿、美术、文艺八大类，这种粗略的分类方法模糊了出版业的三大业务领域分类界限，造成了专业出版、教育出版和大众出版的界限不清，极易造成组内机构之间的不可比。例如，很多主要出版养生休闲读物的出版社归入社科类机构，当然这可能与社会科学泛化、普及性的读物往往被归为学术图书有关；主要出版文艺欣赏类读物的出版机构与主要出版文艺理论性产品的出版机构归为文艺类机构。很显然这种分类方法容易造成组内机构之间的不可比，不可避免地影响评级结果，进而引起一些争论。

其次，从一级指标的设置逻辑来看，与出版业的业态不符。出版业的实质是一个"聚集资源—产品加工—营销传播"的过程，其核心是聚集优秀的资源，通过优秀的人力资源按照一定的流程、规范进行加工整理，再通过营销和传播进而产生经济效益的基础。对出版单位进行评估，应该考查其聚集资源的能力、产品加工的能力、营销传播的能力。

而当时的一级指标是图书出版能力、基础建设能力、资产经营能力，并没有清晰地反映出这一核心逻辑。另外，在分值设置上分别为390分、230分和380分，并没有突出"资源为王"的这一客观实际，出版人力资源所在的一级指标（基础建设能力），其总分仅为230分，远低于其他两项。

最后，从评价的二级指标来看，个别指标值得商榷，突出表现在三个方面。一是二级指标对于出版单位的具体规模、产品结构缺乏考虑，引起的争议较大。例如，主营业务销售收入增长率指标考虑更多的是"增长率"，对总体规模很大的出版社来说并不公平，小型出版社可能增长率更高一些；但是，就重点图书完成情况、图书获奖情况和版权输出情况等指标项来说，中小型出版社由于相对比较弱势，衡量起来也不公平。二是人力资源是出版单位的核心竞争力，优秀的编辑资源对于出版社至关重要。而目前的二级指标中领导岗位培训、主业人员持证上岗等属于入门的基本条件，这离"成熟""优秀"尚有距离，而编校人员职称结构、从业人员受表彰情况则多依靠评分专家的主观打分，是否真实、客观也容易引起争议。三是图书单品种平均利润这一指标的测算使用了一年的数据，这并不符合出版业的实际情况。考虑到图书销售的周期，至少需要一年半的时间才能反映出一种图书的销售情况。因而，图书单品种平均利润这一指标的数据采集不合理。应该看到，评级式评价对出版单位有较大的影响力，同时也有较强的激励作用，争议出现的本身也意味着业内人士对这次评级结果的关注和重视。但是这次评级结果自发布之后，近五年没有进行后续的评估，而是继续以这次的评估结果为依据对出版单位进行资源分配上的管理。在整个出版业经历了多年的发展之后，这个评级结果与我国目前的出版业实际情况尤其是各出版机构的发展现状相比严重失真。

（2）评奖式评价述评

评奖式评价是对诸如韬奋出版奖、国家图书奖、中华优秀出版物奖、中国出版政府奖等奖项的评定，是针对全部出版机构或者出版人在某一段时间内的工作成果的评价和奖励。还对学术出版机构和学术出版人有较强的激励作用，但是应该看到这些奖项的设置是面向所有出版类型的一种评价，而非只针对学术出版领域。梳理这些奖项的历届获奖名单可以发现，图书类奖项的获奖图书涵盖了不同类型。例如：第五届"国家图书奖"获奖图书中既有《中国地质学》（扩编版）这样的学术图书，也有《好阿姨新童话系列丛书》这样的儿童读物等其他出版领域的优秀作品。而人物类的奖项中，本研究在统计中国韬奋出版奖历届的获奖人名单发现，其中学术出版人为 36 人，占总获奖人数（129 人）的 28%。目前在国家级的出版奖项评选中，还没有专门设置针对学术出版机构的奖项评选，评奖式的评价对于引导出版机构提升学术出版物质量在力度上还有待加强。

（3）经济指标评价述评

经济指标评价有其积极的一面，大量的出版机构由事业单位转为自负盈亏的企业，在生存压力陡增的情况下，能够在很大程度上反映学术出版机构的生存能力。但是从经济指标对出版产业进行评价的结果来看，还存在一定的导向偏差的问题。与国民经济的其他行业相比，出版行业肩负着追求社会效益和经济效益的双重使命，但其社会效益更为重要。出版行业的自身特点决定了其总体经济规模在国民经济各行业中属于规模较小的一类，过于重视经济指标，便会本末倒置。对于出版行业和出版机构来说，更应该重视社会效益，注重自身影响力的提升。例如，与电影行业相比，出版行业的经济规模和影响力存在明显的分化，中国产业信息网（2015）指出，2015 年中国电影行业的票房总收入仅为 293.50 亿元，而 2015 年我国出版、印刷和发行实现利润达 1662.1 亿元。但是不可否认的是，当前电影业的社会影响力比出版业要高。

过分地"以码洋论英雄"会导致出版机构的经营行为异化，单纯地追求经济效益会造成学术出版物质量下滑。因此，要引导学术出版机构全面提升出版质量，单纯以经济指标进行评价是不够的。

二 文献综述

（一）国内相关研究

国内学术界涉及学术出版机构的评价大致可以分为三类（见表 2 - 5）。第一类为定性评价，早在 20 世纪 90 年代我国学者就提出了出版机构评估的定性评价指标体系，21 世纪初有学者对出版机构竞争力评价指标体系进行了研究；第二类为定量评价，主要是近五年来，一些学者通过分析学术图书的引用率对学术出版机构进行评价和排名；第三类为定量综合评价，主要是综合了学术图书引用率以及借阅率、出版规模、馆配市场表现等指标对学术出版机构进行评价。

表 2 - 5 国内学术出版机构评价研究

研究方法	文献来源	指标依据
定性评价	夏吉文（1995），阎晓宏（1996），刘丽华和姚德海（2004），刘拥军（2005）	出版机构评估的定性评价指标体系
定量评价	钱玲飞和孙辉（2010），穆卫国（2011），蔡迎春（2011），王铁梅（2011），王铁梅和吴志荣（2013），南京大学中国社会科学评价研究中心和中国图书评论学会（2015）	引用率
定量综合评价	范超英等（2009），石菊君等（2011），曾红岩等（2011），唐吉深（2013）	引用率、借阅率、出版规模、馆配市场表现等指标

具体来看，国内学术界对出版机构的评价起步于 20 世纪 90 年代，本研究检索到最早的文献是夏吉文在 1995 年发表的《试论出版社等级评估》一文，该文提出了从硬件和软件两个大方面，对 13 个二级指标进行评价的初步设想。另一篇较早的文献是阎晓宏在 1996 年发表的《谈谈出版社评估与评估指标体系》一文，他对出版机构评估的指标作了进一步拓展，包括图书指标、经济指标、内部管理三个大方面。刘丽

华、姚德海（2004）和刘拥军（2005）分别构建了出版机构竞争力评价指标体系。此类研究理念化地提出了出版机构评价的指标体系，并没有进行实证、验证。

到目前为止，国内直接针对学术出版机构的评价研究多为实证研究，学者们多以学术图书引用率等客观数据为分析依据对学术出版机构进行评价，以此作为馆藏选择的依据。此类研究的理论基础是"布氏定律"的观点：文献出版是分散的，但出版机构自身发展运作的规律和惯性以及出版机构的专业特色又决定了学科文献的分布是相对集中的，因而可以通过相应的方法评价出某一学科的核心出版机构。在具体研究方法上，采用基于文献计量"引文分析"的方法，聚焦特定学科进行研究，以选择核心出版机构。例如，钱玲飞和孙辉（2010）对 CSSCI 中新闻传播学论文所引用图书的出版机构进行统计，列出被引次数前100名的出版机构，并对名次靠前的出版机构特点进行了分析。穆卫国（2011）计算了核心出版机构哲学类学术图书的 h 指数（某出版社在一定时期内所出版的某学科图书中被引次数达到 h 次的图书不少于 h）和 g 指数（将某出版社在一定时期内所出版的某学科图书按被引次数由高到低排序，将序号平方，被引次数按序号层层累加，当序号平方等于累计被引次数时，该序号则为 g 指数，如序号平方不是恰好等于而是小于对应的累计被引次数，则最接近累计被引次数的序号即为 g 指数），并对 h 指数和 g 指数进行相关性分析和统计分析，以此评价哲学类学术图书的核心出版机构。蔡迎春（2011）以 h 指数为评价指标，对核心出版机构的出版优势及特点进一步分析和评价，并以国内经济类核心出版机构为例，借助"雷达图"这样一种分析工具清晰直观地反映经济学领域中各核心出版机构的出版优势和出版特点。王铁梅（2011）将法律类图书的类目进行细分，选取其中较为通用的 10 个类目，基于引文分析法和布拉德福区域分析法测出 22 家核心出版机构，并对其在 2004 ～ 2007 年出版的法律类学术性图书进行引文分析。王铁梅和吴志荣

（2013）以 2004～2007 年国内出版的法律类图书为例，运用引文分析法、h 指数和图书利用率统计等方法测定核心出版机构，并比较了不同实证方法的异同和效果差异。尤其值得一提的是，南京大学中国社会科学研究评价中心与中国图书评论学会（2015）合作，采用定性评价和定量评价相结合的遴选方式，基于引文的客观数据，研发了"中文学术图书引文索引"数据库。该数据库第一阶段已经涵盖了 11 个学科的 3000 余种学术专著，并于 2015 年发布，后在出版业内和学术界广受关注。也有文献在"引文分析"的视角之外结合出版规模、文献利用率（包括引用率和借阅率等）、馆配市场表现等指标（范超英等，2009；石菊君等，2011；曾红岩等，2011；唐吉深，2013）延伸出与图书馆配特点相适应的多种方法。

（二）国外相关研究

相较于国内主要以客观指标间接评价的方法，国外对于学术出版机构评价的研究方法比国内更为丰富，大致分为主观评价和客观评价两大类（见表 2-6）。

表 2-6　国外学术出版机构评价研究

研究方法	文献来源	指标依据
主观评价	Paul Metz 和 John Stemmer（1996），Larry 等（1999），Gabbidon 等（2010），Lewis（2000），Garand 等（2011）	基于被调查者主观判断
客观评价	John Calhoun 和 James K. Bracken（1983），Edward（1993），Wiberley（2002，2004）	基于图书获奖情况
	Laband（1990），Kleijnen 和 Van Groenendaal（2000），Salinas（2009，2012），Tina 等（2014）	基于图书引用率
	White 等（2009），Torres-Salinas 和 Moed（2009），Alesia Zuccaia 等（2014）	基于图书馆馆藏

1. 基于主观数据的评价

基于主观数据的评价，通常也可称为主观评价，主要是以主观调查的方式进行，数据来源主要是受访者的主观评价，通过给学术出版机构或者学术产品打分，进而对学术出版机构进行排名。

此类研究最早见于 1996 年 Paul Metz 和 John Stemmer 进行的一项有关学术出版机构评价的主观调查，作者认为对图书质量的判断很大程度上来自于对特定出版商的评价。因此，作者进行了针对学术出版机构的主观调查。在具体方法上，作者选取图书馆的馆藏人员作为调查目标，由被调查者给相关学术出版机构打分来评价学术出版机构的声誉，并检验了这三个方面之间的关系。与 Paul Metz 的研究类似，Gabbidon 等（2010）通过调查来自美国犯罪学学会和美国司法机关的 812 个受访者，确定了犯罪学和刑事司法领域的 81 家出版机构的排名。发现牛津大学、剑桥大学、芝加哥大学和哈佛大学的出版社在质量排名上名列前茅。

此外，也有对学术产品质量等进行主观调查的研究，进而对学术出版机构进行评价。Larry 等（1999）以美国政治学协会成员作为被调查对象，让其对样本学术出版机构（共 65 家出版机构，包括 29 家大学出版机构、34 家商业出版机构和 2 家其他类型出版机构）所出版的政治学图书质量以 0（水平较低）、1（平均水平以下）、2（平均水平）、3（平均水平之上）、4（优秀）五个档次进行打分，并要求受访者对自己熟悉的出版机构进行主观评价，得出了政治学领域的学术出版机构排名。Lewis（2000）通过调查大学联盟成员和图书馆的法律、政治部门的人员，让被调查者以五分量表的方法对 62 家学术出版机构所出版图书的总体质量进行主观打分，进而得出学术出版机构的质量排名。Garand 等（2011）通过开放式问题对 603 位政治学家就政治学的出版问题进行了调查，主要包括两个方面的问题，首先是调查者所认为的该领域最好的学术图书，其次是被调查者经常阅读或者研究参考该专业的图书。在此基础上，作者得出了该领域的学术出版机构排名。

2. 基于客观数据的评价

国外有相当数量的文献从多个角度评价学术图书，进而落脚于对学术出版机构的评价，这方面的研究大致可以归纳为三类。

（1）基于图书获奖情况评价学术出版机构

这方面的研究文献发表较早且比较典型的是 John Calhoun 和 James K. Bracken（1983）在 1983 年发表的论文，他们通过统计 60 家学术出版机构的学术图书在 1977～1981 年获得"优秀学术图书奖"的比例评价学术出版机构的质量。1993 年，Edward（1993）以类似的方法，用 1988～1992 年的数据重新进行了分析，试图发现在这个时间段获奖情况是否发生了变化。另一个典型的研究是 Wiberley 分别于 2002 年和 2004 年发表的论文，他分别统计了在联机计算机图书馆中心（Online Computer Library Center，Inc.）数据库下人文学、社会学领域图书的获奖情况，作为比较相关学术出版机构的依据。

（2）基于图书引用率评价学术出版机构

借鉴对期刊引用率的统计分析，国外学者对学术图书引用情况进行统计，以此作为评价学术出版机构的手段。这方面的研究从 20 世纪 90 年代已经开始，而且至今仍有学者运用此类方法进行研究。类似的研究很多，例如 Laband（1990）对 Liebowitz（1984）所建立的评价期刊的公式进一步拓展，对选定的经济类图书的引用率进行了评价，以此评价出版机构的影响力。Kleijnen 和 Van Groenendaal（2000）通过测算出版机构图书的引用率推出了顶级出版机构的排名榜单。西班牙学者 Salinas（2009，2012）等人通过汤森路透集团（Thomsons Reuters）对图书的引文索引，尝试建立出版机构引文报告，形成了出版机构引文排名。最新的文献来自 Tina 等人，他们于 2014 年在 *The Journal of Academic Librarianship* 上发表的 "Evaluating Scholarly Book Publishers-A Case Study in the Field of Journalism" 一文中以新闻学为例，分别检验了多重评价方法（其中包含基于引用率角度的评价），分别是图书馆馆藏（以下简称 lib-citation）计数、目录分析、h 指数、布拉德福德法则等对学术出版机构评价的有效性，认为这些方法或许可以应用到其他学科。这项研究可以看作是基于图书引用率评价学术出版机构的综合性文献。

（3）基于图书馆馆藏的视角评价学术出版机构

前文所提到的 Tina 等人的研究事实上已经涉及了图书馆馆藏的评价视角。White 等（2009）对图书馆馆藏进行了相关的研究，他们认为某些以图书为评价导向的学科，尤其是人文社会科学的某些学科，以期刊论文引用率进行评价并不合理。作者假定图书馆在确定一种图书予以馆藏的过程中，存在一种类似于学者对于期刊文章引用的评判。从图书影响力的视角，综合读者、图书作者的声誉，以及出版机构权威性等方面的考虑，提出了 libcitation 这一指标，该指标主要统计书目被多少家图书馆所馆藏，因而 libcitation 可以看作是对学术出版机构的一种间接评价。Torres-Salinas 和 Moed（2009）进行了与 White 等人相类似的研究，他们运用图书馆目录分析的方法，设计了更为具体的指标，包括"馆藏目录收录总次数"（给定的书目收录到图书馆馆藏目录的总次数）、"馆藏目录收录率"（给定的书目中每种书的馆藏目录收录次数的平均数）、"相对目录收录率"（给定书目的"馆藏目录收录率"与参照书目的"馆藏目录收录率"之间的比率）、"传播率"（给定书目的"馆藏目录收录总次数"与最大可能的"馆藏目录收录总次数"之间的比率），作者认为可以通过这些指标来评价学术图书，以此对学术出版机构进行评价。Alesia Zuccaia 等（2014）选取了 50 家顶级大学出版机构，借助斯高帕斯（Scopus）和世界联合书目（WorldCat）两个数据库，分别统计了这 50 家出版机构的图书被图书馆馆藏和被学术期刊引用的数量，并分析了二者之间的相关性，发现二者具有较强的关联。

3. 文献述评

从目前国内外的文献研究来看，"引文评价""获奖情况""图书馆馆藏"等客观数据评价方法过于单纯地重视图书信息的数量而忽视了图书信息的质量，并且从绝对量的角度考虑，忽略了出版机构的规模差异；单一指标评价只能反映学术出版机构在学术出版的某一方面的特质，而难以全面反映学术出版机构保证和提升学术产品质量的实际能力，且这类评价缺乏对学术出版机构从业者的考量。

尽管国外学者进行了主观数据评价方面的研究，但是这种评价来自于对相关人士的主观调查，数据的客观性容易引起质疑；另外，目前主观调查的方面如"声誉""质量"等指标也存在一些有待商榷的地方，如指标单一，过于宏观和模糊，无法起到通过评价进行引导的作用。

任何一种评价都是为了通过评价来引导被评价者不断提升和改进自身的某些能力和属性。全面提升我国学术出版的质量，需要一套科学的评价指标体系和指标间合理的权重设计。我们认为，评价学术出版机构的指标体系在设置上要遵循以下原则：既应该有显性的绩效指标，也应该有潜在的增长性指标；既应该有规模指标，也应该有效益指标；指标体系应该具有一定的面向未来的前瞻性；指标设置上既要全面覆盖决定学术图书质量的方方面面，又不可划分过细，指标体系的有效性需要考虑整套指标体系的信度和效度。具体指标体系的研究和设计需要借鉴已有的实践和国内外的研究，不断做出新的探索。

第三章　人文社会科学类学术图书
出版现状调查

按照国际通行的标准，出版领域分为大众出版、教育出版和专业出版三类。大众出版是与大众的日常生活、休闲阅读以及文化体验相关的出版，大众图书有时也叫一般图书或者消费类图书，主要类别有：小说、传记、少儿、艺术、旅游、保健、文化、科普、理财、自助、励志等。教育出版是指与学习、教育及培训有关的出版。教育类图书通常以知识深浅程度和门类为分类标准，主要分为基础教育出版和高等教育出版，常常也把职业教育和终身学习读物涵盖进去。专业出版是指与职业和行业有关的出版，学术出版属于其中的一类。因而，学术图书属于专业图书中的特殊类别。

第一节　学术图书的认定

一　认定标准

依据学术图书的内涵，"学术图书是指作者基于某一专业或学科方法研究自然、社会和人的思维现象、事物或过程所形成的作品，并经由专业出版机构编辑加工而成的学术性出版物。"因此，在对学术图书进行认定时，将内涵中的"研究""过程""成果"等关键词进行延伸。

认为一般意义上的学术图书应该包含以下要素中的一种或者多种，例如：研究对象、研究意义、研究方法（实地研究、实验研究、调查研究）、研究结论、研究视角（视域）。鉴于不同学科研究范式的不同、不同作者的写作风格不同、不同种类学术图书的编写体例不同，部分学术图书可能只包含五种要素中的一种或者几种，而非全部。因此，一种图书明确具备这五种要素中的一种即可认定为学术图书。

二 信息抓取要素

由于我国每年出版的图书种类众多，本研究以 2014 年作为时间节点进行分析。2014 年共出版图书 448431 种，其中，初版 255890 种。基于可行性、科学性的原则，在学术图书认定信息的抓取上研究借鉴了图书馆目录编著中"关键信息采集"的方法（图书馆目录通常从文献的题名、责任者、主题、分类等图书的关键信息来指引检索文献，以方便图书馆馆员从事文献采购、参考咨询、保管典藏、服务读者）来抓取图书的关键信息，判断是否具有学术图书的关键要素。本研究根据目前图书信息标注的惯例，从图书标题、图书副标题、图书目录、图书内容摘要四个要件所反映的图书内容信息来判断是否为学术图书。依据如下所示。

1. 图书标题即书名，通常是图书核心内容的体现，表达了作者的主要观点和研究的核心内容。图书标题揭示图书内容的实质，或者对全文内容或研究对象进行了限定。

2. 图书副标题即副书名，通常是点明图书的研究对象、研究内容、研究目的或强调研究的某个侧重面以及对标题进行补充、解释。

3. 图书目录，体现了图书的主要内容概括和内容顺序安排。相对于图书的标题和副标题，能够更加详细地展现全书的研究内容框架，便于判断是否为学术图书。

4. 图书内容摘要，既是图书标题、副标题和目录的延展与补充，又是全书主要内容的凝练，能够判定是否为学术图书的关键信息。

三 信息抓取方式及信息来源

学术图书基础信息的抓取通过两轮检索完成。第一轮通过网上搜集进行抓取。主要集中在对图书标题、图书副标题、图书目录、图书内容摘要的初步检索。抓取途径主要是一些售书网站，其中包括当当网、京东网、卓越亚马逊等，也包括百度百科、维基百科等。第二轮主要对第一轮进行补充。在第一轮的检索中，在网上检索不到的部分书目通过到国家图书馆实地调研进行数据搜集，从而对缺失的图书信息进行补充。

第二节 数据来源

一 基础数据来源

本研究以 2014 年中国大陆地区出版社初版的人文社会科学类学术图书为研究对象，研究数据是中国版本图书馆 2014 年出版的《全国新书目》的基础数据。同时，结合北京台湖出版物会展贸易中心有限责任公司、北京人天书店有限公司和湖北三新文化传媒有限公司 2014 年的发行数据，形成本次调查相对完整的 2014 年学术图书出版品种数据样本集。

依据中图分类法，研究范围为人文社会科学类学术图书，包括 A（马克思主义、列宁主义、毛泽东思想）、B（哲学）、C（社会科学总论）、D（政治、法律）、E（军事）、F（经济）、G（文化、科学、教育、体育）、H（语言、文字）、I（文学）、J（艺术）、K（历史、地理）、Z（综合类图书）。

二 学术图书全样本数据的整理与确定

（一）整体数据对比

本研究搜集到 2014 年的出版数据共计 127501 种。根据中国书籍出

版社 2015 年出版的《2015 中国新闻出版统计资料汇编》的统计，2014
年初版的人文社会科学类图书（A、B、C、D、E、F、G、H、I、J、
K、Z）共计 203214 种。从本次获取的数据统计，抽样率为 62.74%。

（二）数据补充

本研究从数据的不易获得性，以及认定学术图书的实际情况出发，
认为虽然目前数据的抽样率为 62.74%，但若缺失的数据为非学术图
书，则目前搜集的数据可认为是学术图书的全样本数据。基于这种视
角，本研究决定采用个别出版社数据填充以及课题组论证的方式对基础
数据进行补充。主要包括以下 5 个步骤。

1. 按出版社汇总

将基础数据按照出版社进行汇总，对各出版社 2014 年初版的图书
数量进行统计。

2. 出版社图书数量对比

将中国书籍出版社出版的《2015 中国新闻出版统计资料汇编》中
统计的初版的图书数量与"1"（按出版社汇总）中获取的出版社初版
的图书数量进行对比，查找数据差距比较大的出版社。

3. 与基准数据对比

对数据差距比较大的出版社进行分析，进行第一轮有选择性的补
充。进行有选择性的补充的原因是有些出版社不出版学术图书。例如，
中国少年儿童出版社、辽宁少年儿童出版社等。这些出版社，即使数据
缺失较大也可以不必补充。第一轮补充包括两种渠道：第一，与南京大
学 2015 年 7 月发布的"中文学术图书引文索引"项目成果发布会中涉
及的出版学术图书比较多的出版社进行对比，若这些出版社的图书与基
准数据差距比较大，进行补充；第二，从与基准数据相比差距比较大的
出版社中挑选出部分出版社进行补充，将数据差距比较大的经过统计汇
总后，补充江苏人民出版社和中国大百科全书出版社的统计数据。两轮

数据补充的目的是尽量不遗漏出版学术图书较多的出版社信息。

4. 学术图书筛选后，进行第二轮补充

对第一轮补充后的数据进行学术图书的筛选，筛选后对各出版社出版的学术图书数量进行统计，再对分类筛选出的出版社的名单进行论证，再次汇总有异议的出版社的名单，课题组继续进行核查。包括两个方面：第一，对以出版学术图书为主但实际数据量较少的出版社进行再次核实。第二，对出版学术图书为"1"（按出版社汇总）的出版社的数据进行核查。以上两方面经核查均无误。

5. 学术图书全样本数据的确定

通过以上数据的整理与清洗，目前数据的抽样率为62.96%。经过两轮的数据论证以及补充，可认为目前的数据虽然不是全样本数据，但已是学术图书的全样本数据。最终确定数据样本集，共计127938种图书。

第三节　学术图书的筛选与统计分析

一　学术图书认定流程

学术图书与非学术图书认定流程如图 3 - 1 所示。

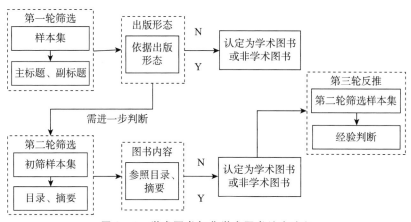

图 3 - 1　学术图书与非学术图书认定流程

注：N 代表否，Y 代表是。

二 学术图书筛选步骤

(一) 预筛选测试

在对 2014 年初版的图书进行检索之前，为了保证对学术图书筛选的准确性，首先以社会科学文献出版社 2014 年初版的图书为例，按照筛选步骤进行测试，对学术图书的筛选过程、表现形式等进行归纳总结。

(二) 正式筛选

1. 第一轮筛选

第一轮筛选的目的是把明确不是学术图书的样本删除，不确定是学术图书的，在第二轮中，依据目录以及摘要的信息再次筛选。如图 3－1 所示，第一轮筛选中，主要参考图书的主标题和副标题，按照图书的出版形态进行筛选。依据出版形态对学术图书的划分主要参考了两种文献。第一类为词典，包括《出版词典》《简明出版百科词典》《简明编辑出版词典》等。第二类为学术研究文献，张国春 (2006) 介绍了中国社会科学院有关部门对科研成果的形式划分，包括研究报告、专著、古籍整理、论文、学术资料、丛书、论文集、译文、译著、学术普及读物、软件、工具书、综述、一般文章、教材、影视片等。邱均平和王菲菲 (2010) 认为，社会科学研究成果包括学术专著、期刊论文、译著、研究报告等。任全娥 (2009) 将人文社会科学研究成果分为论文、研究报告和著作。叶继元 (2016) 认为，人文社会科学研究成果的形式包括学术著作、学科工具书、学术论文汇编、学术论文集、学术随笔等。

2. 第二轮筛选

第二轮筛选主要从图书内容上对第一轮筛选后不确定是学术图书的

做个判定。通过对目录、摘要的判定，例如目录中有"研究主题""意义""方法""访谈""调研""实证分析""主要研究内容""思路""路径""样本""案例"等，认为是学术图书。同样，摘要中有"研究主题""意义""方法""访谈""调研""实证分析""主要研究内容""思路""路径""样本""案例"等，认为是学术图书。

3. 第三轮论证与核查

在第一轮和第二轮筛选后，进行课题组论证。对出版学术图书为一种以及数量较少的出版社，依据经验判断，认为不符合逻辑的重新搜集数据进行补充，对此类出版社出版的学术图书进行重新筛选。第三轮补充的主要目的是查漏，防止因为样本量不全而导致出版学术图书的出版社缺失，这也是对"学术图书全样本数据的确定"步骤的进一步完善，确保学术图书全样本数据的准确性。例如，《羊城晚报》出版社、燕山大学出版社、新疆科学技术出版社等出版的学术图书数量较少，课题组对此类出版社出版的学术图书全样本数据与《2015中国新闻出版统计资料汇编》中的数据做了一一核实。

三　2014年初版人文社会科学类学术图书筛选

在以社会科学文献出版社2014年初版的图书为样本进行测试后，按照学术图书的筛选步骤对2014年初版的人文社会科学类学术图书进行筛选。经过第一轮筛选，对127938种图书样本进行逐一判定，删除可明确判断为非学术类的图书，初步筛选出17391种图书；经过第二轮、第三轮筛选，进一步通过采集详细信息（如摘要、目录等）逐一进行判断，删除可判定为非学术类的图书；最后，本研究判定，2014年初版学术图书数量为16799种。在对2014年初版的人文社会科学类学术图书进行筛选的过程中，依据第一轮的经验判断，对学术图书的特点、表现形式进行归纳总结，如表3-1所示。

表 3 – 1　图书出版形态及学术图书判定

一级分类	二级分类	学术图书
学术著作	—	是
学术研究报告	研究报告、发展报告、调研报告、评估报告、皮书	是
古籍整理与研究	古籍整理、古籍研究	是
	影印	否
历史	史考、史料、史评、史论、考古报告、国语研究	是
	人物传记、回忆录、正史、野史、杂史、史钞、史话	否
选编	文献选编、论文选编、调研报告选编、研究成果选编、文献类编	是
论集、论丛、集刊	—	是
全集	学术类全集	是
	非学术类全集	否
选集	学术类选集	是
	非学术类选集	否
文集	学术类文集	是
	非学术类文集	否
文选	学术类文选	是
	非学术类文选	否
文库	学术类文库	是
	非学术类文库	否
论文集	学者论文集、会议论文集	是
汇编	学术类汇编	是
	非学术类汇编	否
译著	学术译著	是
	非学术译著	否
教材	高等教材、中等教材、中小学课本、复习资料、教参教辅、职业培训、自学教材	否
读物	按照学科性质：政治读物、哲学读物、文艺读物、科技读物、宗教读物、社会科学读物、法律读物、通俗读物、军事读物、古典文学读物、文学艺术读物、地理读物、通俗读物	否
	按照读者对象和读者层次：少儿读物、低幼读物、青年读物、职工读物、农村读物	否

一级分类	二级分类	学术图书
工具书	字典、词典、百科全书、名录、目录、年鉴、手册、概况、指南、年表、类书、综录、大事记、图鉴、图谱、图录、图释、图籍录、资料汇编	否
	学术工具书	是
美术出版物	年画、画册、摄影作品、年历画、挂历、连环画	否
语录、地方志、档案	—	否
艺术类图书	小说、散文、诗歌、戏考、唱本、乐谱	否
	书法临摹范本：法帖、碑帖、印谱、印拓	否

注：表 3-1 的形式的划分，参考了《编辑实用百科全书》《简明出版百科词典》《出版词典》《简明编辑出版词典》等工具书的划分；表 3-1 为在筛选学术图书过程中依据图书的表现形式进行的总结，对筛选学术图书具有一定的借鉴，但在筛选过程中，要以学术图书的研究内容为主要因素进行再次判定；表 3-1 中二级分类尽可能全面地列出了部分一级分类的表现形式，但在实践中，可能有更多形式的表现成果。

第四节　学术图书数据结构化分析

一　我国历年图书出版现状数据分析

（一）出版社总量分析

根据《2014 中国新闻出版统计资料汇编》《2015 中国新闻出版统计资料汇编》《2016 中国新闻出版统计资料汇编》的统计，1978 年，中国的出版社有 105 家，从业人数达 10000 人；2014 年，中国的出版社达 582 家，其中，中央级出版社达 221 家，地方级出版社达 361 家，从业人数达 64757 人；2015 年，中国的出版社达 583 家，其中，中央级出版社达 221 家，地方级出版社达 362 家，从业人数达 66074 人；2016 年，中国的出版社达 584 家，其中，中央级出版社达 219 家，地方级出版社达 365 家，从业人数达 67103 人。

（二）出版图书总量分析

根据国家统计局官方网站的统计，我国出版的图书总量以较快的速度增长。出版图书种类从 1978 年的 1 万余种增长到 2014 年的 44 万余种。

（三）2014 年人文社会科学类学术图书总量统计分析

根据《2015 中国新闻出版统计资料汇编》的统计，2014 年，全国共出版图书 448431 种，其中，初版 255890 种，重版、重印 192541 种。研究范围为人文社会科学类学术图书，包括 A（马克思主义、列宁主义、毛泽东思想）、B（哲学）、C（社会科学总论）、D（政治、法律）、E（军事）、F（经济）、G（文化、科学、教育、体育）、H（语言、文字）、I（文学）、J（艺术）、K（历史、地理）、Z（综合类图书）。出版人文社会科学类学术图书共计 355021 种，其中，初版 203214 种，重版、重印 151807 种。

二　按学科分类统计分析（2014 年数据）

按照学科分类统计 2014 年初版学术图书，具体如表 3-2 所示。

表 3-2　按学科分类统计 2014 年初版学术图书

学科类型	初版数量（种）	初版学术图书数量（种）	初版学术图书占比（%）
A 马克思主义、列宁主义、毛泽东思想	522	153	29.31
B 哲学	5788	1095	18.92
C 社会科学总论	3670	583	15.89
D 政治、法律	13418	3843	28.64
E 军事	1107	124	11.20
F 经济	19973	5122	25.64

续表

学科类型	初版数量（种）	初版学术图书数量（种）	初版学术图书占比（%）
G 文化、科学、教育、体育	79800	2428	3.04
H 语言、文字	10758	632	5.87
I 文学	33584	940	2.80
J 艺术	19234	518	2.69
K 历史、地理	12594	1278	10.15
Z 综合类图书	2766	83	3.00
合计	203214	16799	8.27

从表 3 - 2 中可知，2014 年，我国初版的学术图书从品种数来看，占全部图书总量的 8.27%，其中，A（马克思主义、列宁主义、毛泽东思想）、D（政治、法律）、F（经济）这三类初版的学术图书数量比较多，均超过 20%。G（文化、科学、教育、体育）、I（文学）、J（艺术）、Z（综合类图书）这四类初版的学术图书数量比较少，均为 3% 左右。

三 按出版社统计分析（2014 年数据）

2014 年初版的 16799 种学术图书的出版单位共有 429 家，以初版学术图书的数量做个排名统计，表 3 - 3 列出了 2014 年初版学术图书排名前 100 位的出版机构。

表 3 - 3 2014 年出版社初版学术图书数量统计（前 100 位）

序号	出版社名称	性质	地理位置	初版数量（种）	初版学术图书数量（种）	初版学术图书占比（%）
1	社会科学文献出版社	中央	北京	1246	1154	92.62
2	中国社会科学出版社	中央	北京	1403	1125	80.19
3	北京大学出版社	中央	北京	1692	771	45.57
4	经济科学出版社	中央	北京	997	621	62.29

续表

序号	出版社名称	性质	地理位置	初版数量（种）	初版学术图书数量（种）	初版学术图书占比（%）
5	人民出版社	中央	北京	938	427	45.52
6	法律出版社	中央	北京	1357	375	27.63
7	科学出版社	中央	北京	2022	369	18.25
8	中国人民大学出版社	中央	北京	1821	320	17.57
9	浙江大学出版社	地方	杭州	1380	290	21.01
10	知识产权出版社	中央	北京	694	283	40.78
11	上海人民出版社	地方	上海	760	278	36.58
12	中国政法大学出版社	中央	北京	541	262	48.43
13	商务印书馆	中央	北京	636	257	40.41
14	上海古籍出版社	地方	上海	374	247	66.04
15	经济管理出版社	中央	北京	586	231	39.42
16	中国经济出版社	中央	北京	571	205	35.90
17	中央编译出版社	中央	北京	429	203	47.32
18	上海三联书店	地方	上海	469	200	42.64
19	四川大学出版社	地方	成都	814	194	23.83
20	中国金融出版社	中央	北京	476	182	38.24
21	复旦大学出版社	地方	上海	852	175	20.54
22	武汉大学出版社	地方	武汉	2608	155	5.94
23	中国农业出版社	中央	北京	925	149	16.11
24	广西师范大学出版社	地方	桂林	1306	145	11.10
25	中华书局	中央	北京	538	140	26.02
26	吉林大学出版社	地方	长春	1237	120	9.70
27	世界图书出版广东公司	地方	广州	—	120	—
28	西南财经大学出版社	地方	成都	375	115	30.67
29	厦门大学出版社	地方	厦门	465	112	24.09
30	上海交通大学出版社	地方	上海	1501	105	7.00
31	上海社会科学院出版社	地方	上海	245	99	40.41
32	西南交通大学出版社	地方	成都	827	98	11.85

续表

序号	出版社名称	性质	地理位置	初版数量（种）	初版学术图书数量（种）	初版学术图书占比（%）
33	湖北人民出版社	地方	武汉	433	94	21.71
34	中国检察出版社	中央	北京	266	91	34.21
35	民族出版社	中央	北京	503	89	17.69
36	南开大学出版社	地方	天津	335	87	25.97
37	中国时代经济出版社	中央	北京	324	87	26.85
38	南京大学出版社	地方	南京	1774	86	4.85
39	中国财政经济出版社	中央	北京	658	86	13.07
40	机械工业出版社	中央	北京	3761	81	2.15
41	光明日报出版社	中央	北京	2085	80	3.84
42	中国法制出版社	中央	北京	785	78	9.94
43	电子科技大学出版社	地方	成都	728	77	10.58
44	北京师范大学出版社	中央	北京	1183	75	6.34
45	高等教育出版社	中央	北京	2785	75	2.69
46	山东人民出版社	地方	济南	1697	74	4.36
47	浙江工商大学出版社	地方	杭州	255	74	29.02
48	黑龙江人民出版社	地方	哈尔滨	266	72	27.07
49	中国书籍出版社	中央	北京	456	71	15.57
50	中央民族大学出版社	中央	北京	292	67	22.95
51	对外经济贸易大学出版社	中央	北京	292	65	22.26
52	中国文史出版社	中央	北京	926	65	7.02
53	中信出版社	中央	北京	526	65	12.36
54	中国传媒大学出版社	中央	北京	328	60	18.29
55	东北大学出版社	地方	沈阳	246	59	23.98
56	东南大学出版社	地方	南京	661	59	8.93
57	中国言实出版社	中央	北京	619	59	9.53
58	宗教文化出版社	中央	北京	135	59	43.70
59	苏州大学出版社	地方	苏州	378	58	15.34
60	华中科技大学出版社	地方	武汉	896	57	6.36

续表

序号	出版社名称	性质	地理位置	初版数量（种）	初版学术图书数量（种）	初版学术图书占比（%）
61	中国社会出版社	中央	北京	304	56	18.42
62	合肥工业大学出版社	地方	合肥	430	55	12.79
63	暨南大学出版社	地方	广州	392	55	14.03
64	清华大学出版社	中央	北京	3946	55	1.39
65	中山大学出版社	地方	广州	336	54	16.07
66	国防工业出版社	中央	北京	888	53	5.97
67	华东师范大学出版社	地方	上海	812	52	6.40
68	华中师范大学出版社	地方	武汉	395	52	13.16
69	山东大学出版社	地方	济南	135	52	38.52
70	教育科学出版社	中央	北京	934	51	5.46
71	新华出版社	中央	北京	468	51	10.90
72	云南大学出版社	地方	昆明	249	50	20.08
73	中国财富出版社	中央	北京	454	50	11.01
74	上海教育出版社	地方	上海	619	49	7.92
75	国家图书馆出版社	中央	北京	395	48	12.15
76	湖南大学出版社	地方	长沙	255	48	18.82
77	中国商务出版社	中央	北京	206	48	23.30
78	中国统计出版社	中央	北京	256	48	18.75
79	文物出版社	中央	北京	211	47	22.27
80	安徽师范大学出版社	地方	芜湖	498	46	9.24
81	中国农业科学技术出版社	中央	北京	388	46	11.86
82	中国人民公安大学出版社	中央	北京	441	46	10.43
83	中国发展出版社	中央	北京	178	45	25.28
84	世界知识出版社	中央	北京	183	44	24.04
85	文化艺术出版社	中央	北京	153	44	28.76
86	译林出版社	地方	南京	955	44	4.61
87	河北大学出版社	地方	保定	252	41	16.27
88	经济日报出版社	中央	北京	156	41	26.28

续表

序号	出版社名称	性质	地理位置	初版数量（种）	初版学术图书数量（种）	初版学术图书占比（%）
89	首都经济贸易大学出版社	中央	北京	80	41	51.25
90	中国建筑工业出版社	中央	北京	1221	41	3.36
91	九州出版社	中央	北京	600	40	6.67
92	中国水利水电出版社	中央	北京	1262	40	3.17
93	重庆出版社	地方	重庆	1782	40	2.24
94	兰州大学出版社	地方	兰州	276	39	14.13
95	中国林业出版社	中央	北京	460	39	8.48
96	中国文联出版社	中央	北京	1077	39	3.62
97	安徽大学出版社	地方	合肥	227	38	16.74
98	广西人民出版社	地方	南宁	448	38	8.48
99	江西人民出版社	地方	南昌	742	38	5.12
100	武汉出版社	地方	武汉	829	36	4.34
合计				77571	13417	17.30

注：由于"世界图书出版广东公司"的初版数据未在《2015 中国新闻出版统计资料汇编》中查到。因此，此出版社"初版数量"和"初版学术图书占比"两项为空值。以下计算平均值中，均为除去此出版社后的数据。

1.2014 年初版学术图书整体情况统计分析

从表 3-3 中可知，依据 2014 年出版社初版学术图书数量统计，初版学术图书数量排名前 10 位的出版社包括：社会科学文献出版社、中国社会科学出版社、北京大学出版社、经济科学出版社、人民出版社、法律出版社、科学出版社、中国人民大学出版社、浙江大学出版社、知识产权出版社；依据初版学术图书占比统计，初版学术图书占比排名前 10 位的出版社包括：社会科学文献出版社、中国社会科学出版社、上海古籍出版社、经济科学出版社、首都经济贸易大学出版社、中国政法大学出版社、中央编译出版社、北京大学出版社、人民出版社、宗教文化出版社。

2. 2014 年初版学术图书排名前 100 位出版社的性质分析

对 2014 年初版学术图书排名前 100 位出版社的性质进行分析，如图 3 - 2 所示，中央出版社有 56 家，地方出版社有 44 家。

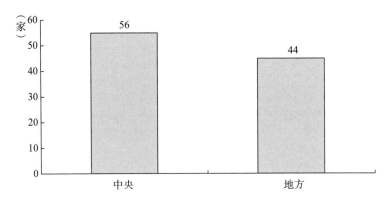

图 3 - 2　2014 年初版学术图书排名前 100 位出版社性质分布

3. 2014 年初版学术图书排名前 100 位出版社的地域分析

对 2014 年初版学术图书排名前 100 位出版社的地域进行分析，如表 3 - 4 所示，学术图书初版较多的出版社集中在北京，这与北京市拥有较多高校关系较为密切。

表 3 - 4　2014 年初版学术图书排名前 100 位出版社地域分布

排名	地域	数量（家）	排名	地域	数量（家）
1	北京	56	10	兰州	1
2	上海	8	10	南昌	1
3	武汉	5	10	厦门	1
4	成都	4	10	沈阳	1
5	南京	3	10	苏州	1
5	广州	3	10	天津	1
7	杭州	2	10	芜湖	1
7	合肥	2	10	长春	1
7	济南	2	10	长沙	1
10	保定	1	10	桂林	1

续表

排名	地域	数量（家）	排名	地域	数量（家）
10	哈尔滨	1	10	重庆	1
10	昆明	1	10	南宁	1

4. 2014 年学术图书初版集中度分析

从表 3 - 5 看出，目前学术图书初版的集中度比较高，初版学术图书数量排名前 10 位的出版社，初版的学术图书占全部学术图书的比率为 34.14%，占前 100 位出版社的比率为 42.74%。

表 3 - 5　2014 年学术图书初版集中度分析（前 10 位）

排名	出版社名称	初版学术图书数量（种）	占比（全部学术图书,%）	占比（前 100 位出版社,%）
1	社会科学文献出版社	1154		
2	中国社会科学出版社	1125		
3	北京大学出版社	771		
4	经济科学出版社	621		
5	人民出版社	427	34.14	42.74
6	法律出版社	375		
7	科学出版社	369		
8	中国人民大学出版社	320		
9	浙江大学出版社	290		
10	知识产权出版社	283		

第四章　人文社会科学类学术图书评价指标构建质性研究

第一节　研究目的和研究方法

一　研究目的

本章研究的主要目的是在文献资料的基础上，通过对出版行业专家、出版研究领域的学者、高校学者进行深度访谈；通过设计访谈提纲、进行正式访谈等步骤对其进行理论建构，进而修正结论；根据深度访谈音频的转录文本来开放编码，形成合理的编码系统；采用质性研究的方法探索学术图书质量评价指标设置的关键要素，对构建人文社会科学类学术图书评价指标体系提供指导。本章对评价指标的设计包含两个阶段。第一阶段：进行广义的评价指标设计，即通过访谈提出人文社会科学类学术图书质量评价的关键要素。第二阶段：依据第一阶段评价指标的关键要素，根据学术图书的不同表现形式以及功能进行差异化设置。第一阶段评价指标的提出是第二阶段差异化设计的基础和依据。后续对学术出版能力指标的构建中，也采用了此方法。

二　研究方法

（一）质性研究概述

量和质的研究是主要的两大研究方法，但并非所有的社会科学问题都适合于定量研究。质性研究法起源于田野调查方法，一般使用归纳法分析资料，形成理论。质性研究是建立在解释主义的理论基础之上，强调对事物进行深入的调查研究。本研究主要采用质性研究中的"半结构性访谈"对访谈者进行访谈，从而收集第一手资料，通过深度访谈来挖掘学术图书质量评价指标的关键要素。

（二）选择质性研究的原因

本研究报告采用质性研究的方法来构建学术图书质量评价指标，主要基于两个方面。第一，出于研究问题的需要，质性研究强调从当事人的角度了解他们的看法。通过这种方法，能让研究者对研究对象的特征、性质的关注多于定量研究方法。第二，半结构性访谈法能够帮助研究者和被访谈者建立起融洽关系，进而让被访谈者能够坦率地讲出真实的想法，从而有利于研究者去捕捉研究对象更为深层次的信息。被访谈者是出版行业的资深专家，深度访谈可以了解当事人的主观经验和认知过程，从另一个角度为报告的研究提供新的思路。本研究将采用归纳法分析资料和形成理论，从访谈资料中自下而上地产生和建立理论，力图在一个更高的理论层次上对不同观点进行整合。

第二节　研究步骤与流程

一　研究工具

Nvivo 软件是在国际上使用较为广泛的质性分析工具。其分析运行的方法论框架基础是扎根于理论的，它最大的优势在于其强大的编码功能。Nvivo 软件的使用可以大大提高研究效率，有助于研究者在大量的文字中搜索到有用信息，以利于进一步思考，从而进行理论升华。

二 研究步骤

具体研究步骤包括如下几个方面。

(一) 设计访谈提纲

阅读相关文献，形成初步研究构念，设计访谈提纲。

(二) 进行访谈

采取一对一的深度访谈的方式，根据正式访谈提纲，通过开放式问题了解受访者对学术图书质量现状、评价指标等问题的主观感受。在正式访谈前，需要告知受访者本研究的主要内容以及目的，并在征求受访者同意的前提下进行录音，并请受访者阅读知情同意书。访谈过程中，研究者在保持中立的态度的情况下，把握好访谈的方向和主题焦点，向被访者问及访谈提纲上的每一个题目。

(三) 对资料进行编码

对资料进行编码，具体包括以下几个方面。

1. 转录

访谈结束后，将搜集到的录音材料逐字转录成文本稿件（Word 格式文本）。并保证每一份录音资料转录完毕后，作者对照文本材料进行一次回听，根据录音内容，对录音资料进行再一次的调整。

2. 资料导入

运行 Nvivo 软件，点击 Project 中的 Import Document，把 10 个受访者的信息一一导入 Nvivo 软件，将文档导入 Nvivo 软件中的 Sources 之后就可以开始编码。

3. 编码

点击导航视图中的 Nodes 进行编码，具体包括四个步骤。

（1）整体编码

主要是将文本稿的信息根据研究主题的需要进行拆分。比如研究的主要内容是学术图书质量评价指标，那么就要提取文本稿中涉及学术图书质量评价指标的段落。

（2）详细编码形成意义单元

采用逐句逐段对整理的文本进行研究的方式，例如，以对学术图书质量的评价指标为例，就所提取出来的关于选题质量、创新性等段落，从中进行再提取、合并和初步概括，抽取出相应的意义单元。有的语句是受访者讲述了一个故事，或是描述了一个情境，编码者对其叙述并进行概括，从而获得一个意义单元。

（3）主轴编码形成概念词

主轴编码是对相同的意义单元做进一步的归纳，将属于同一意义的概念进一步归类、概括，形成概念词。最后，采用 Freenode 进行编码。

（4）选择编码形成核心类别

进一步归纳概念词，发展成为核心类别。核心类别应该代表研究主题的核心内容，可以将相近类别的概念词连接起来，形成一个有关联和层次的框架。最后，采用 Tree Nodes 进行编码。

三　研究流程

研究流程如图 4-1 所示。

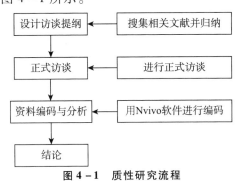

图 4-1　质性研究流程

第三节　访谈提纲设计、访谈对象选择

一　访谈提纲的设计

访谈提纲是整个访谈过程中总的指导和纲要，访谈提纲的设计质量对采集资料的质量具有重要的影响。本研究中，课题组根据具体的研究目标，结合前文的文献资料，在多次修改后拟定了一个半开放式的访谈提纲，引导受访者在特定的研究范围内深入和自发地谈及相关的内容。设计访谈提纲时，不仅包括了学术图书质量评价指标构建的相关内容，还包括了学术图书出版质量现状等情况，目的是在了解如何构建学术图书质量评价指标体系的同时，对目前我国学术图书的质量情况进行大体的了解。访谈提纲如下所示。

1. 目前有很多相关的文献提到学术图书质量的失范现象，您是怎么看待这个问题？

2. 您认为什么样的图书是学术图书？

3. 您认为评价人文社会科学学术图书质量，评价指标应该包括哪些方面？

4. 您对目前人文社会科学学术图书的评价、评奖有哪些了解？

5. 目前，对人文社会科学研究成果的评价有同行（学术共同体）评议和引文评价等方法，从评价的方法上，您认为是否可以作为评价学术图书质量的借鉴？

6. 目前关于人文社会科学学术图书的社会影响力，比如书评、借阅量、引用率等，您认为是否可以作为评价学术图书质量的一个重要组成部分？

访谈提纲设计的第一类问题，主要是了解访谈对象对目前学术图书整体质量状况的把握和出现的问题，包括问题 1；第二类问题，主要围绕学术图书的内涵，学术图书质量评价指标的构型，目前人文社会科学学术图书评价和评奖的现状以及评价方式，同行评议和引文评价的优势与劣势，书评、借阅量、引用率等作为评价指标的作用等问题展开，涵盖问题 2～6。

二　访谈对象的选择

在访谈对象的选择上，主要考虑受访者的具体职务、工作单位性质以及研究方向等，尽可能从不同层次、不同视角了解图书各方面的情况，丰富研究内容。本研究采用的是目的性抽样，即按照研究的目的抽取能够为本研究提供最大信息量的研究对象。最终，本研究选择了 10 位相关领域的专家作为访谈对象。访谈对象均为业内知名人士，也是和课题组熟悉的专家，包括：出版行业资深专家，如来自中国大百科全书出版社、商务印书馆、中华书局、社会科学文献出版社的专家；研究领域为出版方向的学者，如来自中国新闻出版研究院的学者；高校学者，如来自北京印刷学院新闻出版学院、南京大学、中国政法大学、中国社会科学院、中国传媒大学的学者。这样保证了访谈资料的权威性、专业性。对出版行业资深专家的访谈，主要是想从出版者视角，对学术图书的质量、评价指标等信息进行了解；对研究领域为出版方向的学者进行访谈，主要是想从将学术图书的出版作为研究对象的研究者的视角去了解学术图书的质量以及评价指标；对高校学者进行访谈，主要是想从学术图书使用者的视角，对学术图书的质量、评价指标进行讨论。本访谈对专家进行编码，分别为专家 A、专家 B、专家 C、专家 D、专家 E、专家 F、专家 G、专家 H、专家 I、专家 J。

第四节　资料分析

一　抽取意义单元形成学术图书质量评价指标构型

本研究参照开放编码的步骤，对 10 个被访谈者的相关文本资料进行逐句的阅读，提取与"学术图书质量评价指标构建"相关的重点语句，进行开放编码。具体如下所示[①]。

专家 A－1：学术图书的质量既有与作者相关的内容质量，也有与出版社相关的设计质量、编校质量、印刷质量。

专家 A－2：新闻出版总署有四个关于图书质量的规定，涉及作者和编辑两方面的工作。作为编辑，考虑更多的是编校质量、设计质量、印制质量。编辑有对内容把关、审核、加工的责任。学术图书不可能脱离内容质量，现在有很多学术不端的问题，情况相当严重，既要呼吁作者注意这个问题，编辑也要把关，承担起这份责任。有个好的内容质量，对图书的编校、设计、印制才有意义。

专家 A－3：引用率可以作为评价学术图书质量的指标之一有一定的意义，事物本身就是多元复杂的，可以有多个对学术图书进行评价的指标。

专家 B－1：对学术图书质量进行评价包括学术层面和形式层面。学术层面即学术图书的内容质量，包括学术图书的创新性、选题质量等。形式层面主要包括规范性、编校质量等，这也是学术图书质量的基础。

专家 B－3：目前，人文社会科学学术图书中的各类评奖包括国家奖项和各部委的奖项，其评奖结果可以作为评价学术图书质量

---

① 字母后边的数字代表问题的序号。

的参考。

专家 C-3：对于学术图书质量的评价，可以依据三个指标来评价，一是内容质量指标，二是编校质量指标，三是装帧设计质量指标。三个指标中，内容质量指标是评价标准和评价核心，它决定了整本图书的质量。比如，一个著名的专家撰写的一个具有创造发明性质的内容和一个简单的已经发表了的文章的内容，这两种图书的质量完全不同。在本领域里，内容质量指标的创新性是一个很关键的因素。第二个是编校质量指标。第三个是装帧设计质量指标，这也是装饰书的技术问题。学术图书质量的三个维度，最重要的是第一个（内容质量指标）。第一个维度是由作者提供的，作为出版方很被动。编校质量指标涉及编校技术，主要是指一些规范。规范是技术层面，技术层面不是内容的根本质量。所以，将编校质量和内容质量这两个指标做比较，内容质量是最高质量，是否原创，是否能够走在时代前面。编校质量是次要的，也是最基础的。

专家 C-6：随着互联网的发展，很多书网上都会有书评。在学术图书的影响力中，引用率也可以作为对学术图书影响力进行评价的一个指标，但要放在一个比较长的时间衡量，以此来评价它有什么价值。真正评价一本书的质量就两个指标，第一，这本书短期内是不是畅销？比如《中国古代传统文化》，一年多时间销售了 10 万册，那毫无疑问这就是本好书，在当代社会有极大的影响力。第二，重印率，能否长时间重印。现在大量的书，印完了三年就没人要，再不会重印了。另外，馆藏和借阅量在一定程度上也能够体现图书的价值。

专家 D-1：大部分人在买纸质书籍的时候大概都有相同的感受，就是看一看作者是谁，目录是什么，前言是什么，然后内容大概翻两页，是不是符合自身的要求，这是基于传统出版。而电子化出版现在使用的方法是将需要的关键词输入到搜索引擎里，让搜索引擎完成所有的检索工作。实际上在电子化出版时代，更加注重图书本身的质量，而不是作者是谁。例如，当研究一个主题的时候，我不会去查谁写的这些东西，而是去查这个主题都有什么相关材料。书本身的内容很重要。

专家 D-2：我曾经看到过一些选题，整个书稿参考文献部分只参考了国内学者的文献，没有国外学者的相关文献，当然我不否认这会是一本好书，但是它的读者群到底针对谁，这个值得思考。我也遇到过一些书稿甚至没有参考文献。

专家 D-3：评价学术图书的质量，其实我认为可以看它的使用量，即受众群。但受众群这种判断方式也不完全准确，某些学科研究人员很少，有的细分学科全世界就几百个人研究，那么这类书的受众群偏小众化，我认为需要一个量性的考量。

专家 E-1：学术图书的形式质量还是属于表面的、初级的。真正的学术图书质量的好与坏，主要在于生产含量、创造含量。像小说、电影是不是有吸引力。所以我觉得图书的质量，或者说出版物的质量，最主要的是它所代表的学科的前沿的、最高的研究水平。如果是东拼西凑、"炒冷饭"、抄袭，这样的图书再怎么装帧也好，再怎么编辑也好，即便差错率不超过万分之一、十万分之一，也不是优秀的图书。

专家 E-2：一本图书、一篇文章，它的学术价值首先源自于创作者的创作水平。从这个方面来讲，对学术图书评价应包括两个维度，一是学术价值，一本好的学术著作，当然也需要有印刷的精致、装帧的精美、典雅，但最主要还是学术价值。二是编校质量，在出版环节，编辑可以在加工过程中从规范性方面提高图书的质量。原新闻出版总署当时发布了管理规定，一是从内容方面，二是从形式方面，规定图书的差错率不能高于万分之一。

专家 E-5：我们现在指的规范，包括国外像《芝加哥手册》，通常是指学术图书的出版规范，是出版过程中对出版物表现形式的规范，包括索引、注释、引文、参考文献、图表等形式的规范。这个形式规范，当然从道理上讲也是出版物质量的一部分，但是严格地讲它不是评价学术图书质量的主体部分。

专家 E-6：现在很多书评文章，并不是严格意义上的学术评论。可能有少数的书评带有学术评价，更多的书评是推介性、介绍性的，不是严格的从学术角度来评价学术著作。书评可以作为评价学术图书的参考，筛选以后可以采用。引用率方面，比如《邓小平文选》，在很多学术著作里被引用了，引用率可能排在第一，或者前几位，但引用率低的，是不是学术质量就低呢？也不一定。我个人认为，评判学术图书的价值，最主要的还是同行评议，其他的指标可以作为参照性指标，权重可以放低一点，权重太高的话会走偏。

专家 F-3：内容质量应该属于学术图书质量评价的一个重要方面，但是这个并不好考量。人文社会科学图书是社会效益的担当，真要好好考虑一下评价人文社会科学图书需要哪些重要的指标。对其进行评价，可以借鉴期刊的评价，比如引用率、图书馆馆藏等指标。

专家 G-1：对学术图书质量进行评价，应该包括内容质量，即学术理论、学术价值，这是本学科体系的体现，是对创新力的评价；也包括形式质量，但形式质量只是学术图书的一个方面，不是主体，形式质量包括编校质量、印装质量、差错率规定等。

专家 G-3：学术图书质量评价指标应包括学术规范质量，例如注释、参考文献和引文等。

专家 G-6：在学术图书质量评价的指标中，书评、借阅量、引用率可作为参考指标。

专家 H-1：考察学术图书质量最重要的是对其学术价值进行

评价。比较好的学术图书对于整个学科，或者对于本领域的整个学术前沿研究都有价值。但是，我看到的部分图书对整个学科的价值并不大，一是没有掌握所研究内容的整体情况。二是没有研究基础。所以，有的时候可能"骨架"搭得好，书名起得好，但是一看内容还真没有什么新东西，这种情况你觉得图书的质量能好吗？

专家 H-2：对图书的形式规范要求相对比较容易，但实际上最关键的质量还是内容。所有的东西，形式都对，但是内容没有什么新意，就没有什么价值。可能过几年就没有人看了。

专家 H-3：引用率可以作为学术图书质量评价的一个方面，但是我觉得引用率不能代表学术图书质量的整体，还要落实到学科，就是"小同行"的引用率。比如说从事经济研究的人有很多，但从事古籍整理研究的人可能比较少。所以，不能用很高端、很精致的研究领域的引用率和大众的引用率作比较，肯定不是在一个量级上。例如，研究现代法的和研究古代法的绝对不会在一个量级。

专家 I-1：学术图书的质量，现在需要强调的问题包括三个方面。第一，要有问题意识。学术和非学术的区别在于一个是以思考问题为主，另一个是以介绍问题为主。所以，区别学术图书与非学术图书要有清晰的思路。第二，结构要完整。第三，要有符合逻辑的论证，不能语无伦次。

专家 I-2：有些学术图书的内容不清晰，概念的界定在学术图书内容中是非常重要的。有些学术图书文字表达不够规范，很多学术专著里的文字表达存在很大的问题，不能够用比较精准的语言把学术思想表达出来，类似诸多问题，可能会造成学术图书整体水平下降。从失范的角度来说，也存在这样的问题。例如，在句子结构方面，对什么进行分析，对什么问题进行研究，谁对什么问题进行分析，谁对什么问题进行研究。句子如果没有主语，就不知道想表达什么。

专家 I-3：对学术图书进行评价要有硬指标和软指标，现在我们比较难给软指标做一个很具体的界定，例如"创新性"，评价起来也比较困难。在硬指标方面，比如重复率、错字率、引证资料的准确性等，与软指标相比，好评价一些。另外，学术图书的编校质量是学术图书质量的一个方面。

专家 J-1：采用同行评议的方式评价图书的原创性怎么样，学术质量怎么样，这个比较难，而且不能做普遍性评价。评价指标的设计建议包括前期、中期、后期三个阶段三个大类的指标。前期是指审稿以及审稿之前，包括选作者、确定选题、审稿。中期是指规范性评价，即进入出版环节。后期是指学术图书出版后的影响力，可用量化的指标测量，包括销量、引用率等。

专家 J-2：学术图书的要件起码要齐全，即规范性是基础指标，规范性包括格式规范、学术规范等。另外，学术图书的影响力也是一个指标。

专家 J-3：我觉得一个很重要的指标还是转引率。转引率是对学术图书的一个特别重要的事后评价。学术图书出版以后，好的书肯定转引率高，也可以算是同行评议的另一种方式。但是我觉得它有点跨界，"转引率"不一定绝对是同行引用，非学术界的引用也会有。比如说杂志，一般杂志的文章会引用一两个学者的文章，或者某本书里面的几句话，即转引率。

专家 J-6：影响力可以作为一级指标，影响力的二级指标可以有几个，比如书评、引用率，引用率可以包含学术引用和社会引用。

二　学术图书质量评价指标构建的关键概念词

本研究以开放编码的结果为材料，将抽取出来的要素点进行主轴编码，概括出概念词，通过分析，共得出 16 个概念词，具体如表 4-1 所示。

表 4 − 1 学术图书质量现状概念词分析

概念词	意义单元
选题质量	➤ "大部分人在买纸质书籍的时候大概都有相同的感受，就是看一看作者是谁，看一看目录是什么，前言是什么，然后内容大概翻两页，是不是符合自身的要求" ➤ "实际上在电子化出版时代，更加注重图书本身的质量，而不是作者是谁" ➤ "当研究一个主题的时候，我不会去查谁写的这些东西，而是去查这个主题都有什么相关材料，书本身的内容很重要" ➤ "学术图书的内容质量，包括学术图书的创新性、选题质量等"
创新性	➤ "一个著名的专家撰写的一个具有创造发明性质的内容和一个简单的已经发表了的文章的内容，这两种图书的质量完全不同" ➤ "采用同行评议的方式评价图书的原创性和学术质量，这个比较难" ➤ "学术图书的内容质量，包括学术图书的创新性、选题质量等" ➤ "对学术图书质量进行评价，应该包括内容质量，即学术理论、学术价值，这是本学科体系的体现，是对创新力的评价"
科学性	➤ "学术图书要有符合逻辑的论证，不能语无伦次" ➤ "有些学术图书文字表达不够规范，很多学术专著里的文字表达存在很大的问题，不能够用比较精准的语言把学术思想表达出来，类似诸多问题，可能会造成学术图书整体水平下降" ➤ "从失范的角度来说，也存在这样的问题。例如，在句子结构方面，对什么进行分析，对什么问题进行研究，谁对什么问题进行分析，谁对什么问题进行研究。如果句子没有主语，就不知道想表达什么"
前沿性	➤ "图书的质量，或者说出版物的质量，最主要的或者最核心的是它所代表的学科的前沿的、最高的研究水平。" ➤ "比较好的学术图书对于整个学科，或者对于本领域的整个学术前沿研究都有所了解"
结构布局	➤ "学术图书要有个完整的结构框架，这个很重要"
学术价值	➤ "内容质量应该属于学术图书质量评价的一个重要方面，但并不好考量" ➤ "对于学术图书质量的评价，我觉得可以从三个指标进行评价，第一是内容指标" ➤ "对学术图书评价应包括两个维度，一个是学术价值，一本好的学术著作，当然也需要有印刷的精致、装帧的精美、典雅，但最主要还是学术价值" ➤ "对图书的形式规范要求相对比较容易，但实际上最关键的质量还是内容" ➤ "真正的学术图书的质量的好与坏，主要在于生产含量、创造含量" ➤ "对学术图书质量进行评价，应该包括内容质量，即学术理论、学术价值" ➤ 一本图书、一篇文章，它的学术价值首先源自于创作者的创作水平 ➤ "考察学术图书质量重要的是对其学术价值进行评价" ➤ "内容质量是最高质量，是否原创，是否能够走在时代前面" ➤ "有个好的内容质量，图书的编校、设计、印制才有意义"

概念词	意义单元
编校 质量	➤ "学术图书的质量既有与作者相关的内容质量，也有与出版社相关的设计质量、编校质量、印刷质量" ➤ "原新闻出版总署有四个关于图书质量的规定，涉及作者和编辑两方面的工作。作为编辑，考虑更多的是编校质量、设计质量、印制质量。编辑有对内容把关、审核、加工的责任" ➤ "对学术图书质量进行评价包括学术层面和形式层面。形式层面主要包括规范性、编校质量等，这也是学术图书质量的基础" ➤ "对于学术图书质量的评价，我觉得可以从两个指标进行评价，一是内容质量指标，二是编校质量指标" ➤ "编校质量指标涉及编校技术，主要是指一些规范" ➤ "二是编校质量，在出版环节，编辑可以在加工过程中在规范性方面提高图书的质量" ➤ "原新闻出版总署当时发布了管理规定，一是从内容方面，二是从形式方面，规定图书的差错率不能高于万分之一" ➤ "形式质量包括编校质量、印装质量、差错率规定等" ➤ "学术图书的编校质量，是学术图书质量的一个方面"
印装 质量	➤ "对于学术图书质量的评价，我觉得可以从三个指标进行评价：第一，内容质量指标；第二，编校质量指标；第三，装帧设计质量指标" ➤ "新闻出版总署有四个关于图书质量的规定，涉及作者和编辑两方面的工作。作为编辑，考虑更多的是编校质量、设计质量、印制质量" ➤ "学术图书质量评价，包括形式质量，形式质量包括编校质量、印装质量、差错率规定等" ➤ "第三个是装帧设计质量，这也是装饰书的技术问题。书是不是装帧得比较好，形式比较美"
注释	➤ "我们现在指的规范，像《芝加哥手册》，通常是指学术图书的出版规范，是出版过程中对出版物表现形式的规范，包括索引、注释、引文" ➤ "学术图书质量评价指标应包括学术规范质量，例如注释、参考文献和引文等" ➤ "硬指标方面，比如重复率、错字率、引证资料的准确性等，与软指标相比，好评价一些"
参考 文献	➤ "我曾经看到过一些选题，整个书稿参考文献部分只参考了国内学者的文献，没有国外学者的相关文献，当然我不否认这会是一本好书，但是它的读者群到底针对谁，这个值得思考。我也遇到过一些书稿甚至没有参考文献" ➤ "我们现在指的规范，像《芝加哥手册》，通常是指学术图书的出版规范，是出版过程中对出版物表现形式的规范，包括索引、注释、引文、参考文献、图表等形式的规范" ➤ "学术图书质量评价指标应包括学术规范质量，例如注释、参考文献和引文等"
索引	➤ "我们现在指的规范，像《芝加哥手册》，通常是指学术图书的出版规范，是出版过程中对出版物表现形式的规范，包括索引、注释、引文、参考文献、图表等形式的规范"

续表

概念词	意义单元
引用率	➤ "引用率可以作为学术图书质量评价的一个方面，但是我觉得引用率不能代表学术图书质量的整体，还要落实到学科，就是'小同行'的引用率" ➤ "后期，是指学术图书出版后的影响力，可用量化的指标测量，包括销量、引用率等" ➤ "影响力可以作为一级指标，影响力的二级指标可以有几个，比如书评和引用率，引用率包含学术引用和社会引用" ➤ "引用率作为评价学术图书质量的指标之一有一定的意义，事物本身就是多元复杂的" ➤ "学术图书的影响力中，引用率也可以作为对学术图书影响力评价的一个指标，但要放在一个比较长的时间衡量，来评价它有什么价值" ➤ "人文社会科学类图书是社会效益的担当，对其进行评价，可以借鉴期刊的评价，比如引用率、图书馆馆藏等指标" ➤ "在学术图书质量评价的指标中，书评、借阅量、引用率可作为参考指标" ➤ "评价学术图书的质量，我认为可以看它的使用量，即受众群" ➤ "我觉得一个很重要的指标还是转引率。转引率是对学术图书的一个特别重要的事后评价"
获奖情况	➤ "目前人文社会科学类学术图书中的各类评奖，包括国家奖项和各部委的奖项，其评奖结果可以作为评价学术图书的参考"
销量和重印率	➤ "真正评价一本书的质量就两个指标。第一，这本书短期内是不是畅销？比如《中国古代传统文化》，一年就销售了10万册，那毫无疑问这就是本好书，在当代社会有极大的影响力。第二，重印率，能否长时间重印。现在有大量的书，印完了三年就没人要，再不会重印了"
馆藏量和借阅量	➤ 馆藏量和借阅量，在一定程度上也能够体现图书的价值
书评	➤ "现在很多书评文章，并不是严格意义上的学术评论。可能有少数的书评带有学术评价，更多的书评是推介性、介绍性的，不是严格的从学术角度来评价这本书。书评可以作为评价学术图书的参考" ➤ "在学术图书质量评价的指标中，书评、借阅量、引用率可作为参考指标"

三 学术图书质量评价指标构建的核心类别

课题组对概念词进行归纳，总结出核心类别。这一步主要是选择编码的工作。将16个概念词进一步连接，通过总结归纳，对学术图书质量评价进行了多维度的划分。从对文本的编码中抽取了关于学术图书质量评价的 4 个构念，分别是核心性指标、基础性指标、技术性指标、结果性指标（如表 4 - 2 所示）。

表 4 - 2 学术图书质量评价指标构念

指标类型	一级指标	二级指标
核心性指标	内容质量	选题质量
		创新性
		科学性
		前沿性
		结构布局
		学术价值
基础性指标	规范性	注释
		参考文献
		索引
技术性指标	外观质量	编校质量
		印装质量
结果性指标	影响力	书评
		引用率
		获奖情况
		馆藏量和借阅量
		销量和重印率

四 学术图书质量评价指标构建质性分析

（一）核心性指标

在访谈中，受访者提到了学术图书的内容质量（核心性指标）作为衡量学术图书质量指标的重要作用。包括选题质量、创新性、科学性、前沿性、结构布局、学术价值。图书的核心是内容，这也是图书的生命力所在。一个成功的选题，能够产生良好的社会效益和巨大的经济效益，高质量的选题对提升学术图书的质量非常重要。选题质量可以从方向性、时代性、开拓性、预见性、需求性等几个方面进行评估。同时，优秀的学术图书应注重创新，立足于某个学科、某个领域的前沿，反映该学科的最新成就，推动社会或学术的发展。人文社会科学类学术图书也应具备科学性，即论证严谨、论述科学。还应结构严谨、层次清晰、重点突出，即结构布局，它也是人文社会科学类学术图书质量的一个充分保障。学术价值主要是指对本学科的贡献程度，为本学科或本研究领域的发展提供了一定的指导。

（二）基础性指标

在访谈中，受访者提到了学术图书的规范性（基础性指标）作为衡量学术图书质量指标的重要作用，包括注释、参考文献、索引。学术规范不仅是一种限制和约束，也是与学术同行进行交流的必要工具。国外学界经过多年的探索和实践，已经形成了一套比较成熟的学术规范体系，它们各有特点和侧重，分别适用于不同领域和类型的论著。国外这些较为全面、完整的规范体系，有效地规范了学术成果的形式，对学术研究的规范化起到了良好的导向作用。目前，我国学术出版的规范性尚待完善，作者与出版机构对于学术著作的注释、参考文献、索引等要件的处理没有统一的标准，更没有与国际学术界全面接轨的统一规范。因此，带来的严重后果是既影响了学术成果本身的科学性、严谨性，也影响了中国学术"走出去"，很难实现与国际学术界的便捷交流与无障碍对接。为了进一步提高我国学术著作出版质量，2012 年 9 月，原新闻出版总署专门下发了《关于进一步加强学术著作出版规范的通知》。

（三）技术性指标

在访谈中，受访者提到了学术图书的外观质量（技术性指标）作为衡量学术图书质量指标的重要作用，包括编校质量、印装质量。图书作为商品，它具有一般商品所共有的特点与质量，需要流通、运输、交换、储藏和消费。因此，它必须在编校、装帧设计、印装等方面达到商品的要求。

（四）结果性指标

在访谈中，受访者提到了影响力（结果性指标）作为衡量学术图书质量指标的重要作用。包括书评、引用率、获奖情况、馆藏量和借阅量、销量和重印率。引文分析主要是利用数学和统计方法对科学期刊、论文、图书的被引用情况进行统计分析，以揭示其数量特征和内在规律。在一定程度上，能够反映出学术图书的影响力。书评是宣传介绍图书，引导读者读书，帮助读者鉴别图书的重要依据。随着新媒体的出现和传媒生态的变迁，与发表在专业期刊或报纸的书评专栏的文章相比，媒体对学术图书的评价是近年来逐步被关注的评价方式。目前，国内出现了多个专业从事书评的媒体。同时，获奖情况、重印率、销量、馆藏量以及借阅量也可以反映人文社会科学类学术图书的影响力。

第五节 人文社会科学类学术图书质量评价 指标的差异化构建

一 基于质性研究的人文社会科学类学术图书质量评价指标的构建

对于学术图书的评价，一直是人文社会科学的难点，本报告综合文献以及访谈的内容，对学术图书质量的评价指标特征进行了汇总。一本优秀的学术图书的出版，主要受到作者和出版社两个方面的影响。课题组对质性研究总结的核心性指标、基础性指标、技术性指标、结果性指标的特征进行分析，包括指标的形成时期、主要相关人、是否差异化评价、与时间的相关度、评价方式等方面（如表4-3所示）。

核心性指标主要是指内容质量方面的相关指标，包括选题质量、创新性、科学性、前沿性、结构布局、学术价值等。核心性指标的形成时期是学术图书出版前期，主要相关人是作者，需要进行差异化评价，评价结果与时间的相关度不大，评价方式宜采用同行评议的方式进行。

表4-3　学术图书质量评价指标特征分析

指标类型	一级指标	二级指标	形成时期	主要相关人	是否差异化评价	与时间的相关度	评价方式
核心性指标	内容质量	选题质量	前期	作者	是	否	同行评议
		创新性			是	否	
		科学性			是	否	
		前沿性			是	否	
		结构布局			是	否	
		学术价值			是	否	
基础性指标	规范性	注释	前期、中期	作者、编辑	否	否	统计分析
		参考文献			否	否	
		索引			否	否	
技术性指标	外观质量	编校质量	中期	出版社	否	否	出版社、作者、读者
		印装质量			否	否	
结果性指标	影响力	书评	后期	作者、出版社	否	是	读者、专业书评人
		引用率			是	是	统计分析
		获奖情况			是	是	统计分析
		馆藏量和借阅量			否	是	统计分析
		销量和重印率			否	是	出版社

基础性指标主要是指规范性方面的指标，包括注释、参考文献、索引等。形成时期是学术图书出版的前期、中期，主要相关人包括作者和编辑，不需要进行差异化评价，评价结果不受时间的影响，评价方式一般采用统计分析。

技术性指标主要是指外观质量指标，包括编校质量和印装质量等。形成时期是学术图书出版中期，主要相关人是出版社，不需要进行差异化评价，可以进行短期内评价，评价结果不受时间的影响，可以由出版社、作者、读者共同评价。

结果性指标主要是指影响力指标，主要包括书评、引用率、获奖情况、馆藏量、借阅量、销量、重印率等。形成时期为学术图书出版后期，主要相关人是作者和出版社，引用率、获奖情况需要进行差异化评价，书评、重印率、销量、馆藏量、借阅量不需要进行差异化评价，这几个指标均与时间相关，时间越长，越能更加准确地评价。书评可以通过读者、专业书评人进行评价。引用率、获奖情况、馆藏量和借阅量通过统计分析的评价方式进行评价，销量和重印率通过出版社的数据进行统计。

二　依据功能构建人文社会科学类学术图书质量的评价指标

对于学术图书质量的评价，一直是人文社会科学的难点。王兰敬和叶继元（2014）认为，人文社会科学类学术图书质量评价的主要瓶颈在于工作量大、内容评价费时费力。人文社会科学类学术图书的非定量化、非公式化特征以及非共识性特征等更使得人文社会科学类学术图书评价难度增加。依据学术图书功能的不同，可将学术图书分为基础性研究类与应用性研究类。一些学者也依据功能对人文社会科学研究成果进行了划分。杨霞和熊世春（2008）认为，人文社会科学类学术成果包括基础性研究和应用性研究。卜卫等（1998）认为，学术成果包括资料类、研究类和普及类。

本报告在第一阶段进行广义的评价指标设计，即通过访谈提出人文社会科学类学术图书质量的评价指标。在第二阶段，依据学术图书的不同表现形式以及功能进行细化设计。在质性分析中，评价学术图书质量的指标包括核心性指标、基础性指标、技术性指标和结果性指标。研究报告主要从学术图书的学术质量视角进行评价。因此，未将编校质量、印装质量等技术性指标考虑在内。在依据功能对学术图书质量的评价指标进行设计中，仅对核心性指标、基础性指标、结果性指标进行设计。基础性研究类学术图书主要对理论性问题展开研究；应用性研究类学术图书注重通过数据资料的分析对社会问题提出对策建议，并被政府采纳和应用。应用性研究类学术图书还重在实际应用和指导工作，为决策者提供参考。对其进行评价指标的设计如表 4-4 和表 4-5 所示。

需要说明的是，目前，对学术图书质量进行评价的文献并不多见，研究报告通过专家访谈法构建评价指标，对其中一些指标进行具体考量和操作时存在一定的困难。本次调查的主要目的是构建一套学术图书质量评价指标体系，为人文社会科学类学术图书质量的评价实践提供一定的借鉴。

（一）基础性研究类学术图书评价指标设计

表 4-4   基础性研究类学术图书评价指标设计

指标类型	一级指标	二级指标	三级指标	指标解释
核心性指标	内容质量	选题质量	选题来源	选题是否为国际前沿问题、国家重大问题或国家级立项课题
			选题的价值与意义	研究内容是否具有一定的理论和现实意义
			选题的复杂程度	**学科是否基础薄弱、理论难点是否多、研究问题是否复杂**

续表

指标类型	一级指标	二级指标	三级指标	指标解释
核心性指标	内容质量	科学性	**研究方法的科学性**	**对大量文献进行分析时，研究方法是否科学可行**
			内容框架合理性	内容框架是否合理、逻辑性是否强、对研究问题阐述是否全面
			数据资料的科学性、准确性	**文献资料是否准确、系统**
			成果结论的科学性	研究结论是否建立在大量的文献研究与实证检验的基础上，结论是否具有可操作性和可实施性
			知识系统的完备性	知识结构是否系统、完备
		创新性	研究方法的创新性	研究方法是否有所创新
			研究结论的创新性	研究结论是否有所创新
			研究理论的创新性	**是否创立了新理论、是否填补了学科空白或在原有学科基础上有所突破**
		前沿性	本领域学术前沿问题	是否对本领域的学术前沿问题进行阐述
			社会关注的热点问题	是否对社会的热点问题进行关注
		价值	**学术价值**	**对本学科建设的贡献程度**
基础性指标	规范性	体例规范	注释	注释的准确性、规范性、完备性
			参考文献	参考文献的准确性、时效性、规范性
			索引	索引的准确性、规范性、完备性
结果性指标	影响力	同行指标	书评	由专家在权威性刊物上进行评介（参考）
			引用率	理论、观点、方法被其他成果引证的次数
			获奖情况	获国家或省部级奖项的次数
				获学会奖项次数
			馆藏量	图书馆的藏书量
			借阅量	图书馆的借阅量
		出版指标	重印率	在出版后重印的次数
			销量	在出版后总的销售数量

（二）应用性研究类学术图书评价指标设计

表4-5　应用性研究类学术图书评价指标设计

指标类型	一级指标	二级指标	三级指标	指标解释
核心性指标	内容质量	选题质量	选题来源	选题是否为国际前沿问题、国家重大问题或国家级立项课题
			选题的价值与意义	研究内容是否具有一定的理论和现实意义
			选题的难易程度	资料搜集的困难程度，调研规模
		科学性	研究方法的科学性	对大量数据资料进行分析时，研究方法是否科学可行
			内容框架的合理性	内容框架是否合理、逻辑性是否强、对研究问题阐述是否全面
			数据资料的科学性、准确性	资料和数据是否科学、准确
			成果结论的科学性	研究结论是否建立在大量的文献研究、实验研究、调查研究或实地研究的基础上，结论是否具有可操作性和可实施性
			知识系统的完备性	知识结构是否系统、完备
		实证性	实证研究过程的严谨性	通过对研究对象进行大量的观察、实验和调查获取数据并得出对策建议
			数据的原创性	引用数据、资料的原创性，资料的准确、充实性
			数据的时效性	引用数据、资料的时效性
			数据的充分性	数据资料是否充分、是否有广度和深度、是否具有代表性
			论证的严密性	论证严密，是否具有很强的可操作性
		创新性	研究方法的创新性	研究方法是否有所创新
			研究结论的创新性	研究结论是否有所创新
		前沿性	本领域学术前沿问题	是否对本领域的学术前沿问题进行阐述
			社会关注的热点问题	是否对社会的热点问题进行关注

指标类型	一级指标	二级指标	三级指标	指标解释
核心性指标	内容质量	应用性	**对策建议的针对性**	**是否提出了符合实践的富有指导作用的思路和对策**
			影响的广度和深度	**是否取得了良好的、比较大的社会影响力**
			问题的解决程度	**对解决重大理论或现实问题是否具有推动作用**
基础性指标	规范性	体例规范	注释	注释的准确性、规范性、完备性
			参考文献	参考文献的准确性、时效性、规范性
			索引	索引的准确性、规范性、完备性
结果性指标	影响力	同行指标	书评	由专家在权威性刊物上进行评介（参考）
			引用率	理论、观点、方法被其他成果引证的次数
			获奖情况	获国家或省部级奖项的次数
				获学会奖项次数
			馆藏量	图书馆的藏书量
			借阅量	图书馆的借阅量
		出版指标	重印率	在出版后重印的次数
			销量	在出版后总的销售数量
		咨政性	**被政府部门采纳的级别**	**被何种级别的部门采用**
			被政府部门采用的方式	**决策采纳的方式：刊物转载、论文引用或政策转化**
			被政府部门采用的程度	**是全部还是局部、效果及社会反映等**

注：加黑处为基础性研究类学术图书与应用性研究类学术图书在指标设计上的区别。

第五章　学术图书及学术出版案例评价

第一节　应用性研究成果质量评价[①]

本节主要是在前文构建了不同学术图书质量评价指标体系的基础上，以社会科学文献出版社皮书评价为案例，构建应用性研究成果质量的评价指标后的验证性分析。选择皮书的评价为案例，有两个原因。第一，皮书是典型的应用性研究成果，对皮书评价进行分析，对评价中的具体案例进行介绍，为其他形式的学术图书在实践中的评价提供一定的参考；第二，就目前情况看，社会科学文献出版社比较客观地以第三方的身份组织评价工作，同时请皮书专家和资深媒体论证形成了一套完善的人文社会科学成果的评价指标体系，包括内容评价指标和社会影响力评价指标，是中国首家比较系统的采用同行评议的方法对学术图书的各种指标进行评价的出版机构，具有一定的典型性。

一　应用性研究成果评价的典型案例——皮书

（一）皮书的成果特性

依据学术图书的功能，人文社会科学类学术图书包括基础性研究和

---

① 本节以社会科学文献出版社皮书评价为例。

应用性研究。基础性研究成果主要是探索社会现象的本质和一般规律，从而发现和开拓新的领域，提出新学说、新论点、新论据；应用性研究成果主要是对具体的理论问题进行研究或对社会问题进行分析，其目的在于深化和完善基本理论，探求理论与实践结合的途径和方法，对社会现实问题给予宏观指导，主要回答"是什么"和"怎么办"的问题。陈之曦和陈通明（2012）认为，社会科学应用对策研究是指运用社会科学的方法和理论，对我们所面临和亲历的社会生活现象进行分析，并提出影响社会发展的一些观点、思路和建议。

社会科学文献出版社的系列研究成果"皮书"是典型的人文社会科学领域的应用性研究成果。党的十八大以来，党和国家高度重视智库发展，皮书是一种有鲜明话语特征并被国际社会关注和接受的智库报告，在政府决策、社会推广、媒体转化、引导理论、传递中国话语等方面发挥着重要的作用。在新的时代下，皮书被赋予了新的功能定位。目前，我国出版的人文社会科学类学术图书总量在逐年增加，但总体水平不高几乎是被人们公认的事实。在此大环境下，社会科学文献出版社通过对皮书的评价指标的设计、评价方法的实践和评价程序的不断优化，对我国人文社会科学领域应用性研究成果的评价进行了积极探索。

（二）皮书的起源、出版现状与发展阶段

1. 皮书的起源

"皮书"最早是以白皮书的形式出现在十八、十九世纪的英国。1991 年，国内"经济蓝皮书"作为正式出版物公开出版发行（蔡继辉、张静鸥，2013）。而"皮书"作为一种出版形态，最早是由社会科学文献出版社社长、中国社会学会秘书长谢寿光提出并践行的，是从该社出版的蓝皮书、黄皮书、绿皮书综合演化而来的，由一系列权威研究报告组成。随着"皮书"在国际、国内影响的日益增大，"皮书"这一称谓在社会上得到广泛流传。目前，社会科学文献出版社皮书系列已经达到

300 多种，分为蓝皮书、绿皮书、黄皮书系列，内容涉及经济、社会、文化、行业、国际问题、地方发展等多个领域。

2．皮书的出版现状

1997 年 12 月，社会科学文献出版社出版了第一本经济蓝皮书，即《1997 年中国经济形势分析与预测》，近 20 年来，皮书的社会知名度不断提升，皮书的种类也不断增加，从原来的几种发展到目前的 300 余种，如图 5 - 1 所示。

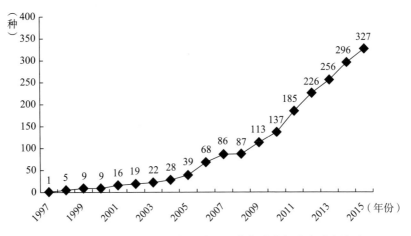

图 5 - 1　1997～2015 年社会科学文献出版社出版皮书种类统计

3．皮书的发展阶段

皮书系列目前不仅发展成为社会科学文献出版社的核心品牌，更是中国社会科学界的知名品牌，如表 5 - 1 所示。近 20 年来，皮书的发展经历了五个重要的阶段。

表 5 - 1　皮书发展阶段及特征分析

时间	发展时期	发展特点
1997～2000 年	品牌创立	出版社开始意识到皮书的价值，把它作为一种非普通的图书来运作，重点抓皮书的市场化和系列化
2001～2005 年	全面树立品牌	对皮书的本质特性进行深入研究，明确界定了皮书的内涵和外延，从出版的角度正式提出"皮书"这样一种全新的出版形态

时间	发展时期	发展特点
2006～2008 年	皮书定型化和国际化	与国外出版社签署皮书的出版协议，促进英文版皮书在全球发行，皮书品牌进入一个定型化和国际化的阶段
2009～2014 年	皮书品牌全面建设、维护与创新	颁发了首届"优秀皮书奖"，并从体制、机制、渠道等方面采取一系列措施，使之良性、有序、可持续发展
2015 年至今	规范化出版	皮书的出版成为社会科学研究成果的发布平台，规范皮书的研创，就皮书的特征、规范、出版和发布推广等理论和实践方面进行摸索和探讨，发挥党中央和国务院"思想库""智囊团"的重要作用和价值

4. 皮书评价对皮书系列出版物质量提升的重要作用

皮书作为我国哲学社会科学的优秀研究成果，已经成为反映我国经济社会各领域年度发展状况的权威出版物，并成为分析预测中国各领域发展趋势的重要工具书。随着皮书作为中国社会科学研究成果权威出版平台地位的凸显，越来越多的科研团队加入皮书的研创与编撰中，截至 2015 年年底，当年度已经出版 327 种皮书。皮书是应用对策类研究报告中影响力比较大、出版数量比较多的年度性研究报告。然而，皮书又不是一般的应用性研究成果，它对时效性、前沿性、实证性的要求更高，正是这种出版周期短的特点对研创团队提出了更高的要求。由于对出版周期进行严格控制，少数皮书的学术图书质量逐渐出现了一系列的问题，包括内容质量不高、主题与上年重复、学术规范有待加强、重复率过高等问题，有价值的研究报告所占比重不断下降。皮书存在的质量问题，也是大背景下人文社会科学类学术图书普遍存在的问题，根据课题组在第三章"人文社会科学类学术图书出版现状调查"的调研统计，2014 年人文社会科学类图书初版 20 万种，其中学术图书为 16799 种。经进一步调查统计，在学术图书中，文后有参考文献的为 12392 种，参考文献完备率为 83.81%，有索引的为 965 种，索引完备率仅为 7.48%。

介于大环境下人文社会科学类学术图书的学术质量不高以及皮书的出版现状，对皮书内容质量进行系统评价的意义进一步凸显。皮书评价工作自 2008 年开始，2008 年的皮书评价得分及排名在"第九次全国皮书年会"上首次发布，至今已连续开展 10 年。为了更加专业、持续地对皮书进行评价，社会科学文献出版社于 2009 年成立了皮书评价研究中心，于 2014 年更名为皮书研究院。自 2008 年首次公布皮书评价得分以来，参评的皮书数量随着皮书出版数量的增加逐年递增，截至 2015 年，皮书参评数量达 308 种。皮书评价发挥的重要作用在于，一方面，通过皮书评价找出问题，供课题组参考，为下一年度的皮书研创提供改进思路。另一方面，皮书的评价结果得到了广泛的应用，目前皮书评价不仅是皮书进入中国社会科学院创新工程的关键指标，还是皮书分级资助的最主要标准，也是皮书评奖与淘汰的重要衡量依据。

二 皮书作为人文社会科学应用性研究成果的特征

2011 年 11 月，中共中央办公厅、国务院办公厅转发的《教育部关于深入推进高等学校哲学社会科学繁荣发展的意见》中指出，"要区别对待不同类型的研究成果。基础研究应坚持服务国家与鼓励自由探索相结合，研究成果要在思想理论上有所创新，传承文明上有所贡献，学科建设上有所推动。应用对策研究应以重大现实问题为主攻方向，研究成果要在提升国民素质上有所作为，解决经济社会发展重大问题上有所突破，为党和政府提供决策服务上有所建树"。

皮书强调针对性和应用性，或通过被决策者采纳或部分采纳从而转化为政策措施，或对决策者的决策起到参谋和咨询的作用。相比理论性研究成果，除了具有科学性、创新性、无形性、不易计量性等特点外，皮书作为典型的应用性研究成果更具有自身的特点。具体包括如下六个方面。

1. 原创性

皮书原创性体现在两个方面。第一，数据资料的原创性。皮书以研创者通过实地调研获得的第一手数据资料作为分析的基础数据；第二，运用科学、实证的研究方法对数据资料进行分析，得出原创性的结论或对策建议。此外，皮书的原创性还表现在书中各篇研究报告都是原创并首发的。

2. 实证性

皮书研创是一种经验研究，强调实证性，即通过对研究对象进行大量的观察、实验和调查获取客观数据，并对客观数据采用统计、评价评级、模型预测与分析等实证研究方法进行进一步研究，得出客观的结论或对策建议。皮书报告数据翔实，通过评价评级、模型预测等实证分析方法对所研究问题进行分析，得出的结论更有可信度。

3. 专业性

皮书专业性主要指研创主体的专业性和研创行为过程的专业性。皮书的主编和作者是所涉专业和研究领域有较大影响力和一定知名度的专家、学者；皮书的研创不同于学术论文、专著、理论文章、通俗读物的研创，它是在学术沉淀基础上的应用对策类研创的专业活动。

4. 连续性

皮书连续性体现在其以年度为时间单元持续关注所研究领域的某一问题，并进行科学的理论和实践研究，进而形成持续的研究成果。皮书报告为"筑路"式研究，每年（或每两年）针对同一领域、门类、地域发布研究成果。

5. 前沿性

皮书的前沿性主要体现在两个方面。一是在理论探讨上应反映学术前沿问题，并能通过现有数据推断该研究领域的发展趋势；二是在解释现实问题时，必须涉及现实生活中的重点和热点问题，致力于解决政府、媒体和公众关注的问题，回应社会关注。

6. 时效性

皮书时效性主要体现在皮书报告使用的数据资料是最新的。利用最新的数据资料进行分析，能够准确地掌握研究领域的最新动态。

三 皮书的评价特点及评价指标构成

（一）皮书评价实践中的特点

一个成熟的评价体系不是理论思辨的结果，而是在实践的互动中逐渐摸索、修正形成的。社会科学文献出版社的皮书评价，正是在多年不断对人文社会科学类应用性研究成果评价的探索中形成了一套比较完善的指标体系以及评价方法。

1. 依据皮书特点分类设置皮书的评价指标

皮书内容评价指标依据皮书学科领域的特征进行分类设置。皮书按照学科领域分为经济、社会政法、文化传媒、行业、地方发展、国际问题等类别。其中，地方发展类划分为地方经济、地方文化、地方社会。在指标设置时，不同类别也有所差异。例如，国际问题类皮书无实证性指标，所以用应用性指标替代。

自2015年起，皮书的评价做了两个方面的调整。第一，考虑到不同的学科特点，加分项部分设置了评价评级、社会调查以及模型分析与预测等指标。第二，将科学计量方法引入皮书的评价中，科学计量包括多种指标，其中引文是最常用的一种，计算引文量的前提是在时间上有一定的积累。皮书具有时效性，评价的是当年度的皮书，采用引文的方式显然不够合理。因此，采用"皮书数据库"的下载率作为科学计量的指标进行评价。同行评议能充分发挥专家的特长和优势，文献计量学则为专家评议的主观判断提供客观数据参考，皮书内容评价将同行评议与文献计量学进行了比较好的结合。

2. 依据皮书的特色更加注重评价流程中的细节设计

皮书内容评价分为初评、复评和终评三个环节，初评工作由社会科学文献出版社皮书研究院组织完成，复评由社会科学文献出版社皮书评审委员会完成，终评由皮书专家委员会和科研局指定的专家完成。皮书媒体影响力监测工作由社会科学文献出版社皮书研究院成果评价中心组织完成。皮书研究院在皮书出版后三个月之内，完成皮书内容评价和媒体报道监测的初评和复评工作。皮书内容评价结果和媒体报道监测复评后的结果以电子邮件形式发送给各皮书课题组。

3. 评价主体的选择

皮书的主观评价指标采用同行评议的方式完成，在现实中，同行评议受到个人学识水平、主观倾向或学术成见的影响，很容易失去公正性和客观性，且评审结果不易被量化和比较。因此，对评价皮书的同行专家，社会科学文献出版社更加注意细节设计，具体包括如下几个方面。第一，成立皮书学术评审委员会保证同行专家的延续性。由于皮书具有连续性的特征，在组织专家对皮书内容进行评价的同时，针对这种特征，自2010年起，设立了皮书学术评审委员会，每两年一届，皮书学术评审委员会的专家会保持延续性，这样保证了同行专家对皮书的研创特点比较熟悉。第二，依据专家的学科进行分组评价，保证评价的专业性。第三，同行专家包括相关学科学者、学术期刊资深编辑、资深媒体人等，保证了专家的多样化，不同领域的专家对皮书的认知、掌握的信息量不同，对皮书的评价视角亦不同，专家对皮书的内容质量的多元化的评价方式保证了评价结果的客观性。

（二）皮书评价指标的设计及演变发展

1. 皮书评价指标体系的演变发展

皮书的评价指标体系从最初的设立，到经过多年的摸索和修正，目前已经形成了一套比较完整的评价指标体系。皮书内容评价指标的演变与探索如图 5 - 2 所示。

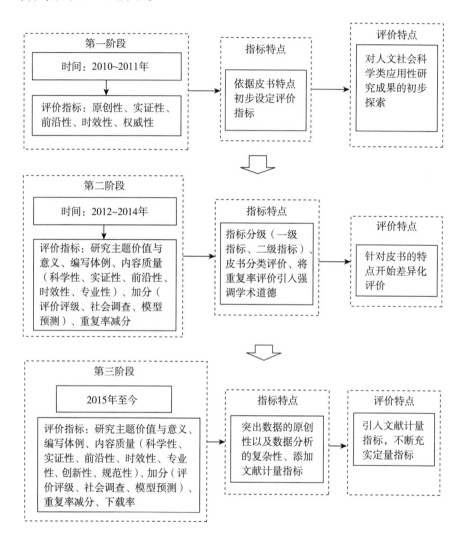

图 5 - 2　皮书内容评价指标的演变与探索

皮书媒体影响力评价指标的演变与探索如图 5 - 3 所示。

2. 皮书评价指标体系的构成

皮书评价指标体系的构成如表 5 - 2 所示。

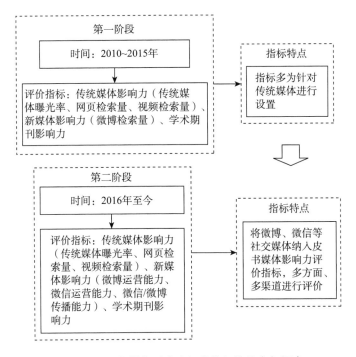

图 5 – 3 皮书媒体影响力评价指标的演变与探索

表 5 – 2 皮书评价指标体系的构成

一级指标	二级指标	指标解释
内容质量	研究主题的价值与意义	研究主题是否具有较高的理论价值和实践意义
	科学性	内容框架、研究方法是否科学;所用资料是否翔实、可靠;对策建议是否具有较强的针对性和可操作性;预测、展望是否客观、可信
	实证性	通过对研究对象进行大量的观察、实验和调查,或通过对公开出版以及未公开发表的数据的整理、分析,获取客观材料,得出结论和对策建议
	前沿性	是否对现实生活中的热点、重点问题进行理论阐述;是否与有关国家或地区进行对比研究;是否关注国际学术前沿领域或其他国家学者对某一问题的分析
	创新性	研究思路、视角或方法是否有所创新
	规范性	是否符合本学科应用性研究成果的体例规范(包括摘要、关键词、参考文献、索引和注释等)

续表

一级指标	二级指标	指标解释
内容质量	专业性	研创者的研究方向是否与研究成果所涉及的领域和学科一致、研创者的职称情况等
	时效性	完成时间和数据、资料的使用时间
	内容重复率检测	对学术不端进行检测
社会影响力	媒体报道指数	根据媒体报道情况进行评分（包括传统媒体和新媒体）
	下载率	相关皮书在皮书数据库下载的情况

四　皮书评价结果的应用

皮书评价从 2009 年开始，参评皮书的数量呈逐年递增的趋势，在这个过程中，社会科学文献出版社对皮书的评价工作不断进行摸索，得到了广大课题组和社会各界的认可。目前，皮书评价已经成为某些科研机构进行资助与人员考核的重要标准。

第二节　人文社会科学类学术图书
规范性质量评价①

一　学术图书规范

学术研究要严格遵照国际通行的学术规范。只有将内容质量和学术准则与国际通行标准接轨，才能实现学术研究成果的真正价值；只有数据来源可靠，研究方法正确，参考文献、索引等要件齐全，学术研究的结论才能立于不败之地。目前的学术图书中存在很多失范现象。比如"引而不著"，即借鉴了他人的研究成果，却不指明出处并准确著录参考文献，借此抄袭剽窃他人成果。这种基于抄袭剽窃故意

---

① 以 2014 年初版人文社会科学类学术图书以及荣获教育部颁发的"第七届高校科学研究优秀成果奖"中的学术著作为例。

引而不著的行为，属于典型的"学术失范"。又如索引缺失的问题，索引的标注在国外早已被关注。目前，国内出版机构对图书主动进行索引标注的意识却还不够。

二　规范中的参考文献和索引

规范性一般包括两个方面。一方面，研究写作要规范。作者要对数据的来源和真实性、可靠性进行严格把关，对资料的引用、问题的分析要科学客观，调查研究要务实求真等。另一方面，注重学术体例规范。包括参考文献和索引的标注等。研究报告主要是对参考文献和索引的规范性进行数据检索。

参考文献是图书的重要组成部分，是学术图书不可或缺的内容，是作者在撰写研究成果过程中对自己的科研内容加以说明、论证和进一步探讨的佐证。Rabinowitz（2009）等认为，确保引用的参考文献信息准确无误，对出版物至关重要。参考文献的标注，不但可以保护著作权，起到尊重他人劳动成果的作用，也可以为读者了解相关研究领域的内容提供进一步检索相关文献的线索（王颖、王艳荣，2003；冯春荣，2003）。

索引是为方便检索特定知识或信息而编制的指引工具。图书内容索引又称专著索引，一般置于书后，与参考文献相似，可作为原书的一个组成部分，也可称书后索引或书末索引。图书内容索引的主要功用是加快检查图书中某一特定内容所在位置的速度，节约时间，对于充分发挥被索引图书的学术价值和实用价值具有重要意义（张琪玉，2006）。

三　人文社会科学类学术图书规范性实证分析

（一）数据来源

本章主要对2014年初版的人文社会科学类学术图书以及荣获教育

部颁发的"第七届高校科学研究优秀成果奖"中的学术著作规范性进行实证分析，数据来源于两个方面。第一，以中国版本图书馆2014年出版的《全国新书目》为基础数据，结合北京台湖出版物会展贸易中心有限责任公司、北京人天书店有限公司和湖北三新文化传媒有限公司2014年的发行数据形成2014年学术图书出版品种数据，通过对学术图书的界定，经过三轮筛选，最后确定以2014年中国大陆出版社初版的人文社会科学类学术图书为样本数据。与此同时，中图分类法包括A（马克思主义、列宁主义、毛泽东思想）、B（哲学）、C（社会科学总论）、D（政治、法律）、E（军事）、F（经济）、G（文化、科学、教育、体育）、H（语言、文字）、I（文学）、J（艺术）、K（历史、地理）、Z（综合类图书）等12类。第二，以获得教育部颁发的"第七届高校科学研究优秀成果奖"中学术著作为样本，对其规范性进行分析。

（二）数据抓取及信息来源

本报告对2014年初版的人文社会科学类学术图书以及荣获教育部颁发的"第七届高校科学研究优秀成果奖"中学术著作的规范性进行研究，在具体数据抓取中，统计出参考文献的完备率以及索引完备率。

1.2014年初版的人文社会科学类学术图书规范性数据抓取

2014年初版的人文社会科学类学术图书的参考文献和索引信息主要通过在网络抓取和在国家图书馆实地调研两个阶段完成。参考文献主要是在图书的目录、文后、脚注、章节中进行检索。索引主要是在目录和文后进行检索。

第一阶段，在网络搜集学术图书的目录并进行抓取。抓取途径主要是一些售书网站，包括当当网、京东网、卓越亚马逊等，也包括百度百科、维基百科等。

第二阶段，对第一阶段中检索的书目进行整理。一方面是在网络未找到的图书；另一方面是第一轮已经检索到的目录，但目录中没有参考文献和索引的信息。为了保证数据的准确性，以免漏掉在脚注有参考文献、在章节中有参考文献或在目录中没有显示索引和参考文献，而在文后有标识的图书，统一到国家图书馆采用人工检索的方式进行实地调研，第二阶段主要是对第一阶段进行补充。信息抓取流程如图 5 - 4 所示。

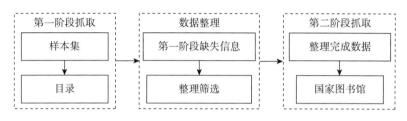

图 5 - 4　学术图书参考文献和索引信息抓取

2. 获得教育部颁发的"第七届高校科学研究优秀成果奖"的学术著作规范性数据抓取

获得教育部颁发的"第七届高校科学研究优秀成果奖"的学术著作规范性数据的抓取与 2014 年初版的人文社会科学类学术图书规范性数据抓取的最大区别在于基础数据的搜集，即在图 7 - 4 的"第一阶段"之前，需要对荣获教育部"第七届高校科学研究优秀成果奖"的成果进行筛选。第一，需要对获得教育部颁发的"第七届高校科学研究优秀成果奖"中的研究报告、学术论文和学术专著三种类别进行分类统计。第二，由于年份越久，数据的搜集难度越大。"第七届高校科学研究优秀成果奖"中的学术著作的数据信息缺失率略高于 2014 年初版的人文社会科学类学术图书。

（三）统计 2014 年初版人文社会科学类学术图书参考文献和索引完备率

1. 2014 年初版人文社会科学类学术图书参考文献完备率统计

（1） 2014 年初版人文社会科学类学术图书参考文献完备率统计——依据学科分布

表5-3　2014年初版人文社会科学类学术图书参考文献
完备率统计——依据学科分布

学科类型	学术图书数量（种）	含参考文献数量（种）	缺失数量（种）	抽样占比（%）	含参考文献占比（%）
A 马克思主义、列宁主义、毛泽东思想	153	119	33	78.43	99.17
B 哲学	1095	689	270	75.34	83.52
C 社会科学总论	583	404	96	83.53	82.96
D 政治、法律	3843	2961	633	83.53	92.24
E 军事	124	88	13	89.52	79.28
F 经济	5122	4023	471	90.80	86.50
G 文化、科学、教育、体育	2428	1851	347	85.71	88.95
H 语言、文字	632	545	60	90.51	95.28
I 文学	940	627	182	80.64	82.72
J 艺术	518	290	188	63.71	87.88
K 历史、地理	1278	769	335	73.79	81.55
Z 综合类图书	83	26	26	68.67	45.61
均值	—	—	—	80.35	83.81

注：表5-3中学术图书数量是指本类中学术图书的总量；含参考文献数量是指信息采集中能找到的本类学术图书含参考文献的数量，包括三类：文后有参考文献、章节中有参考文献、脚注有参考文献；缺失数量是指因客观原因未搜集到此书包含参考文献的信息的学术图书数量；抽样占比是指（学术图书数量–缺失数量）/学术图书数量的占比；含参考文献占比是指本类学术图书中有参考文献的占比，公式为含参考文献数量/（学术图书数量–缺失数量）。下同。

　　从表5-3中可知，虽然各类学术图书均有缺失数据，但从抽样占比看，各类抽样占比比例较高，多数达80%以上。因此，可以认为经过调研计算出的含参考文献的占比能够说明目前学术图书规范性存在的问题。从表5-3中还可以看出，A（马克思主义、列宁主义、毛泽东思想）、D（政治、法律）、F（经济）、G（文化、科学、教育、体育）、H（语言、文字）、J（艺术）六类学术图书规范性比较好，含参考文献占比均超过均值（83.81%）；Z（综合类图书）、E（军事）两类图书参考文献的完备率比较低，未超过80%，其规范性有待提高。

（2）2014 年初版人文社会科学类学术图书参考文献完备率统计——
依据出版社分布

表 5 - 4　2014 年初版人文社会科学类学术图书参考文献
完备率统计——依据出版社分布（前 100 位）

序号	出版社名称	学术图书数量（种）	含参考文献数量（种）	缺失数量（种）	抽样占比（％）	含参考文献占比（％）
1	社会科学文献出版社	1154	982	113	90.21	94.33
2	中国社会科学出版社	1125	1023	60	94.67	96.06
3	北京大学出版社	771	527	134	82.62	82.73
4	经济科学出版社	621	559	36	94.20	95.56
5	人民出版社	427	327	87	79.63	96.18
6	法律出版社	375	291	69	81.60	95.10
7	科学出版社	369	314	43	88.35	96.32
8	中国人民大学出版社	320	234	53	83.44	87.64
9	浙江大学出版社	290	248	22	92.41	92.54
10	知识产权出版社	283	240	23	91.87	92.31
11	上海人民出版社	278	194	57	79.50	87.78
12	中国政法大学出版社	262	236	18	93.13	96.72
13	商务印书馆	257	185	27	89.49	80.43
14	上海古籍出版社	247	87	118	52.23	67.44
15	经济管理出版社	231	209	12	94.81	95.43
16	中国经济出版社	205	163	9	95.61	83.16
17	中央编译出版社	203	139	52	74.38	92.05
18	上海三联书店	200	92	63	68.50	67.15
19	四川大学出版社	194	132	50	74.23	91.67
20	中国金融出版社	182	129	26	85.71	82.69
21	复旦大学出版社	175	133	24	86.29	88.08
22	武汉大学出版社	155	135	11	92.90	93.75
23	中国农业出版社	149	117	8	94.63	82.98
24	广西师范大学出版社	145	68	61	57.93	80.95

续表

序号	出版社名称	学术图书数量（种）	含参考文献数量（种）	缺失数量（种）	抽样占比（%）	含参考文献占比（%）
25	中华书局	140	83	31	77.86	76.15
26	吉林大学出版社	120	91	22	81.67	92.86
27	世界图书出版广东公司	120	109	6	95.00	95.61
28	西南财经大学出版社	115	105	3	97.39	93.75
29	厦门大学出版社	112	90	17	84.82	94.74
30	上海交通大学出版社	105	80	12	88.57	86.02
31	上海社会科学院出版社	99	64	10	89.90	71.91
32	西南交通大学出版社	98	85	9	90.82	95.51
33	湖北人民出版社	94	70	9	90.43	82.35
34	中国检察出版社	91	51	33	63.74	87.93
35	民族出版社	89	77	9	89.89	96.25
36	南开大学出版社	87	79	5	94.25	96.34
37	中国时代经济出版社	87	63	23	73.56	98.44
38	南京大学出版社	86	61	16	81.40	87.14
39	中国财政经济出版社	86	68	9	89.53	88.31
40	机械工业出版社	81	44	10	87.65	61.97
41	光明日报出版社	80	71	7	91.25	97.26
42	中国法制出版社	78	62	15	80.77	98.41
43	电子科技大学出版社	77	55	20	74.03	96.49
44	北京师范大学出版社	75	67	5	93.33	95.71
45	高等教育出版社	75	56	9	88.00	84.85
46	山东人民出版社	74	67	2	97.30	93.06
47	浙江工商大学出版社	74	39	27	63.51	82.98
48	黑龙江人民出版社	72	6	66	8.33	100.00
49	中国书籍出版社	71	62	6	91.55	95.38
50	中央民族大学出版社	67	51	9	86.57	87.93
51	对外经济贸易大学出版社	65	57	4	93.85	93.44
52	中国文史出版社	65	46	11	83.08	85.19

序号	出版社名称	学术图书数量（种）	含参考文献数量（种）	缺失数量（种）	抽样占比（％）	含参考文献占比（％）
53	中信出版社	65	22	20	69.23	48.89
54	中国传媒大学出版社	60	49	11	81.67	100.00
55	东北大学出版社	59	49	3	94.92	87.50
56	东南大学出版社	59	49	3	94.92	87.50
57	中国言实出版社	59	29	25	57.63	85.29
58	宗教文化出版社	59	39	11	81.36	81.25
59	苏州大学出版社	58	44	9	84.48	89.80
60	华中科技大学出版社	57	45	5	91.23	86.54
61	中国社会出版社	56	27	13	76.79	62.79
62	合肥工业大学出版社	55	47	4	92.73	92.16
63	暨南大学出版社	55	49	5	90.91	98.00
64	清华大学出版社	55	49	3	94.55	94.23
65	中山大学出版社	54	39	8	85.19	84.78
66	国防工业出版社	53	48	2	96.23	94.12
67	华东师范大学出版社	53	41	5	90.57	85.42
68	华中师范大学出版社	52	42	4	92.31	87.50
69	山东大学出版社	52	41	9	82.69	95.35
70	教育科学出版社	51	39	12	76.47	100.00
71	新华出版社	51	34	12	76.47	87.18
72	云南大学出版社	50	34	12	76.00	89.47
73	中国财富出版社	50	32	3	94.00	68.09
74	上海教育出版社	49	26	13	73.47	72.22
75	国家图书馆出版社	48	12	20	58.33	42.86
76	湖南大学出版社	48	40	4	91.67	90.91
77	中国商务出版社	48	38	5	89.58	88.37
78	中国统计出版社	48	23	6	87.50	54.76
79	文物出版社	47	16	24	48.94	69.57
80	安徽师范大学出版社	46	30	9	80.43	81.08

续表

序号	出版社名称	学术图书数量（种）	含参考文献数量（种）	缺失数量（种）	抽样占比（%）	含参考文献占比（%）
81	中国农业科学技术出版社	46	40	3	93.48	93.02
82	中国人民公安大学出版社	46	36	7	84.78	92.31
83	中国发展出版社	45	29	7	84.44	76.32
84	世界知识出版社	44	39	2	95.45	92.86
85	文化艺术出版社	44	29	8	81.82	80.56
86	译林出版社	44	29	11	75.00	87.88
87	河北大学出版社	41	31	8	80.49	93.94
88	经济日报出版社	41	37	1	97.56	92.50
89	首都经济贸易大学出版社	41	29	7	82.93	85.29
90	中国建筑工业出版社	41	22	5	87.80	61.11
91	九州出版社	40	33	3	92.50	89.19
92	中国水利水电出版社	40	31	3	92.50	83.78
93	重庆出版社	40	27	6	85.00	79.41
94	兰州大学出版社	39	26	9	76.92	86.67
95	中国林业出版社	39	20	5	87.18	58.82
96	中国文联出版社	39	20	14	64.10	80.00
97	安徽大学出版社	38	34	2	94.74	94.44
98	广西人民出版社	38	28	3	92.11	80.00
99	江西人民出版社	38	24	9	76.32	82.76
100	武汉出版社	36	14	4	88.89	43.75

从表5-4可知，虽然各出版机构均有数据缺失，但从抽样占比看，抽样占比达80%以上的出版机构占多数。因此，可以认为计算出的含参考文献占比能够说明各出版机构的学术图书规范性存在的问题。从表5-4中还可以看出，在初版人文社会科学类学术图书数量排名前100位的出版机构中，参考文献的完备率较高，多数达80%以上，但作为学术图书的必备要件，参考文献的规范性还须继续提高。

2.2014 年初版人文社会科学类学术图书索引完备率统计

（1）2014 年初版人文社会科学类学术图书索引完备率统计——依据学科分布

表 5 - 5　2014 年初版人文社会科学类学术图书索引完备率统计——依据学科分布

学科类型	学术图书数量（种）	含索引数量（种）	缺失数量（种）	抽样占比（%）	含索引占比（%）
A 马克思主义、列宁主义、毛泽东思想	153	6	33	78.43	5.00
B 哲学	1095	91	270	75.34	11.03
C 社会科学总论	583	39	96	83.53	8.01
D 政治、法律	3843	215	631	83.58	6.69
E 军事	124	6	13	89.52	5.41
F 经济	5122	225	472	90.78	4.84
G 文化、科学、教育、体育	2428	123	346	85.75	5.91
H 语言、文字	632	60	60	90.51	10.49
I 文学	940	79	182	80.64	10.42
J 艺术	518	38	188	63.71	11.52
K 历史、地理	1278	82	335	73.79	8.70
Z 综合类图书	83	1	26	68.67	1.75
均值	—	—	—	80.35	7.48

注：表 5 - 5 中学术图书数量是指本类中学术图书的总量；含索引数量是指信息采集中能找到的本类学术图书含索引的数量；缺失数量是指因客观原因未搜集到此书包含索引信息的学术图书数量；抽样占比是指（学术图书数量 - 缺失数量）/学术图书数量的百分比；含索引占比是指本类学术图书中有索引的占比，公式为含索引数量/（学术图书数量 - 缺失数量）。下同。

从表 5 - 5 可知，虽然各类学术图书均有数据缺失，但从抽样占比看，各类图书的抽样占比较高，抽样占比达 80% 以上的占多数。因此，可以认为计算出的含索引占比能够说明各类学术图书规范性存在的问题。从表 5 - 5 中还可以看出，B（哲学）、H（语言、文字）、I（文学）、J（艺术）四类学术图书含索引占比均超过了 10%，而其他类别均比较低。作为学术图书的必备要件，含索引占比有待提高。

（2）2014 年初版人文社会科学类学术图书索引完备率统计——依据出版社分布

表 5 - 6　2014 年初版人文社会科学类学术图书索引完备率
统计——依据出版社分布（前 100 位）

序号	出版社名称	学术图书数量（种）	含索引数量（种）	缺失数量（种）	抽样占比（%）	含索引占比（%）
1	社会科学文献出版社	1154	99	113	90.21	9.51
2	中国社会科学出版社	1125	48	60	94.67	4.51
3	北京大学出版社	771	76	134	82.62	11.93
4	经济科学出版社	621	0	36	94.20	0
5	人民出版社	427	51	87	79.63	15
6	法律出版社	375	14	69	81.60	4.58
7	科学出版社	369	11	43	88.35	3.37
8	中国人民大学出版社	320	28	53	83.44	10.49
9	浙江大学出版社	290	175	21	92.76	65.06
10	知识产权出版社	283	6	23	91.87	2.31
11	上海人民出版社	278	5	57	79.50	2.26
12	中国政法大学出版社	262	12	18	93.13	4.92
13	商务印书馆	257	46	28	89.11	20.09
14	上海古籍出版社	247	10	118	52.23	7.75
15	经济管理出版社	231	16	12	94.81	7.31
16	中国经济出版社	205	30	9	95.61	15.31
17	中央编译出版社	203	12	52	74.38	7.95
18	上海三联书店	200	7	43	78.50	4.46
19	四川大学出版社	194	5	50	74.23	3.47
20	中国金融出版社	182	2	27	85.16	1.29
21	复旦大学出版社	175	2	24	86.29	1.32
22	武汉大学出版社	155	1	13	91.61	0.70
23	中国农业出版社	149	0	8	94.63	0
24	广西师范大学出版社	145	8	61	57.93	9.52
25	中华书局	140	2	31	77.86	1.83

序号	出版社名称	学术图书数量（种）	含索引数量（种）	缺失数量（种）	抽样占比（％）	含索引占比（％）
26	吉林大学出版社	120	0	22	81.67	0
27	世界图书出版广东公司	120	5	6	95	4.39
28	西南财经大学出版社	115	0	3	97.39	0
29	厦门大学出版社	112	1	17	84.82	1.05
30	上海交通大学出版社	105	44	12	88.57	47.31
31	上海社会科学院出版社	99	2	10	89.90	2.25
32	西南交通大学出版社	98	0	9	90.82%	0
33	湖北人民出版社	94	1	9	90.43	1.18
34	中国检察出版社	91	0	33	63.74	0
35	民族出版社	89	1	9	89.89	1.25
36	南开大学出版社	87	1	5	94.25	1.22
37	中国时代经济出版社	87	1	23	73.56	1.56
38	南京大学出版社	86	9	16	81.40	12.86
39	中国财政经济出版社	86	0	9	89.53	0
40	机械工业出版社	81	1	10	87.65	1.41
41	光明日报出版社	80	0	7	91.25	0
42	中国法制出版社	78	1	15	80.77	1.59
43	电子科技大学出版社	77	0	20	74.03	0
44	北京师范大学出版社	75	9	4	94.67	12.68
45	高等教育出版社	75	9	9	88.00	13.64
46	山东人民出版社	74	1	2	97.30	1.39
47	浙江工商大学出版社	74	2	27	63.51	4.26
48	黑龙江人民出版社	72	0	66	8.33	0
49	中国书籍出版社	71	33	6	91.55	50.77
50	中央民族大学出版社	67	0	9	86.57	0
51	对外经济贸易大学出版社	65	1	4	93.85	1.64
52	中国文史出版社	65	1	11	83.08	1.85
53	中信出版社	65	0	20	69.23	0
54	中国传媒大学出版社	60	0	11	81.67	0

续表

序号	出版社名称	学术图书数量（种）	含索引数量（种）	缺失数量（种）	抽样占比（%）	含索引占比（%）
55	东北大学出版社	59	0	3	94.92	0
56	东南大学出版社	59	3	3	94.92	5.36
57	中国言实出版社	59	1	25	57.63	2.94
58	宗教文化出版社	59	1	11	81.36	2.08
59	苏州大学出版社	58	2	9	84.48	4.08
60	华中科技大学出版社	57	1	5	91.23	1.92
61	中国社会出版社	56	0	13	76.79	0
62	合肥工业大学出版社	55	0	4	92.73	0
63	暨南大学出版社	55	0	5	90.91	0
64	清华大学出版社	55	2	3	94.55	3.85
65	中山大学出版社	54	3	4	92.59	6
66	国防工业出版社	53	0	2	96.23	0
67	华东师范大学出版社	53	3	5	90.57	6.25
68	华中师范大学出版社	53	0	4	92.45	0
69	山东大学出版社	52	1	9	82.69	2.33
70	教育科学出版社	51	5	12	76.47	12.82
71	新华出版社	51	0	12	76.47	0
72	云南大学出版社	50	1	12	76	2.63
73	中国财富出版社	50	1	3	94	2.13
74	上海教育出版社	49	0	13	73.47	0
75	国家图书馆出版社	48	0	20	58.33	0
76	湖南大学出版社	48	0	4	91.67	0
77	中国商务出版社	48	0	5	89.58	0
78	中国统计出版社	48	0	6	87.50	0
79	文物出版社	47	1	24	48.94	4.35
80	安徽师范大学出版社	46	0	9	80.43	0
81	中国农业科学技术出版社	46	1	3	93.48	2.33
82	中国人民公安大学出版社	46	0	7	84.78	0

续表

序号	出版社名称	学术图书数量（种）	含索引数量（种）	缺失数量（种）	抽样占比（%）	含索引占比（%）
83	中国发展出版社	45	0	7	84.44	0
84	世界知识出版社	44	0	2	95.45	0
85	文化艺术出版社	44	4	8	81.82	11.11
86	译林出版社	44	11	11	75	33.33
87	河北大学出版社	41	3	8	80.49	9.09
88	经济日报出版社	41	0	1	97.56	0
89	首都经济贸易大学出版社	41	1	7	82.93	2.94
90	中国建筑工业出版社	41	2	5	87.80	5.56
91	九州出版社	40	0	3	92.50	0
92	中国水利水电出版社	40	0	3	92.50	0
93	重庆出版社	40	4	6	85.00	11.76
94	兰州大学出版社	39	8	9	76.92	26.67
95	中国林业出版社	39	0	5	87.18	0
96	中国文联出版社	39	0	14	64.10	0
97	安徽大学出版社	38	0	2	94.74	0
98	广西人民出版社	38	0	3	92.11	0
99	江西人民出版社	38	0	8	78.95	0
100	武汉出版社	36	0	4	88.89	0

从表5-6可知，虽然各出版社均有数据缺失，但从抽样占比看，各出版社的抽样占比达80%以上的占多数。因此，可以认为计算出的含索引占比能够说明学术图书规范性存在的问题。从表5-6中还可以看出，北京大学出版社、人民出版社、中国人民大学出版社、浙江大学出版社、商务印书馆、中国经济出版社等出版机构的索引完备率达到了10%左右，但大部分出版机构的索引完备率在5%以下。作为学术图书的必备要件，含索引占比有待提高。

（四）荣获教育部颁发的"第七届高校科学研究优秀成果奖"中学术著作参考文献和索引完备率统计

1. 基本情况统计

经统计，获得教育部颁发的"第七届高校科学研究优秀成果奖"包括三种学术著作：研究报告、学术论文、学术专著。其中，研究报告和学术论文一共有 338 种，学术专著有 570 种。需要说明的是，2011 年出版 161 种学术专著，占总数的 28.25%；2012 年出版 214 种学术专著，占总数的 37.54%；2013 年出版 195 种学术专著，占总数的 34.21%。

表 5-7 荣获教育部颁发的"第七届高校科学研究优秀成果奖"
学术著作的分类统计

种类	研究报告和学术论文	学术专著	合计
数量（种）	338	570	908
占比（%）	37.22	62.78	100

从表 5-7 可知，获得教育部颁发的"第七届高校科学研究优秀成果奖"的学术著作中，学术专著占多数。

2. 按出版社数量统计荣获教育部颁发的"第七届高校科学研究优秀成果奖"的学术著作

表 5-8 按出版社数量统计荣获教育部颁发的"第七届高校
科学研究优秀成果奖"的学术著作（前 20 位）

序号	出版社	地理位置	数量（种）	占比（%）
1	人民出版社	北京	53	9.30
2	中国社会科学出版社	北京	45	7.89
3	北京大学出版社	北京	36	6.32
4	科学出版社	北京	33	5.79
5	中华书局	北京	25	4.39
6	社会科学文献出版社	北京	22	3.86

续表

序号	出版社	地理位置	数量（种）	占比（%）
7	中国人民大学出版社	北京	22	3.86
8	经济科学出版社	北京	21	3.68
9	商务印书馆	北京	21	3.68
10	北京师范大学出版社	北京	17	2.98
11	高等教育出版社	北京	13	2.28
12	上海人民出版社	上海	10	1.75
13	人民文学出版社	北京	9	1.58
14	上海古籍出版社	北京	9	1.58
15	教育科学出版社	北京	8	1.40
16	法律出版社	北京	7	1.23
17	复旦大学出版社	上海	7	1.23
18	南京大学出版社	南京	6	1.05
19	人民教育出版社	北京	6	1.05
20	武汉大学出版社	武汉	6	1.05
合计			376	65.95

从表 5-8 可知，从地理位置看按出版社数量统计荣获教育部颁发的"第七届高校科学研究优秀成果奖"的学术著作，获奖数量排名前 20 位的出版社多数位于北京，具有绝对优势。其中，人民出版社、中国社会科学出版社、北京大学出版社、科学出版社、中华书局、社会科学文献出版社等出版机构占比比较大，分别是 9.30%、7.89%、6.32%、5.79%、4.39%、3.86%。

3. 统计荣获教育部颁发的"第七届高校科学研究优秀成果奖"的学术著作的参考文献完备率和索引完备率

（1）参考文献完备率和索引完备率总量统计

从表 5-9 可知，获得教育部颁发的"第七届高校科学研究优秀成果奖"的学术专著，参考文献完备率为 99.27%，索引完备率为 15.85%，可以得知索引的完备率有待加强。

表5-9 荣获教育部颁发的"第七届高校科学研究优秀成果奖"的
学术专著中的参考文献完备率和索引完备率统计

项目	学术专著	抽样	缺失	含参考文献	含索引
数量（种）	570	410	160	407	65
占比（%）	62.78	71.93	28.07	99.27	15.85

注：表5-9中学术专著数量是指荣获教育部颁发的"第七届高校科学研究优秀成果奖"中学术专著的总量；抽样占比是指（学术专著数量－缺失数量）/学术专著数量的百分比；缺失数量是指因客观原因未搜集到此书包含参考文献信息的学术专著数量；含参考文献数量是指信息采集中能找到的学术专著中含参考文献的数量，其中包括文后参考文献、章节中参考文献、脚注参考文献三类；含参考文献占比是指本类学术专著中有参考文献的占比，公式是含参考文献数量/（学术专著数量－缺失数量）；含索引数量是指信息采集中能找到的本类学术专著中含索引的数量；含索引占比是指本类学术专著中有索引的占比，公式是含索引数量/（学术专著数量－缺失数量）。

（2）参考文献完备率统计——依据出版社

表5-10 荣获教育部颁发的"第七届高校科学研究优秀成果奖"
学术著作的参考文献完备率统计（前20位）

序号	出版社名称	学术图书数量（种）	含参考文献数量（种）	缺失数量（种）	抽样占比（%）	含参考文献占比（%）
1	人民出版社	53	43	10	81.13	100
2	中国社会科学出版社	45	43	2	95.56	100
3	科学出版社	33	29	4	87.88	100
4	中华书局	25	20	5	80.00	100
5	社会科学文献出版社	22	19	3	86.36	100
6	中国人民大学出版社	22	17	5	77.27	100
7	经济科学出版社	21	19	2	90.48	100
8	商务印书馆	21	15	6	71.43	100
9	北京师范大学出版社	17	12	5	70.59	100
10	高等教育出版社	13	10	3	76.92	100
11	上海人民出版社	10	6	4	60.00	100
12	人民文学出版社	9	6	3	66.67	100

续表

序号	出版社名称	学术图书数量（种）	含参考文献数量（种）	缺失数量（种）	抽样占比（%）	含参考文献占比（%）
13	上海古籍出版社	9	5	4	55.56	100
14	教育科学出版社	8	7	1	87.50	100
15	法律出版社	7	4	3	57.14	100
16	复旦大学出版社	7	5	2	71.43	100
17	南京大学出版社	6	4	2	66.67	100
18	人民教育出版社	6	5	1	83.33	100
19	武汉大学出版社	6	4	2	66.67	100
20	北京大学出版社	36	25	10	72.22	96.15
	均值	—	—	—	75.24	99.81

注：表5-10中学术图书数量是指荣获教育部颁发的"第七届高校科学研究优秀成果奖"中学术著作的总量；含参考文献数量是指信息采集中能找到的本类学术图书含参考文献的数量，包括三类：文后有参考文献、章节中有参考文献、脚注有参考文献；缺失数量是指因客观原因未搜集到此书包含参考文献的信息的学术图书数量；抽样占比是指（学术图书数量－缺失数量）/学术图书数量的百分比；含参考文献占比是指本类学术图书中有参考文献的占比，公式为含参考文献数量/（学术图书数量－缺失数量）。

从表5-10可知，对荣获教育部颁发的"第七届高校科学研究优秀成果奖"的获奖学术著作的数量排名前20位的出版社进行统计，从抽样占比看，大多数出版社抽样占比超过70%，从含参考文献占比看，多数出版社的参考文献完备率达100%。

（3）索引完备率统计——依据出版社

表5-11 荣获教育部颁发的"第七届高校科学研究优秀成果奖"
的学术著作索引完备率统计（前20位）

序号	出版社名称	学术图书数量（种）	含索引数量（种）	缺失数量（种）	抽样占比（%）	含索引占比（%）
1	南京大学出版社	6	3	2	66.67	75
2	北京师范大学出版社	17	5	5	70.59	41.67
3	上海古籍出版社	9	2	4	55.56	40

续表

序号	出版社名称	学术图书数量（种）	含索引数量（种）	缺失数量（种）	抽样占比（%）	含索引占比（%）
4	北京大学出版社	36	10	10	72.22	38.46
5	社会科学文献出版社	22	7	3	86.36	36.84
6	上海人民出版社	10	2	4	60.00	33.33
7	人民出版社	53	11	10	81.13	25.58
8	高等教育出版社	13	2	3	76.92	20
9	中华书局	25	3	5	80.00	15
10	教育科学出版社	8	1	1	87.50	14.29
11	中国人民大学出版社	22	2	5	77.27	11.76
12	科学出版社	33	3	4	87.88	10.34
13	中国社会科学出版社	45	4	2	95.56	9.30
14	经济科学出版社	21	0	2	90.48	0
15	商务印书馆	21	0	6	71.43	0
16	人民文学出版社	9	0	3	66.67	0
17	法律出版社	7	0	3	57.14	0
18	复旦大学出版社	7	0	2	71.43	0
19	人民教育出版社	6	0	1	83.33	0
20	武汉大学出版社	6	0	2	66.67	0
均值		—	—	—	75.24	18.58

注：表5-11中学术图书数量是指荣获教育部颁发的"第七届高校科学研究优秀成果奖"中学术著作的总量；含索引数量是指信息采集中能找到的本类学术图书含索引的数量；缺失数量是指因客观原因未搜集到此书包含索引信息的学术图书数量；抽样占比是指（学术图书数量－缺失数量）/学术图书数量的百分比；含索引占比是本类学术著作中有索引的占比，公式是含索引数量/（学术图书数量－缺失数量）。

从表5-11看出，对荣获教育部颁发的"第七届高校科学研究优秀成果奖"的获奖学术著作的数量排名前20位的出版社进行统计，从抽样占比看，大多数出版社的抽样占比超过70%，从含索引占比看，南京大学出版社、北京师范大学出版社、上海古籍出版社、北京大学出版社、社会科学文献出版社、上海人民出版社的索引完备率达30%以上。

综上所述，从 2014 年初版的人文社会科学类学术图书规范性统计结果看，参考文献完备率和索引完备率分别为 83.81% 和 7.48%，均有待提高。对荣获教育部颁发的"第七届高校科学研究优秀成果奖"的获奖学术著作的数量排名前 20 位的出版社所出版图书规范性统计结果看，参考文献完备率和索引完备率分别为 99.81% 和 18.58%。从数据可知，获奖图书的规范性高于一般图书。人文社会科学类学术图书的参考文献完备率和索引完备率有待提高。

第三节　学术出版机构提升年度性智库报告出版能力的探索

一　年度性智库报告的概念

智库报告是由专业智库撰写，基于公共事务领域，对政治、经济、外交、国防、科技、社会等宏观或微观问题进行专题研究，旨在为决策机构估计形式、确定目标、制定政策提供建设性的决策依据和行动建议的研究性文献（谢曙光，2015）。智库报告可以公开出版，也可以内部交流。本文所分析的智库报告限于能够公开出版的报告，包括发展报告型、分析预测型、评估评价型（谢曙光，2015）。

年度性智库报告是指以年度（1～2 年）为周期持续性发布的智库报告。年度性智库报告是重要的智库成果表现形式，能够充分体现一个智库的成果研创能力。

二　年度性智库报告的价值及出版现状

（一）年度性智库报告的价值

美国管理学家、统计学家爱德华·戴明有句名言："除了上帝，任何人都必须用数据来说话。"美国的联邦政府构建了世界上最大的数据帝国。这些数据有三个来源：一是业务管理的数据，二是社情民意的数据，三是物理环境的数据。以社情民意数据为例，在1940年罗斯福引进民意调查后，美国政府为了了解社会开展了大量的专业调查，其中劳工统计局的"国家纵向调查"（National Longitudinal Survey）就是以时间轴为单位，在确定调查对象后，为了收集大量的数据，对其进行长期的跟踪和访问，然后进行统计分析。随着数据的积累，一个越来越大的社会画卷逐渐展开。这种以一个国家为单位的大型社会调查，是研究一个社会长期变迁不可或缺的重要资源，也为政策的制定、调整和评价提供了重要的参考和依据（涂子沛，2012）。

美国的独立智库机构每年都会形成数以万计的各种专业调查报告，这些报告为社会各个领域的发展提供了大量有价值的数据。2011年，麦肯锡公司以2010年度各国新增的存储器为基准，对全世界的大数据的分布做了一个研究和统计：中国2010年新增的数据量约为250拍，不及日本的400拍，欧洲的2000拍。和美国的3500拍相比更是十分之一都不到（涂子沛，2012）。

近20年来，中国的年度性智库报告是重要的学术成果表现形式之一，它因具有前沿性、实证性、持续性等天然的特点成为研究者和研究团队青睐的成果表达形式。年度性智库报告既可以对经济社会发展中的重大问题进行现状表述，为深入研究提供重要的数据依据；又可以提出较好的解决思路和对策，为现实发展提供巨大的实际应用的能量。

目前，中国已经成为世界第二大经济体，但同时我们也有经济结构和产业结构转型的迫切需求，面临着经济进入中低速发展"新常态"、国际竞争日趋加剧的状况。加强智库建设、不断丰富智库成果、繁荣我国哲学社会科学是中华学术争取国际话语权的必要路径，对进一步兴起社会主义文化建设新高潮、实现中华民族伟大复兴具有重大而深远的意义。

智库是知识生产的重要平台。把智库报告打造为反映我国经济社会各领域年度发展状况的权威出版物，并使其成为分析预测未来中国各领域发展趋势的重要工具书，这将推动智库进一步发挥"思想库"和"智囊团"的作用。仅以社会科学文献出版社的"皮书系列"为例，作为智库类报告，近几年皮书实现了快速发展，不仅中央领导高度重视，媒体也广泛关注。现在，平均一周就有两本皮书发布，体现了广泛的社会影响力。皮书还得到了全国哲学社会科学研究单位的普遍重视，很多智库都将其放在为党和国家的大局服务、为中国特色社会主义建设服务、为传播我国哲学社会科学成果服务的战略位置。

学术出版正是要把人类文化和知识通过专业的编辑活动，推广至更广泛的人群、更宽广的领域。提高智库报告出版能力对于提升学术出版机构的竞争力，引领文化内容产业发展具有重要意义。

（二）年度性智库报告的出版现状（以 2014 年初版图书为例）

2014 年，全国各类图书出版总量为 448431 种。其中，初版 255890 种（国家新闻出版广电总局规划发展司，2015）。第三章"人文社会科学类学术图书出版现状调查"中的数据显示，在 2014 年初版的 255890 种书中，被界定为学术图书的仅为 16799 种。经过筛选，年度性智库报告的年出版总数为 797 种。年度性智库报告的出版呈现以下几个特征。

第一，年度性智库报告的出版总量不多，占 2014 年初版图书的比例仅为 0.3%，占全年出版学术图书的比例不足 5%。可见正式出版、发布的年度性智库报告数量在全年出版的新书及学术图书中的占比都很少。

第二，从出版社分布来看，社会科学文献出版社由于有"皮书系列"产品支撑，数量上一枝独秀，其比例占到了总量的 35%；另外，出版年度性智库报告达到 10 种以上的共有 16 家出版社（见表 5 - 12）。

表 5－12　2014 年出版年度性智库报告达到 10 种以上的出版社

出版社名称	品种（种）
社会科学文献出版社	281
人民出版社	22
中国人民大学出版社	22
上海人民出版社	19
中国经济出版社	19
经济管理出版社	18
科学出版社	18
上海科学技术文献出版社	17
中国金融出版社	16
北京大学出版社	16
上海社会科学院出版社	14
经济科学出版社	13
中国财富出版社	12
中国社会科学出版社	11
对外经济贸易大学出版社	11
当代中国出版社	10
总计	519

第三，从《中国图书馆分类法》的学科分布来看，F（经济）类最多，D（政治、法律）类次之，最后是 G（文化、科学、教育、体育）类（见表 5－13）。这与目前我国的年度性智库报告多为经济分析预测、行业发展报告有关。

表 5－13　2014 年已出版智库报告的学科分布情况

中图分类	品种（种）
A	2
B	1
C	25

续表

中图分类	品种（种）
D	153
E	4
F	471
G	119
H	2
I	3
J	9
K	8
总计	797

三 年度性智库报告出版的能力探索：以社会科学文献出版社为例

上文数据显示，2014 年，社会科学文献出版社出版的年度性智库报告的市场份额占到了 35%，比第二位的 2.7%（22 种）多出了 30 多个百分点，基本不在一个数量级上。因此，以社会科学文献出版社为例来探讨出版年度性智库报告应当具备的能力，应该说是有代表性的。

（一）选题策划力

每一种智库报告的策划，无不凝聚着研创团队和出版者的智慧。年度性智库报告作为智库产品，从选题的要求上看，它至少必须具备两个条件。其一，必须经世致用。它以特定的时间单元为周期，一般是对研究对象最新发展进程、最新信息的阶段性解读，既需要选题具有对现实的指导意义，又需要研创团队掌握其研究领域的最新动态。其二，必须持续研究。持续性的选题，需要研创团队长期追踪研究对象，方能取得积累性的、产生时间价值的研究成果。

而发现经世致用、值得持续研究的选题，并组建起一支有能力研究的研创团队，这正是考验学术出版机构"内功"是否纯熟的地方。以社会科学文献出版社为例，通过组建皮书编辑委员会，吸纳各领域的专家学者，为"皮书"系列的选题把关。通过专家判断各项申报的选题适合以年度性智库报告的形式正式出版，判断研创单位在该领域具有的权威性，判断主编及相关研创人员是所涉领域的权威学者。专家们以匿名评审的方式表达意见或建议，最终遴选出高质量的智库报告。

（二）内容控制力

选题通过后，如何来控制每本报告的内容质量？出版社通过制定一套研创、出版的通用规则，来"为数以万计的皮书研创者实现沟通交流提供科学、便捷的标准，从而实现皮书品牌的可持续发展"（谢曙光，2015）。鉴于此，社会科学文献出版社从 2009 年起每年发布《皮书手册》，作为内部工作指南，指导"皮书"系列的实际运作。这个手册对皮书编辑出版的全流程进行了规范，从选题的准入到研创环节，从出版流程到皮书的发布环节，都有详细的实施细则。在最大限度上解决了由不同选题、不同领域、不同研创单位造成的可能出现的内容质量参差不齐、学术规范欠缺等问题。

同时，出版社在 2009 年成立皮书评价研究中心（2014 年更名为皮书研究院）开展皮书评价工作。皮书评价，是指对皮书的内容质量、社会影响力等进行定量评价和定性评价，是保证皮书内容质量和可持续发展的重要方式，是对人文社会科学成果评价的积极探索（谢曙光，2015）。评价，对于皮书的原创性、实证性、专业性、科学性等指标或给出了可量化的要求，或给出了同行专家的评审意见。而持续性的评价，更是为皮书保持内容质量和社会影响力提供了一个促进的平台。

（三）营销传播力

社会科学文献出版社在以"皮书"系列为代表的年度性智库报告

的营销传播上积累了丰富的经验。

1. 精心设置议题，关心社会问题

皮书作为社会科学应用对策性成果，是社会科学专业工作者为现实服务的有效方式之一。社会科学工作者通过皮书平台研究社会，发现问题，并发布最新研究成果，为解决社会问题建言献策。权威，即皮书观点应严谨科学，要有严谨的推理过程，应从社会科学研究的角度对研究对象提出建设性的意见或建议。

2. 引导社会舆论，搭建媒体平台

皮书属于资讯类社会科学成果，具有及时性、持续性等特性。皮书运用最新的数据资料对当前社会的重点和热点问题进行分析。皮书能够通过大型的调研和科学的研究方法，为社会提供可靠的数据与可咨借鉴的信息，并能够通过成果的发布引导社会舆论，以事实为依据，传递社会正能量。

3. 严控时间节点，把握发布时机

皮书多是年度性报告，因此从使用者的角度考虑，皮书出版必须及时、按时，最好的出版时间是在岁末年初；而行业类皮书最好与该行业年度重大活动或学术会议结合进行；地方发展类皮书一般在"两会"之前或期间发布。

4. 鼓励原创首发，引领行业前瞻

皮书的最大价值之一在于内容的原创与首发。皮书报告的首发率要求在85%以上（即皮书报告与已有研究成果的内容重复率不得超过15%）。皮书使用实证的（如问卷调查、实地访谈等）或定量的（如指标体系的设计、数据模型的建立）研究方法，为读者提供高信度的资料和数据。大量原始数据的持续性积累，成为研究一个领域不可多得的基础库，对于行业来说，是成为极具投资指南价值的专业报告。

第六章　学术出版能力评价指标体系研究

第一节　学术出版能力概念模型

一　出版的构成要素

学术界一般认为出版活动包括三个基本环节：编、印、发。这是最普遍的概念。百度百科认为，一般意义上的出版包括选题、组稿、编著或翻译、审读、编辑加工等过程。国内外许多学者持类似的观点，将出版概括为一个多环节的过程（陈培根，1993；劳斗、戈平，2005）。实质上出版是一个聚集出版资源、对出版资源编辑形成出版物进而发行传播的过程。严成荣和桑百安（1992）提出，通过出版生产的手段，把著作物编印成图书、期刊、杂志等印刷品，经过发行渠道，把这些精神产品推向社会，供应读者，即为出版。高明光（1998）提出，出版是一种组织选择稿件，经过编辑加工，制作成原版或母版，然后以一定的物质载体形式复制成多份，在社会上传播的社会活动。张志强（2003）认为，出版是将文字、图像或其他内容进行加工、整理，通过印刷等方式复制后向社会广泛传播的一种社会活动。出版的过程，是传播人类知识的过程，也是保存人类文化遗产的过程。阙道隆（1985）认为，出版是指出版机构根据一定的方针和计划，选择、整理人类的思维成果和资料，通过出版生产赋予它们一定的物质形态，然后向社会传播。彭建炎（1992）对出版的定义是，选择、整理著作物，通过一定的生产方式将其复制在特定载体上，并以出版物的形态向社会传播的一系列行为。罗紫初（1999）认为，出版，就是将经过加工提炼的知识信息产品，通过某种生产方式大量复制在一定的物质载体上，并进行广泛传播的过程。

对于具体的一个出版机构而言，其出版活动包括选题、组稿、编著或翻译、审读、编辑加工等环节。尤其需要注意的是，现代出版业是一个"内容为王"的行业，作者资源更为稀缺，通过选题和组稿来整合好的出版资源是具体的出版机构在从事出版活动中的重要环节。

二　学术出版的构成要素

学术出版与教育出版和大众出版有明显的差异。首先，学术出版具有迥异于大众出版和教育出版的特征。一是学术出版的对象是学术成果，主要是学术论文、学术专著等学术作品。因此，学术出版的优质资源更为稀缺；二是学术产品的主要面向群体是各类研究人员，因此，学术出版必须跟学术研究一样严谨、规范，学术出版物必须符合学术研究需要遵循的学术共同体所认同的原则、规范，并在研究成果基础上对其进行一定的提升；三是学术出版的营销模式与其他类型的出版物有所不同。其次，学术出版属于各领域专家最高学术成就和智慧的结晶，在国民呈"浅阅读"状态的情况下，学术成果传播对象偏小众性，学术出版的读者一般具有较高的文化层次且数量有限，理性选择的能力较强。因此，学术出版物在营销推广模式上有别于其他类型的出版。

三　学术出版能力的构成要素

（一）学术出版的能力

能力在《辞海》中的解释是"成功地完成某种活动所必需的个性

心理特征"。能力理论源于美国哈佛大学心理学家戴维·麦克利兰（David C. McClelland）有关胜任能力的研究，他在1973年发表于《美国心理学家》上的《测试胜任能力而非智力》时提出：个人工作绩效的高低和职业生涯的成败并不能从传统的学术能力和知识技能测评来科学地得到反映，而真正从根本上影响个人绩效的是诸如"成就动机"、"人际理解"及"团队影响力"等一些可称为胜任能力的观念要素。黄津孚（2001）提出从哲学的角度看，能力是某个社会主体（组织或个人）对客观世界可发挥的作用力。从经济学的角度看，能力可以理解为个人或组织所具有的可将一种资源变成另一种资源，或将资源转化为社会财富的作用力。索柏民（2008）在其博士学位论文中将能力的含义概括为四个方面。第一，能力是一种可以施加于客观世界的作用力，因此，是可以观察和比较的。第二，能力存在于现实的社会主体之中，这个社会主体可以是个人，也可以是由多人构成的组织；组织的能力是个人能力的整合，往往大于个人能力简单相加之和。第三，能力是一个多维向量，不同社会主体具有不同的能力构成要素，有的研究开发能力强，有的推销能力强，有的组织管理能力强，有的体力强。第四，能力仅仅是社会主体可以施加于客观世界的作用力，不是实际施加的作用力，实际作用力的大小还要视社会主体发挥水平的高低而定。

因此，组织的某种能力实际体现在具备某种特质，并能把这种特质转化成一定结果。早在2012年，本课题主持人谢曙光（2012）在国内较早提出了"学术出版能力"这一概念，鉴于当时人文社会科学领域学术出版的种种乱象，他在接受《中国新闻出版报》记者采访时提到，对于特别是专业学术出版者来说，坚持专业出版定位，全面建设、提升学术出版能力是当务之急。与此同时，社会科学文献出版社多年来也一直着力于加强学术出版的资源整合能力建设、生产能力建设、国际传播能力建设、市场营销能力建设和数字出版能力建设，从而进一步加强学术出版能力建设。在不断的理论和实践探索过程中，学术出版能力的概念和内涵的提炼不断清晰化。

如前文所述，学术出版的过程是整合学术出版资源，在遵守一定的原则、规范的前提下对学术成果进行编辑加工，制作成学术出版物，进而按照学术出版物的特殊商业模式进行营销传播的过程。通过前文对学术出版过程的解析和学术出版能力的界定，以及对学术出版组织能力的分析，可以提取出学术出版能力的三个基本要素。第一，学术出版资源整合能力；第二，学术产品加工能力；第三，学术产品营销传播能力。除上述三项基础能力之外，学术出版能力还应该包含适应行业发展趋势的能力，分别是数字出版能力和国际出版能力。学术出版能力作为一种组织能力，体现出"具备"和"实现"的叠加特征。其中，每一项要素都是"成因"和"结果"的结合体。

（二）学术出版的基础能力

1. 学术出版资源整合能力

资源是出版的先决条件，在内容为王、资源为王的现代出版业，资源整合能力成为全面推进学术出版能力的核心问题。作者是图书的著述者，是出版的源头，是图书出版流程作业执行的第一人。掌握雄厚的作者资源对于学术出版而言具有奠定基础的重要意义。就中国的学术出版市场而言，优秀作者资源的有限性和出版品种专业分工界限的逐渐模糊，必然导致对选题资源争夺的白热化。因此，对于致力于学术出版的出版机构而言，首先，要通过不断提升品牌影响力等举措来吸引作者资源。专业作者就愿意将自己的书稿投给出版社，进而靠较高的图书质量进一步提升声誉进入良性循环，不断地发展壮大。其次，要重视资源的管理，加强作者资源的开发，建立出版社作者资源库，并由专人管理。专职管理人员或编辑要不断跟踪作者学术研究的新成果及新作品，不断更新和优化资源库，保持信息的准确性和时效性。根据需要将不同层次的作者组织起来，成立专家委员会、学术委员会、编辑委员会等，定期召开不同形式的座谈会，编制出版通讯寄给作者。聘请有关学者、专家参与选题的论证与决策，从而科学有效地开发选题，形成作者队伍管理的完善机制。最后，还要重视版权管理和维护。这一点在当今数字出版兴起的背景下显得尤为重要，互联网技术和移动终端技术的发展为各种出版作品的传播带来了新的途径。同时，也为版权保护带来了新的困难。加强版权管理才能更好地维护出版机构的核心资源，才能切实保护作者的利益。

因此，学术出版资源的整合能力是出版机构能够通过多种途径聚集学术出版资源并加以整合，最大化地实现学术出版内容资源储备的能力。对学术出版资源的整合能力可以对选题储备量（包括连续性学术出版物数量）、作者数量（包括作者的学术影响力和对学术出版机构的粘连度）这两项指标进行测量。

2. 学术产品加工能力

从原始的学术成果到形成学术出版物的过程中需要出版单位具备良好的学术产品加工能力。首先，出版机构要有专业化的准入评价机制，对学术成果的出版做出正确的判断。然后，出版机构要对学术产品进行系统化的加工，包括两个方面，一方面是形式和规范方面的加工，包括对引文、注释、参考文献、索引等要件的加工；另一方面，必须加强出版规范、严格执行国家相关标准，切实保障内容质量、编校质量、装帧设计质量、印制质量等。最后，需要出版社的学术编辑具有一定的本领域的"学术对话能力"，能够对成果进行合理地加工。

因此，学术产品加工能力是指出版机构利用一定的编辑人力资源，依据一定的规范对学术产品的原始资源进行加工，以保证学术出版物质量的能力。

3. 学术产品营销传播能力

学术产品的营销传播不仅关系到学术出版社的生存发展，也影响到专业学术知识的有效传播和传承，是实现学术产品价值的最终途径。学术产品的营销传播能力体现在把学术图书有效地传递给读者，使学术产品转化为大多数人的思想和知识，同时为出版单位实现经济效益。

学术图书，反映了各学科领域的学术成就，是专家、学者智慧的结晶。因此，学术出版的潜在客户和读者与大众出版和教育出版相比有较大差异，需要出版单位构建适合学术产品的营销体系。打造专业化、高素质的学术图书营销队伍，建立起面向各图书客户和终端读者的信息数据库，按照学术图书目标群体的消费心理、消费习惯等特点，综合利用各种不同的信息发布渠道，把合适的书推荐给适当的人。

因此，学术产品的营销传播能力是指出版机构利用多种宣传、营销手段，将学术产品推向市场，从而实现学术产品有效传播的能力。

（三）学术出版的引领性能力

1. 数字出版能力

数字出版正在改变着整个出版行业的格局和生产运作模式、内部管理机制等。张立（2006）从介质和出版流程的角度为数字出版下了定义：只要是用二进制这种技术手段对出版的任何环节进行的操作，都是数字出版的一部分。它包括原创作品的数字化、编辑加工的数字化、印刷复制的数字化、发行销售的数字化和阅读消费的数字化。谢新洲（2002）认为，数字出版是指在整个出版过程中，从编辑、制作到发行，所有信息都以统一的二进制代码的数字化形式存储于光、磁等介质中，信息的处理与传递必须借助计算机或类似设备来进行的一种出版形式。徐丽芳（2005）认为，数字出版就是指从编辑加工、制作生产到发行传播过程中的所有信息都以二进制代码的形式存储于光、磁、电等介质中，必须借助计算机或类似设备来使用和传递信息的出版。数字出版并没有改变出版的本质，但是出版的流程、介质、传播方式发生了变化。在出版的基本环节实现数字化，并实现了产品形态的数字化。

学术出版的数字化不仅代表了传统学术出版的发展方向，也凝结了学术出版的核心竞争力。数字出版能力是学术出版机构适应行业发展潮流的重要条件。数字出版转型升级，不仅是当前学术出版单位面临的新课题，也是整个出版产业面临的问题。从国外的实践看，电子书、电子学术出版机构、数字学术出版机构已经蔚然大观。爱思唯尔集团（Elsevier）、布莱克威尔出版公司（Blackwell Publishing）、施普林格出版集团（Springer Group）等世界领先的专业出版商，已经通过在线资源平台提供数字图书在线下载销售、数据库销售、数据检索等服务。当前，我国的出版业从行业管理层到出版机构都高度重视出版业数字化转型，自2013年原新闻出版总署开展传统出版单位数字出版转型示范工作以来，已确定了两批共170家出版机构为数字化转型示范单位。我国的学术出版机构也高度重视数字化转型，顺应数字化、信息化、网络化趋势，制定自身的数字化发展战略，加大数字出版的人力和财力投入，制定相应的制度、流程，利用信息技术实现编辑出版流程再造，并开发新型产品形态和服务模式，构建具有自身产品特色的数字出版内容资源传播平台。

对于当前国内出版业数字出版的现实，本研究认为，数字出版能力是制定适合自身的数字出版战略，通过一定的人力和财力投入实现出版流程的数字化，并开发出数字产品和新的产品服务模式的能力。

2. 国际出版能力

学术出版"走出去"可以有效增强我国科技成果的国际影响力，扩大我国图书版权输出的规模，同时取得一定的经济效益，还能学习合作伙伴先进的经营理念和运作方式。伴随着中国出版"走出去"战略的实施，中国的学术出版也迈开了走向世界的步伐。但是，中国的学术出版要在国际学术界占有一席之地，掌握一定的国际学术出版的话语权还有很长的一段路要走。针对学术出版国际化所面临的现实问题，国家层面设立了"经典中国国际出版工程""中国图书对外推广计划""国家社科基金中华学术外译"等项目。出版机构也在积极实施国际化战略，加大国际出版的资金投入力度，培养和引进国际化出版人才（包括外语翻译、外语编辑），以版权输出、实物出口、合作出版、境外出版等多种方式实现中国学术出版"走出去"。

国际出版是学术出版的基本过程的国际延伸，是学术出版全过程的国际化。本研究认为，国际出版能力是结合自身实际制定国际出版战略，增强语言转换能力和国际组稿能力，通过一定的人力和财力投入，生产、出版优秀的学术出版物，并推向国际市场以增强中国学术的国际传播的能力。

四　学术出版能力概念及评价指标模型

学术出版的五大能力从横向看有两组，基础能力和引领性能力。其中，学术出版资源整合能力、学术产品加工能力和学术产品营销传播能力是实现学术出版目标的基本能力，因此设定为基础能力，以此来评价学术出版机构的共性。而学术出版的数字出版能力、国际出版能力是学术出版领域面对行业发展新潮流所应该具备的能力。因此，设定为引领性能力。通过对这两个方面的评价，对学术出版机构学术出版能力的提升有面向未来的引领作用。

从静态的角度讲，本研究认为，学术出版五大基本能力分别由两组元素构成，这两组元素分别是成因性元素和结果性元素。其中，成因性元素是生成现实的学术出版能力的元素，学术出版的力量源泉来自成因性元素，成因性元素的组合形成现实的学术出版能力，反映了出版社在学术出版领域的内在或潜在能力，是学术出版能力五大元素的核心构成；结果性元素来自学术出版五大基本能力的结果性表达，是五大基本能力的直接表达。

学术出版能力概念及评价指标模型如图 6-1 所示。

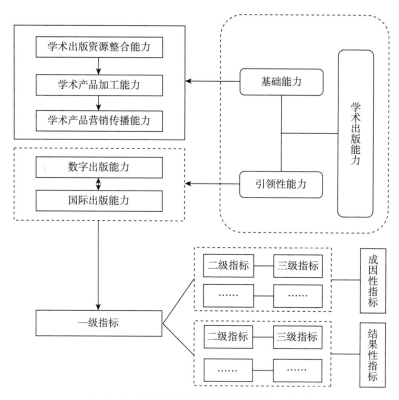

图 6 - 1　学术出版能力概念及评价指标模型

第二节　学术出版能力评价指标体系的质性研究

一　学术出版能力评价指标设计原则

（一）系统性原则

　　各指标之间要有一定的逻辑关系，它们从不同的侧面反映出学术出版机构在资源整合、运作生产和营销方面的主要特征和状态。每一个子系统由一组指标构成，各指标之间相互独立，又彼此联系，共同构成一个有机统一体。

（二）典型性原则

确保具有一定的典型性，尽可能准确反映学术出版机构学术出版能力的综合特征，避免遗漏指标信息，出现错误、不真实现象。同时，避免指标过于烦琐，相互重叠，保证数据易获取且计算方法简明易懂。即使在减少指标数量的情况下，也要便于数据计算和提高结果的可靠性。

（三）引领性与可比性相统一的原则

在选择评价指标时，一方面要符合学术出版机构的实际特点，使测评结果具有可比性。另一方面又要具备引领性，使评价结果能够对中国学术出版能力的提升有正确、科学的导向作用。因此，指标体系的设计主要包括两大指标，即规范性指标和导向性指标。前者覆盖学术出版从资源整合到出版生产，进而进行营销的整个出版流程；后者则主要体现学术出版的数字化和国际化的大趋势。

二　学术出版能力评价指标体系研究方法与步骤

（一）研究方法

本研究尝试突破传统的自上而下的理论建构体系方法，采用质性研究方法，结合学术出版能力基本框架，对所收集的资料进行分析，深入挖掘能够反映出版机构学术出版"五大能力"的因素，确定为二级指标。进而通过相关文献和资料的分析，确定能够反映二级指标的三级指标。最终，确定学术出版能力指标体系。

（二）成因性指标研究流程

成因性指标研究流程如图 6 - 2 所示。

1. 研究前的准备工作

根据前期制定的学术出版能力基本框架设计访谈提纲。

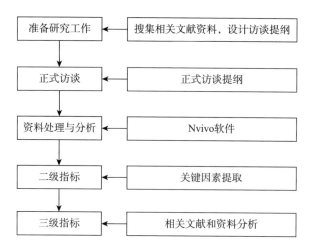

图6-2 成因性指标研究流程

2. 正式访谈

采取一对一的深度访谈方式，根据访谈提纲，通过开放式问题了解受访者的主观感受。访谈结束后，将访谈内容转为文字稿；本研究主要采用质性研究中的"半结构性访谈"的方法，对访谈者进行半结构性访谈，收集第一手资料。

3. 资料分析

对访谈和座谈会录音文字稿进行编码和归类，关注各种概念之间的互动过程及变化，挖掘反映学术出版能力的因素，确立为二级评价指标。

4. 文献资料分析

针对每个二级指标，搜集相关文献和资料，并对其进行分析，提取出相应的三级指标。

（三）信息采集方法

本研究对信息的采集采用个人深入访谈的方法。

1. 访谈对象

选择10位做相关研究的专家，含中国传媒大学、北京印刷学院、中国社会科学院等机构的专家（其中高校专家 4 位，科研院所专家 2 位，知名学术出版机构专家 4 位）进行半结构性访谈。

2. 访谈提纲

为保证访谈顺利进行，提前拟出访谈提纲，内容如下所示。

（1）您认为出版机构的哪些特质吸引优质的学术出版资源？如何吸引作者将优秀的学术资源拿到出版社出版？学术出版机构资源整合能力体现在哪些方面？

（2）学术图书的出版需要将原始的学术资源加工成具体的图书，在这个过程中您认为有哪些因素影响学术图书的质量？学术图书的加工质量如何体现？

（3）学术图书的特质决定了与其他类型的图书的营销在受众群体、渠道等方面存在很大的不同。您认为学术图书在营销推广上应该注重哪些策略？如何做到畅销？

（4）当前数字化出版成为出版业的新趋势，很多出版机构正在加快数字化出版转型，您认为当前出版机构应该怎样去推动出版业的数字化转型？从哪些方面着手？哪些方面能够体现出一家出版机构在数字出版方面所取得的成绩？

（5）在"实现文化强国梦"和"加强中国话语国际传播能力和对外话语体系建设"的背景下，学术出版国际化是大势所趋。您认为对出版社自身而言，应该如何推动学术出版走出去？学术出版走出去的成效如何体现？

第一类问题：主要了解访谈对象对于形成学术出版五大能力成因性元素的感受。例如，学术图书的出版需要将原始的学术资源加工成为具体的学术图书，在这个过程中您认为有哪些因素影响学术图书的质量？第二类问题：主要了解访谈对象对于形成学术出版五大能力结果性元素的一些了解和认识。经过被访人和座谈专家同意，采用录音笔记录访谈内容的形式。

3. 访谈结果

2015 年 11 月 25 日至 2016 年 5 月 8 日，共访谈 10 位专家，形成访谈录音累计 446.02 分钟（其中一位专家因个人原因不便接受录音，后作者对访谈记录进行整理），录音转换文字稿达 53513 字。

10 位被访谈专家访谈录音和文字稿的基本情况如表 6 – 1 所示。其中，有一位专家因个人原因不便录音，因而访谈只进行了文字记录。有录音的每位被访谈专家的访谈录音时长从 12.24 分钟到 70.19 分钟不等，10 位专家访谈录音转换文字稿字数从 879 字到 10174 字不等。

表 6 – 1　10 位被访专家访谈结果

专家	字数（字）	录音时长（分）
1	8059	70.19
2	879	—
3	10174	55.49
4	4176	32.20
5	6949	50.56
6	5105	60.05
7	3278	12.24
8	901	33.45
9	8091	60.26
10	5881	35.58

4. 分析步骤

（1）将 10 位专家的访谈录音转换成文字，批量导入 Nvivo 中。

（2）根据分析的 5 个维度，建立学术出版资源整合能力、学术产品加工能力、学术产品营销传播能力、数字出版能力、国际出版能力的

5 个树节点作为一级指标。

（3）阅读访谈文字稿，详细编码形成意义单元。采用逐句逐段对整理的文本进行研究的方式，抽取出相应的意义单元。明确 5 个维度涵盖的内容。

（4）进行主轴编码并形成概念词。主轴编码是对相同的意义单元进行进一步的归纳，将属于同一意义层次的概念进一步归类、概括，形成概念词。

（5）选择编码形成核心类别。对概念词进一步归纳，发展成为核心类别。核心类别应该代表研究主题的核心内容，可以将相近类别的概念词连接起来，形成一个有关联和层次的框架作为二级指标。

（6）结合相关理论和文献提出相应的三级指标。

（四）成因性指标体系研究

1. 学术出版资源整合能力成因性指标研究

（1）学术出版资源整合能力成因性指标的要素点

参照开放编码的步骤，对 10 个被访谈者的相关文本资料进行逐句的阅读，提取与"学术出版资源整合能力成因"有关的语句，进行开放编码。具体如下所示①。

专家 A：第一是品牌的影响力，第二是在这个专业领域的影响力，第三是学术编辑的专业素质、人脉资源、研究能力，这都是吸引作者出版学术著作的重要方面。

专家 A：现实有一种倾向，首先，是北京和上海的出版社。其学术资源的吸引能力或者说垄断性越来越强了，他们都希望把高水平的著作拿到北京或者上海来出版，有很多大学评职称，写论文，

---

① 字母 A～J 代表被访专家。

首先要看学术著作是哪儿出的，省里也有出版社，甚至市里也有出版社，但是他们希望能到北京出书。其次，在一定专业领域，有些出版社已经形成一定的学科优势了，比方说人民（出版社），但是古籍文献就没人去找它出，他可能去找中华（书局）。译著类的现在最权威的还是商务（印书馆），在某一个领域已经形成自己的学科优势了。其余像社会科学文献出版社，其实也有几个领域，比如社会学也形成了自己的学科优势。

专家 B：当然最重要的是品牌了，品牌比较好的出版社让作者放心一些，而且自己的著作在知名度比较高的、学术品牌比较好的出版社出版本身也是一种学术荣誉。

专家 C：带有"国家"色彩的，像中国社会科学出版社，中国科学出版社。带有"国"字头的出版社会产生一定的影响。

专家 D：当然牌子还是很重要的，某些品牌可能在学术圈是有认同的，由那些出版社出版肯定是没问题的，但有些出版社完全不用考虑。

专家 E：我觉得一个学者，他选哪个出版社出版第一看中的可能还是它的知名度，但我觉得现在国内看知名度、影响力这个意识不强烈。为什么呢？比方说我们学校有些学者就去人民出版社出版，因为它牌子大。其实它也没有出过新闻出版、新闻传播类的书，我觉得就是有个知名度。

专家 F：品牌，还有好编辑，然后是经济利益，图书的推广能力，我觉得无非是这几项。

专家 G：主要是靠品牌、人脉等因素。当然还有出版社的定位，包括它在读者、作者心目中的形象。

专家 H：最重要的是出版社的品牌。出图书有信誉，出版的质量高，作者在这种出版社出书，觉得面子上有光彩。

专家 I：品牌呗，品牌肯定是一个。最主要就是品牌。

专家 J：国内的很多学者在选出版社的时候，可能会看它的品牌，在国外也是这样的。有专家提出出版机构"级别优势""学科优势"对于整合学术出版资源很重要。

专家 J：如果我们要出书，首先想的是级别，比如中央社，中央社里面肯定还考虑一个匹配度，比如社科文献，就是出皮书，我肯定想到你，是吧？

（2）学术出版资源整合能力成因性指标关键概念词

以开放编码的结果为材料，将抽取出来的要素点进行主轴编码，概括出概念词，通过分析，共得出两个概念词，具体如表 6 - 2 所示。

表 6 - 2　学术出版资源整合能力成因性指标关键概念词分析

一级指标	概念词	意义单元
学术出版资源整合能力	品牌	1. 第一是品牌的影响力 2. 当然最重要的是品牌了，品牌比较好的出版社让作者放心一些 3. 最重要的是出版社的品牌 4. 我觉得一个学者，他选哪个出版社首先看中的可能还是它的知名度 5. 品牌，还有好编辑，然后经济利益以及图书的推广能力 6. 主要是靠品牌、人脉等因素 7. 最重要的是出版社的品牌 8. 最主要就是品牌 9. 国内的很多学者可能在选出版社的时候，会看它的品牌
	优势（级别、学科）	1. 第二，在一定专业领域已经形成一定的学科优势，比方说人民（出版社），但是古籍文献就没人去找它出，他可能去找中华（书局） 2. 带有"国家"色彩的 3. 在学术圈里有认同 4. 首先想的是级别

（3）学术出版资源整合能力成因性指标（二级指标）的核心类别

从文本的编码中抽取了关于学术出版资源整合能力成因性指标的两

表 6 – 3　学术出版资源整合能力成因性指标（二级指标）

一级指标	二级指标	核心类别
学术出版资源整合能力	品牌影响力	品牌
		优势（级别、学科）

个构念，品牌和优势（如表 6 – 3 所示）。将两个概念词进一步连接，从语义上进行分析，本研究将其归纳为二级指标"品牌影响力"。

综上所述，课题组通过分析访谈资料发现，在专家的观点中"品牌影响力"是影响学术出版资源整合的主要因素。因此，学术出版资源整合能力为一级指标，品牌影响力为该一级指标下的二级指标。

（4）学术出版资源整合能力成因性指标（三级指标）

在高度同质化竞争的出版业，实施出版社品牌战略成为出版社发展和产业突围的必然选择。出版社品牌的建立是市场竞争的需要，是出版社生存发展的需要，也是出版社参与国际竞争的需要。它是出版社的一种重要经营模式，也是出版社适应书业市场需求不断创新的体现。出版社的品牌，代表着该出版社在选题、组稿、内容质量、装帧和营销策略等方面长期形成的独特的品位、风格和特色以及出版企业的社会信誉度。体现在出版机构、出版人、出版物三个方面。

出版机构自身的媒体曝光率在很大程度上体现了其被社会公众和媒体关注的程度，是出版机构自身品牌影响力的重要体现。因此，本研究将"机构影响力"定为三级指标。

出版人，如社长、总编辑或其他主要管理者在行业以及公众中的知名度是品牌影响力形成的重要因素。出版人是出版社品牌有生命力的重要载体，是出版社品牌的核心。以社长和总编辑为代表的出版人是出版社的灵魂，具有核心作用。杨向萍（2014）认为，出版人的特殊身份，其一言一行都是以出版社的代表的形式出现，出版人通过各种渠道发表见解的同时建立起属于出版社的话语权。这样一来，人们在关注他们的同时，也加深了对出版社的印象，将出版人的评价与出版社的评价联系在一起。出版单位的品牌影响力是结合社长、总编辑的号召力，有效地吸引优秀的作者、译者资源，集中组织出版大批优秀图书，产生很强的市场影响力和经济效益。因此，本研究将"出版人影响力"定为三级指标。

出版物也是出版社品牌的载体。近些年，国家在学术出版方面投入大量的资金以资助优秀出版物的出版，并设立针对学术图书的一系列奖项的评选。这类资助和评奖大都经过专家评审，获奖图书的选题质量和稿件内容质量都较高。出版的学术图书获得这类基金资助或者获得了这些奖项，能够极大地提高出版社的声誉，提升出版社的品牌形象，这些基金项目的获取在出版单位聚集优秀出版资源、强化品牌影响力等方面都具有重要作用。因此，本研究将"图书荣誉"定为三级指标。

综上所述，"学术出版资源整合能力"一级指标下的成因性二级指标为"品牌影响力"，三级指标分别为"机构影响力"、"出版人影响力"、"图书荣誉"，如图 6-3 所示。

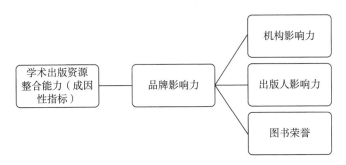

图 6-3 学术出版资源整合能力成因性指标结构

2. 学术产品加工能力成因性指标研究

（1）学术产品加工能力成因性指标的要素点

参照开放编码的步骤，对 10 个被访谈者的相关文本资料进行逐句的阅读，提取与"学术产品加工能力成因"有关的语句，进行开放编码。具体如下所示。

专家A：在学术著作的加工过程中，编辑的水平是一个很重要的方面。首先，是创作者的水平，也就是学者的水平，这是最根本的。同时，编辑的水平也很关键。假如是很有水平的，对整个学术动态非常清晰的学术编辑，他会对作者的不足给予弥补，甚至在一定程度上帮助作者提升。在某些领域，编辑弥补了作者自身的知识的不足，或者是在创作中的疏忽。这是编辑的价值，编辑的水平对学术著作质量的提升有很大的关系。

专家B：我认为编辑的作用非常大，一些好的出版社的编辑往往能选择好的主题，比如说对某个领域持续地追踪一些热点，选择好的题材，同时编辑对于书稿的后续加工也很重要。

专家C：一个是出版机构的编辑的水平问题，因为作者没法给他上课，没法改变他什么，包括他研究的习惯就是这样，他的研究领域就是这样。但是编辑呢，我觉得这也是一个问题意识，就是编辑要善于发现问题，要有相当高的编辑加工的能力，要有组稿能力。一个出版机构是靠编辑支撑起来的，没有编辑你很难去做的。作者队伍是非常广泛的，我们的领域也涉及很多，你怎么去把他们拉过来，或者把他们的稿子组合过来，并且在稿子组合的过程中又做了很好的工作，我觉得还是靠编辑。

专家D：有的时候格式要求都没问题，但编辑能发现你的错误，一本书若能发现几个错误，我觉得好厉害。

专家E：你自己的编辑、规范、图书印刷、发行销售整套质量能不能跟得上。

专家F：编辑的因素是决定性的。

专家G：另一方面最重要的是编辑了，编辑的审读、加工能力很重要。同时，编辑的眼光也很关键，一些好的编辑的学术能力本身也很强，他能在这个领域内去发现一些好的东西。像老一辈的编辑很多自身就是好学者。

专家 H：出版社品牌形成的核心因素是"人"，即编辑。不是一朝一夕能形成的，需要一批编辑兢兢业业，若干年才能形成。

专家 I：编辑的作用很大，尤其是学术论文的编辑。其实刚才我说到的那个层面，编辑起很大的作用，就是对作者的挖掘，或者是对出版资源的挖掘，编辑确实很重要。

专家 J：首先我想说明的是，在国内出版界有一个过不去的硬坎儿，就是总局有一个硬性的规定，有一些东西是不可以触碰的，只能由出版社或者编辑的提供商来做。

（2）学术产品加工能力成因性指标关键概念词

以开放编码的结果为材料，将抽取出来的要素点进行主轴编码，概括出概念词，所有专家均提出"编辑"是学术产品加工的主要力量（见表 6 - 4）。

表 6 - 4 学术产品加工能力成因性指标关键概念词分析

概念词	意义单元
编辑	1. 在学术著作的加工过程当中，编辑的水平是一个很重要的方面 2. 我认为编辑的作用非常大 3. 要有相当高的编辑加工能力 4. 有的时候它的格式要求都没问题，但编辑能发现你的错误 5. 你自己的编辑、规范、图书印刷、发行销售整套质量能不能跟得上 6. 编辑的因素是决定性的 7. 另一方面最重要的是编辑了，编辑的审读、加工能力很重要 8. 出版社品牌形成的核心因素是"人"，即编辑 9. 编辑很重要 10. 只能由出版社或者编辑的提供商来做

（3）学术产品加工能力成因性指标（二级指标）的核心类别

从文本的编码中抽取了关于学术产品加工能力成因性指标的 1 个构

念：编辑（如表6-5所示）。本研究将其归纳为二级指标"编辑资源"。

表6-5 学术产品加工能力成因性指标（二级指标）

一级指标	二级指标	核心类别
学术产品加工能力	编辑资源	编辑

（4）学术产品加工能力成因性指标（三级指标）

有关编辑是学术产品加工的关键性因素，学术界也有诸多论述。涂华（2012）认为，优秀的编辑应该具备对书稿提炼、加工、整合以及优化的能力。并且具备作者所不具备的市场敏感性。因此，编辑实际上是利用出版经营的专业性眼光对作品进行"再创作"，对图书的定位、外观设计、主题提炼等进行全方位的把控，协助作者将作品呈现给读者。这是编辑的核心能力。周奇（2003）认为，编辑主体在书稿审读加工过程中发挥发现、挖潜、提升、完善的创造性作用。孟祥斌（2015）认为，编辑对于书稿的加工，一方面是"打磨"，另一方面是通过创造性的劳动价值，协助作者为书稿的社会价值、政治价值、文化价值、经济价值、科学价值的形成做出贡献。乔丽新（2015）指出，编辑的工作直接决定着出版物的质量，是提高出版社效益的基础。谢念（2014）从学术图书与大众图书在专业性上的区别的角度论述了学术编辑的重要性，认为学术作品具有内容的严肃性和严格性，这一点区别于大众出版。因此，需要编辑对书稿的质量和形式重点把关、再加工和规范化。陈沪铭（2013）认为，编辑是学术出版质量的重要保证，通过对学术稿件的加工、修改，学术编辑与作者成为学术图书的共同创造者。

正如上述学者所阐述的编辑的作用，编辑资源对于学术产品的质量至关重要。一方面，优秀的编辑人才对于学术产品加工成学术图书至关重要。另一方面，除了要求编辑遵循编辑工作中的科学规律和对文本进行合理的加工外，对编辑的综合能力也有较高要求。从判断学术成果的学术价值和文本质量到与作者进行一定程度的专业交流，都需要学术出版机构的人才队伍具备一定的学术视野、学术研究能力和学术评价能力。因此，拥有一定数量的编辑是学术产品质量的重要保证。

综上所述，一级指标（学术产品加工能力）下的二级指标为"编辑资源"，三级指标为"责任编辑数量"（见图6-4）。

图6-4 学术产品加工能力成因性指标结构

3. 学术产品营销传播能力成因性指标研究

（1）学术产品营销传播能力成因性指标的要素点

参照开放编码的步骤，对10个被访谈者的相关文本资料进行逐句的阅读，提取与"学术产品营销传播能力成因"的有关语句，进行开放编码。具体如下所示。

专家A：微信营销是在微信上发一个学术产品营销的信息，但在微信上有多少是你的专业用户？你发了之后专业用户是不是能看到？微信一天有那么多，谁会时时盯住？除非你能找到专业作者，这是一个很重要的问题。如果这一步做好了，我们的专业图书的销售还是会有一个较大的进展。

专家B：学术图书营销方面我觉得要针对特定群体，现在各种媒体也比较发达，比如说自媒体。

专家C：这么一开的话呢，把媒体都请来了。

专家D：检索，然后就看到了。还有，我觉得微信朋友圈的影响力很大。他们推荐的网站影响力还是挺大的，比如澎湃新闻客户端。微信朋友圈还真是不能忽视。

专家 F：传播能力建设是什么？就是你的宣传能力、发行能力。

专家 G：当然起码的营销还是有的，像广告、宣传活动。

专家 H：学术图书受众面相对较窄，这就意味着营销工作目标性更明确，要有针对性地做宣传推进工作。

专家 I：一定是圈子。所以为什么现在又做微信，又做网上读书会，豆瓣里分了好多种，就用这种模式去做。你就靠大众化的铺，根本没用。采用各种新媒体的手段，比如微信公众号。我觉得社科文献要做这种 O2O 的模式，一定比他们都做得更好。而且O2O（线上线下）这种模式就好，因为网上更容易聚集人。比如说某本书，但是可能党要学习，这个小组就要用它。他成立一个读书会以后，有相同爱好的，或者有相同学术背景的都行，我在网上成立这么一个东西，你在北京，我在上海，他甚至在美国，大家可以去聊一些东西，是吧？

专家 J：和百度谈一谈，比如我们和 GOOGLE 是有战略合作的。

（2）学术产品营销传播能力成因性指标关键概念词

在开放编码的基础上，将抽取出来的要素点进行主轴编码，概括出概念词，主要提炼出"重视媒体宣传"和"网络工具"两个关键概念词（见表6-6）。

表6-6　学术产品营销传播能力成因性指标关键概念词分析

概念词	意义单元
重视媒体宣传	1. 而且你是 O2O（线上线下）这种模式就好，一定是这种模式 2. 这么一开的话呢，把媒体都请来了 3. 就是检索，他们推荐的网站影响力还是挺大的

概念词	意义单元
	4. 传播能力建设是什么？就是你的宣传能力、发行能力
	5. 起码的营销还是有的，是吧？像广告、宣传活动
	6. 比如说某本书，但是可能党要学习，小组就要用这个。他成立一个读书会以后，有相同爱好的，或者有相同学术背景的都行，我在网上成立这么一个东西，你在北京，我在上海，他甚至在美国，大家可以去聊一些东西，是吧
网络工具	1. 微信营销也是，但微信上有多少是你的专业用户？你发了之后专业用户能看到吗？微信一天有那么多，谁会时时盯住？除非你能找到专业作者，我觉得这是一个很重要的问题
	2. 比如说自媒体。很多信息都通过微信、微博等传播
	3. 我觉得微信朋友圈的影响力很大
	4. 现在出版社都有自己的微博、微信等，都是不错的方式
	5. 你就又做微信，又做网上读书会，豆瓣里分了好多种，就用这种模式去做
	6. 和百度谈一谈，比如我们和 GOOGLE 是有战略合作的

（3）学术产品营销传播能力成因性指标（二级指标）的核心类别

如表6-7所示，有关"学术产品营销传播能力"的成因性指标，从专家访谈资料中提取的关键概念词分别是"重视媒体宣传"和"网络工具"。将两个概念词进一步连接，发现学术产品的营销传播能力成因性指标为媒体运作能力（二级指标）。

表6-7　学术产品营销传播能力成因性指标（二级指标）

一级指标	二级指标	核心类别
学术产品营销传播能力	媒体运作能力	重视媒体宣传
		网络工具

（4）学术产品营销传播能力成因性指标（三级指标）

学术产品营销传播能力是学术出版的实现性能力。学术出版是对知识进行全方位加工、传输和增值的过程，其终极目标在于传播知识，满足社会各阶层的知识性需求。学术图书的流通情况，决定了目标读者是否能顺畅地找到所需要的东西。学术图书相对其他类型的图书更专业、更枯燥，属于小众图书。张忠杰（2015）和田媛（2011）分析了学术图书读者的特点，他们认为，学术图书的读者具有文化层次高的特点，可以说，其主要的读者群体是知识分子、准知识分子，一般是大学本科以上学历，包括研究生、高校教师、相关研究机构的研究人员等。因此，学术图书的读者群比较狭窄，图书种类多但需求量少。

针对学术图书营销的这两个特点，要最大限度地向潜在的顾客群体传递图书信息，并且方便读者检索。所以，要将新书的相关信息通过网络和其他媒体形式进行充分、合理地发布。

随着互联网以及各种终端技术的发展，传统的通过报纸、杂志等平面媒介进行图书销售的方式已经远远不能满足出版社的营销需求。如今，微博、微信改变了人们获取资讯和沟通的方式。如何积极、有效地利用这些自媒体平台进行图书推广与品牌形象建设，对出版社未来的发展有着十分重要的现实意义。自媒体传播不受时间和空间的制约，传播速度快、交互性强，有利于不同主体间的互动，容易实现粉丝的二次传播。聂静（2013）认为，微信平台可以更加突出营销服务的人性化。"听众"可以通过语音、文字、图片、视频等方式随时同出版社展开点对点的沟通，这种营销相对于微博营销更精确、有效，互动性更强。同时，"听众"可以对出版社推送的感兴趣的图书信息在第一时间进行评论、分享。而针对学术图书相对枯燥、专业的特点，微信为用户提供了友好的界面、良好的互动体验，新推出的二维码功能，更是将微信内容做了很好的延伸。这非常有利于实现学术著作的多媒体化，加快对学术知识的理解和传播，对于学术出版的数字化转型具有极大的意义。周蕾（2012）认为，大学出版社可以通过微信平台打造全方位、立体化的社交网络，通过和受众建立私密社交，打通每个受众的现实社交网络，以朋友关系链构建消费者群体，并不断渗透新近加入的陌生人，实现跨平台、跨人群、定点周边用户的多极化传播。何凤辉（2015）认为，一方面，出版社官方微信界面的多功能性有利于其与经销商和零售商的沟通交流。另一方面，微博内容的丰富性既有利于将图书内容传递给读者，同时也方便了读者对于图书的二次传播。而且通过多次微博活动增加粉丝数，一定程度上扩大了潜在顾客群体。

在自媒体迅速发展的时代，传统媒体依然有着自媒体所不具备的优势。在新媒体时代之前，学术出版的主要营销传播方式是通过大众媒体的宣传和推介以及渠道发行的模式开展。传统媒体"点对面"宣传的广泛辐射的特性，能够将传播对象推向更广阔的空间，传统媒体凭借在学术出版营销上多年来累积的信息渠道以及打造的高素质人员团队，依然是学术出版营销不可或缺的力量。因此，即使在自媒体时代，注重传统媒体的宣传依然是学术出版机构营销的重要手段。

综上所述，出版社应该加强媒体运作，尤其是自媒体的运作，最大限度地扩大学术产品的营销和传播能力。本研究将"学术产品营销传播能力"一级指标下的二级指标确定为"媒体运作能力"，三级指标分别为"自媒体运作能力"和"传统媒体运作能力"（见图 6 - 5）。

图 6 - 5　学术产品营销传播能力成因性指标结构

4. 数字出版能力成因性指标研究

（1）数字出版能力成因性指标的要素点

参照开放编码的步骤，对 10 个被访谈者的相关文本资料进行逐句的阅读，提取与"数字出版能力成因"的有关语句，进行开放编码。具体如下所示。

专家 A：从国外来看也是这样，其实学术图书更适应数字化。

所以出版社应该有这个意识，加强这方面的战略布局。我认为，学术图书数字化应该是一个方向，现在从全局的观点看，是在做专业知识服务这样一个工作。我们单位从今年开始，也在做国家知识服务中心的这样一项工作，这个工作已经在财政部得到了支持。我们以后要把现在这种文献服务转为知识服务。

专家 B：数字出版是行业潮流，既然是潮流就应该去适应它，出版社应该有所布局。

专家 E：第三个就是数字出版体制。这是一个大问题，数字出版体制不是三两天就能改变的。我个人觉得初步探索的时候肯定还是分开做的，就是纸质书编辑部还是纸质书编辑部，新媒体部还是新媒体部，但是长远看不可能是这个样子。长远看现在我们国外的一些大社，它就是按产品来分类了。比方说社会科学文献出版社分三大产品部，第一大产品部是社会学产品部，或者叫社会科学产品部；第二大产品部是人文学科产品部；第三大产品部是畅销书产品部。在每一个产品部下，其实就是生产方式、生产流程全变了，在进入约稿、编辑环节以后，全媒体的人就全上了。文字编辑、图片编辑、图表编辑、音频编辑、视频编辑是一起工作的。你做音频，他做视频，我来负责文字、图表，我们一起来做这个产品。现在不是这样的，现在是纸质的都做完了，交给新媒体（部门）进行数字化。那叫数字化（digitalize），不叫数据化（data），千万要分清这个概念。

专家 F：我觉得从出版能力角度来说，就是他的产品是否做了数字化。

专家 G：首先你要把你的书进行数字化，在我们单位它就叫 ERP 同步，是吧？纸质书和数字书同时出版，你肯定要投入。我们专门有部门必须做这个。

专家 H：很多出版社也在摸索适应数字出版发展的形式，如何有效地把自己的产品以数字化的形式推广出去。

专家 J：做数字化时内部有一个独立的数字化的部门。原因很简单，我们的版权保护太差了，因为大家都知道网络传播的强大功能，一个人 copy，全世界都是。

（2）数字出版能力成因性指标关键概念词

在开放编码的基础上，将抽取出来的要素点进行主轴编码，概括出关键概念词"数字化出版战略"（见表 6 - 8）。

表 6 - 8　数字出版能力成因性指标关键概念词分析

概念词	意义单元
数字化出版战略	1. 出版社应该有这个意识，加强这方面的战略布局 2. 出版社应该有所布局 3. 第三个就是数字出版体制。这是一个大问题，数字出版体制不是三两天就能改变的。我个人觉得初步探索的时候肯定还是分开做的，就是纸质书编辑部还是纸质书编辑部，新媒体还是新媒体部，但是长远看不可能是这个样子。长远看现在我们国外的一些大社，它整个就是按产品来分类了 4. 他的产品是否做了数字化 5. 我们专门有部门必须做这个 6. 很多出版社也在摸索适应数字出版发展的形式 7. 做数字化时内部有一个独立的数字化的部门

（3）数字出版能力成因性指标（二级指标）的核心类别

有关"数字出版能力"的成因性指标，从专家访谈资料中提取的关键概念词分别是"数字出版部门"、"数字出版布局"、"数字出版体制"三大方面。将三个概念词进一步归纳，发现数字出版能力成因性指标（二级指标）为数字化出版战略（见表 6 - 9）。

（4）数字出版能力成因性指标（三级指标）

数字出版已经成为包括学术出版在内的整个出版业的大趋势，目前，数字出版尚处在起步阶段。国家新闻出版广电总局分别于 2014 年和 2015 年开展两次转型示范评估，本着起步较早、思路清晰、成效明显

表6-9 数字出版能力成因性指标（二级指标）

一级指标	二级指标	核心类别
数字出版能力	数字化出版战略	数字出版部门
		数字出版布局
		数字出版体制

的标准共评出125家"数字出版转型示范单位"，探索开辟传统出版业升级转型之路。武汉大学的朱静雯（2015）通过对全国584家出版社数字出版部门设置情况及数字出版战略进行深入调查，发现在有组织结构说明的256家出版社中，102家出版社设有独立的数字出版部门。数字出版部门的设置体现了当前学术出版机构对于数字出版的重视程度以及数字出版的战略明确性。考虑到独立数字出版部门的设置与出版机构数字化出版战略具有高度相关性，并且体现了出版机构对数字出版的重视程度，本研究将"有无独立数字出版部门"设为表征数字化出版战略的三级指标。

最终，本研究将数字出版能力这一一级指标下的二级指标确定为"数字化出版战略"，三级指标确定为"有无独立数字出版部门"（见图6-6）。

图6-6 数字出版能力成因性指标结构

5. 国际出版能力成因性指标研究

（1）国际出版能力成因性指标的要素点

参照开放编码的步骤，对10个被访谈者的相关文本资料进行逐句的阅读，提取与"国际出版能力成因"的有关语句，进行开放编码。具体如下所示。

专家 A：从长远来看，学术图书是不是真能走出去？光出去了还不够，要进去，进到人家的阅读的终端，甚至进入家庭，进入学者的书房。学术著作走出去，关键的问题是我们学术研究的水平问题和价值问题。比如，学术研究的话题是国际性的话题，你想要走出去，就必须要站在国际学术研究的前沿，才可能走出去。你的研究比人家都落后好多年了，你走出去干吗？在共同关心的话题这个背景下，研究应该处在国际的领先水平，我觉得中国学术图书真正走向海外的关键是我们的学术要立起来。如果你既不开创性地引领，又不站在学术前沿，你还想用一套独立的话语体系，那别人听起来就像自说自话。你说的他也不懂。

专家 B：很多出版社也特别重视，这应该是一种国家层面的战略，也落实到企业层面上了。我认为最重要的还是质量，多出优秀的图书。跟国内的情况相似，如果我们的学术图书能进入国外的大学课堂和大学图书馆，这应该体现出我们的图书质量真的提高了。

专家 C：想走出去，首先我得把这个出版社，这个学术机构打造成一个非常有实力、有影响、有特色的一个东西来，你只有在这种情况下走出去才能够比较顺利。如果没有这方面的学术准备和学术底蕴，走出去也会出笑话，你没法跟人沟通。但是我觉得，你这东西好，人家肯定要来找你，我不找他，他也来找我。从宏观上来说，走出去，你就得有自己的好的东西。

专家 E：中国学者要走出去也好，中国的出版社要走出去也好，第一步都是要跟知名出版社联合。第二步，我觉得我们的出版社要真正走出去就必须要本地化，要 localize，你的国际化必须是本地化的。因为我始终相信这个观点，就是 globalize 的同时必须是 localize。所以有一个新的名词，即把这两个词合在一起，叫 glocal-ize。这个词我是很同意的，你说社会科学文献出版社永远只是在中国，你在英国和美国都没有自己的 local 的社，你就很难办。

专家 F：国家不给你钱，你有没有这个能力，就是说我从国际市场上挣得的利润。然后，你在国际市场上发行的英文、日文和俄文的学术书总共能够发行多少册？其实这都是能力建设。如我是一个谈古希腊艺术的高精尖的知识分子，我能立足于欧洲和美国的英文市场？我能够获得欧美艺术馆这帮高精尖学者的认可？就这条，你要是得不到他们的认可，那咱们就不谈了，说明你没有学术出版能力和国际出版能力。

专家 G：商务印书馆很重视出版"走出去"，成效还是挺大的。

专家 H：中国出版走出去，现在确实从上到下都很关注。但是怎么做，怎么能真正走出去，不是光烧钱就能解决的问题。近些年"引进来"做得比较好，现在从总局开始就很重视"走出去"，投入很大，也见了一些成效。但是实际工作中还要踏实，考虑推哪些东西，了解自己的资源，以及对方需求。现在有些出版社已经在收购海外的公司，也可以看作是在探索多种渠道。很多出版社的国际出版规模还比较小，例如现在还没有独立的国际出版部门，目前还是零散地分布在其他部门。这可能需要做大规模后再整合。

专家 I：肯定内容得是人家感兴趣的，内容是最重要的。还有就是像这种渠道，还得靠大的背景。我们走出去都说了 10 年了吧？现在，真的要抓住"一带一路"战略。所以我就说这种渠道的话，一方面它有物理层面的因素，另一方面还有政治层面的因素。要去走这条路，尤其是人文社科类。

专家 J：我们都知道另一个出版构想是建立自己的声誉，它很困难，也需要时间，这个声誉的建立来自你的质量。

（2）国际出版能力成因性指标关键概念词

在开放编码的基础上，将抽取出来的要素点进行主轴编码，概括出五个关键概念词，分别是"重视"、"战略"、"声誉"、"质量"、"真正走出去"（见表 6 - 10）。

表 6 - 10　国际出版能力成因性指标关键概念词分析

概念词	意义单元
重视	1. 中国出版走出去，现在确实从上到下都很关注 2. 很多出版社也特别重视，这应该是一种国家层面的战略，也落实到企业层面上了 3. 商务印书馆很重视出版"走出去"
战略	globalize 的同时必须是 localize
声誉	1. 把它打造成一个非常有实力、有影响、有特色的一个东西来，你只有在这种情况下走出去才能够比较顺利 2. 你要是得不到他们的认可，那咱们就不谈了，说明你没有学术出版能力和国际出版能力 3. 这个声誉的建立来自你的质量
质量	1. 学术著作走出去，关键的问题还是在于我们学术研究的水平和价值问题 2. 我认为最重要的还是质量，多出优秀的图书 3. 肯定内容得是人家感兴趣的，内容是最重要的
真正走出去	光出去了还不够，要进去，进到人家的阅读的终端，甚至进入家庭，进入学者的书房

（3）国际出版能力成因性指标（二级指标）的核心类别

将五个关键概念词进行连接，最终形成两个核心类别，分别是"国际出版战略"和"国际出版产出能力"（见表 6 - 11）。

表 6 - 11　国际出版能力成因性指标（二级指标）

一级指标	二级指标	核心类别
国际出版能力	国际出版战略	国际出版战略
	国际出版产出能力	国际出版产出能力

（4）国际出版能力成因性指标（三级指标）

学术出版走出去，首先要重视国际出版，进而解决如何实现国际化的问题。在出版机构的组织架构中设立独立的国际出版部门，体现了出版机构对国际出版的目标、路径等战略性问题有清晰的规划，体现出对国际出版的重视程度。因此，将"有无独立国际出版部门"作为二级指标"国际出版战略"下的三级指标（见图6-7）。

图6-7 国际出版能力成因性指标结构（一）

明确了国际出版战略之后，真正实现"走出去"取决于国际出版的产出能力，优化学术产品的选题，提升编辑加工能力，出版高质量的学术产品。正如专家们在访谈中重点提到的国际出版物的质量问题。

近几年国家加大资助力度，积极推动中国出版"走出去"。实施了"经典中国国际出版工程"和"国家社科基金中华学术外译"等项目，以此推动优秀的出版物走出国门，在国际图书舞台上"讲好中国故事"、"传播好中国声音"。只有具备较高水平的国际出版产出能力，才能生产出优质的国际出版物。反之，优秀的国际图书出版数量在很大程度上能够表征出版机构的国际出版产出能力。

因此，将"优秀国际图书出版数量"作为二级指标"国际出版产出能力"下的三级指标，以此来反映出版机构的国际出版产出能力（见图6-8）。

图6-8 国际出版能力成因性指标结构（二）

结合前文分析，国际出版能力的成因性指标下共有两个二级指标，分别是"国际出版战略"和"国际出版产出能力"，二级指标下属的三级指标分别为"有无独立国际出版部门"和"优秀国际图书出版数量"。最终生成国际出版能力成因性指标结构（见图6-9）。

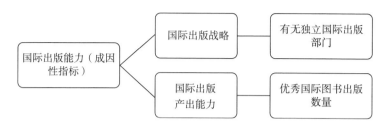

图6-9　国际出版能力成因性指标机构

（五）结果性指标体系研究

评价学术出版能力的结果性指标，即学术出版能力的最终成效，是五大基本能力的直接表达。因此，要确定结果性指标，即提取能够反映"学术出版资源整合能力"、"学术产品加工能力"、"学术产品营销传播能力"、"数字出版能力"、"国际出版能力"结果的指标。根据学术出版能力的内涵和基本概念模型可以看出，学术出版能力评价的结果性指标，即各个基本能力中应该"实现"的部分。前文中将学术出版能力的五个维度划分为两组，"学术出版资源整合能力"、"学术产品加工能力"、"学术产品营销传播能力"是基础能力，"数字出版能力"和"国际出版能力"是引领性能力。

因此，在结果性指标体系的研究中，基础能力部分按照"整合资源—加工—营销传播"的路径来研究。分别提出这三个环节应该实现的成果，能够体现整合资源、加工、营销传播成效的指标作为结果性指标。引领性能力在前文所提出的概念中已经明确了应该实现的目标，分别是"开发出数字产品和新的产品服务模式"和"提升中国学术国际传播能力"。所以，结果性指标的提出能够体现出学术出版的五大能力。

1. 学术出版资源整合能力结果性指标研究

（1）学术出版资源整合能力结果性指标的要素点

参照开放编码的步骤，对10个被访谈者的相关文本资料进行逐句的阅读，提取与"学术出版资源整合能力结果"有关的语句，进行开放编码。具体如下所示。

专家 A：整合能力跟出书的数量成正比，整合得好自然出的书就多。

专家 B：资源整合主要是把各种作者资源、书稿资源都能够充分利用起来，生产出更多的产品。当然，选题策划得好可能就会出很多的精品，形成自己的品牌，比如，社会科学文献出版社的皮书品牌就做得非常成功。

专家 C：整合资源的目的是出更多的好书。因而，衡量资源整合能力主要看出了多少书。

专家 D：学术出版目前的问题是出好书，形成自己的品牌图书，当然数量也是一个重要的方面。

专家 E：资源整合能力强能够聚集更多的作者资源，能够出版更多的书。反之，出版学术图书的数量也能够在一定程度上印证整合资源的能力。

专家 F：当前学术出版资源很多，但是整合、策划还有很大的问题，真正的品牌不多。我觉得学术出版的品牌能够在很大程度上反映出版社资源整合的成效。

专家 H：资源整合主要靠选题策划吸引作者愿意把书交给你来出版。因此，一方面体现在量上，另一方面体现在质上。好的作者、好的书稿也是各家出版社争夺的焦点。

专家 J：评价资源整合能力，主要看出书的情况。我们常说"多出书，出好书"，就是看出版社出书的数量，这一点这几年国内的出版社做得不错，学术图书出版数量直线上升。但是，真正在质量上还有很大的提升空间，真正形成品牌的还不是很多。

（2）学术出版资源整合能力结果性指标关键概念词

在开放编码的基础上，将抽取出来的要素点进行主轴编码，概括出两个关键概念词，分别是"图书数量"和"图书质量"（见表6-12）。

表6-12　学术出版资源整合能力结果性指标关键概念词分析

概念词	意义单元
图书数量	1. 整合得好自然出的书就多 2. 生产出更多的产品 3. 主要看出了多少书 4. 数量也是一个重要的方面 5. 出版学术图书的数量也能够在一定程度上印证资源整合能力 6. 资源整合一方面体现在量上，主要靠选题策划吸引作者愿意把书交给你来出版 7. 就是看出版社出书的数量
图书质量	1. 选题策划得好可能就会出很多的精品，形成自己的品牌 2. 学术出版目前的问题是出好书，形成自己的品牌图书 3. 学术出版的品牌能够在很大程度上反映出版社资源整合的成效 4. 另一方面体现在质上，一些好的作者、好的书稿也是各家出版社争夺的焦点 5. 国内的出版社做得不错，学术图书出版数量直线上升，但是在质量上还有很大的提升空间，真正形成品牌的还不是很多。

（3）学术出版资源整合能力结果性指标（二级指标）的核心类别

结合前文所得出的两个核心概念词，提出学术出版资源整合能力结果性指标的核心类别为"学术出版规模"和"品牌图书打造"。经过分析，二者无法进一步连接，因而分别作为学术出版资源整合能力结果性指标的二级指标（见表6-13）。

表6-13　学术出版资源整合能力结果性指标（二级指标）

一级指标	二级指标	核心类别
学术出版资源整合能力	学术出版规模	学术出版规模
	品牌图书打造	品牌图书打造

（4）学术出版资源整合能力结果性指标（三级指标）

优秀学术出版资源的稀缺性和出版业"内容为王"的规律性，意味着学术出版机构首先要聚集优秀的学术出版资源，包括维护优秀的作者群体，争取更多的优秀的书稿。学术出版资源的整合能力最终要通过学术出版规模来体现。聚集的学术出版资源较少或者整合能力较差，自然不可能使学术出版达到很大的规模。学术出版规模主要体现在出版学术图书的种类上。

品牌图书的打造是出版社品牌提升的重要组成部分，品牌图书也是出版社品牌的一种体现。品牌图书决定了出版机构在多大程度上被各界所认可，也是出版社的核心竞争力之一。

因此，本研究将学术出版资源整合能力的二级指标确定为"学术出版规模"、"品牌图书打造"。三级指标确定为"出版学术图书种类"、"有无品牌学术图书"（见图 6 - 10）。

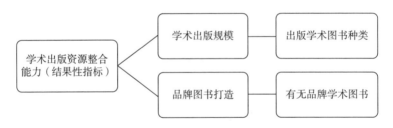

图 6 - 10　学术出版资源整合能力结果性指标结构

2. 学术产品加工能力结果性指标研究

（1）学术产品加工能力结果性指标的要素点

参照开放编码的步骤，对 10 个被访谈者的相关文本资料进行逐句的阅读，提取与"学术产品加工能力结果"有关的语句，进行开放编码。具体如下所示。

　　专家 A：学术图书编辑加工主要是编校（改正书稿差错）工作，同时形式上符合一般的学术规范。例如，参考文献格式、注释的规范性。

专家 C：学术图书的主要读者是学者，主要用作研究。因此，编辑加工要符合一般的学术范式，便于学术的传播。但是，一般的书稿在这方面往往不完善，这就需要出版社对书稿进行加工。同时，要对文中的一些字、词、标点等错误进行改正。

专家 D：编辑加工主要是形式上的，尽管也可以对作品的内容有一定的提升，但这不是主要的，对于编辑而言主要校对文中的字词、句子。同时，把书稿进行适当的加工使之适合出版。

专家 F：出版社对书稿的加工主要是把原始书稿加工成规范化的图书，包括著作的构成要素，如装帧质量等。

（2）学术产品加工能力结果性指标关键概念词

在开放编码的基础上，将抽取出来的要素点进行主轴编码，概括出三个关键概念词，分别是"形式"、"规范"和"校对差错"（见表 6 - 14）。

表 6 - 14 学术产品加工能力结果性指标关键概念词分析

概念词	意义单元
形式	1. 编辑加工主要是形式上的 2. 编辑加工要符合一般的学术范式
规范	1. 同时形式上符合一般的学术规范 2. 出版社对书稿的加工主要是把原始书稿加工成规范化的图书
校对差错	1. 改正书稿差错 2. 要对文中的一些字、词、标点等错误进行改正 3. 主要校对文中的字词、句子

（3）学术产品加工能力结果性指标（二级指标）的核心类别

结合前文所得出的三个关键概念词，进行分析和连接，提出学术产品加工能力结果性指标的核心类别为"形式规范"和"差错率"。考虑到国家新闻出版广电总局对有关图书的差错率有明确的上限规定，因此，差错率不作为评价指标，而将学术出版规范性作为二级指标（见表 6 – 15）。

表 6 – 15　学术产品加工能力结果性指标（二级指标）

一级指标	二级指标	核心类别
学术产品加工能力	学术出版规范性	形式规范
		差错率

（4）学术产品加工能力结果性指标（三级指标）

学术出版机构对于学术产品的加工主要包含学术水准的提升和形式质量的提高。正如我们在成因性指标研究中得出的结论，编辑资源是学术产品加工的主要力量。如果说责任编辑对于内容质量的提升有一定难度的话，那么规范注释、引文、索引等基本学术要件则是学术产品加工的必要职责。相对于一般出版物而言，学术著作的编辑出版，尤其需要严格规范。魏晓虹（2004）认为，"唯陈言之务去"自然是一种很高的境界，但在学术积累比较深厚的今天，辞必己出的可能性极小。尤其是人文社会科学的研究程序和选题方法，引用和参考他人的观点是不可避免的。陈小文（2012）认为，学术著作不同于其他著作（比如文艺作品）的一个显著特征是它的征引性。这种征引包含两个方面：一方面是学术著作对他人的征引，另一方面是学术著作为他人所征引。征引性要求作品内容和形式必须具有严肃和严格的特征，其编辑出版也必须具有严肃和严格的特征。引文、注释、参考文献、索引等是学术著作不可或缺的重要组成部分，体现了学术研究的真实性、科学性与传承性，体现了对他人成果的尊重，是反映学术著作出版水平的重要内容。在国外，没有索引的图书是难以正式出版的。原新闻出版总署于 2012 年 9 月发布的《关于进一步加强学术著作出版规范的通知》指出，对于引文、注释、参考文献、索引等要件，必须加强出版规范、严格执行国家相关标准，切实保障内容质量、编校质量、装帧设计质量、印制质量等。《关于印发教育部社会科学委员会〈高等学校哲学社会科学研究学术规范（试行）〉的通知》指出，引文应以原始文献和第一手资料为原则。凡引用他人观点、方案、资料、数据等，无论是纸质或电子版，均应详加注释。引文详加注释，表现出研究者对他人研究成果的认可和尊重，也显示出自己研究成果的起点和进展。详细的引文注释，一方面表明引文真实可靠，有据可查；另一方面显示出研究成果的信息量，给读者提供了本研究的相关资料，拓展读者的学术视野，为问题的深入研究提供线索。如果缺乏引文注释，就割断了学术研究的传承性，使人无从判断其源流和发展。所以在编辑工作中，要尊重他人的知识产权，要重视学术征引、学术注释，正本清源，推动学术进步和学术创新。王昌度（2005）认为，创新是在继承的前提下发生的。因此，在学术论著中首先说明前人的相关研究，引用前人的研究成果并注明文献出处，是学术研究最基本的要求。这就要求编辑人员在工作中不仅要提醒作者规范地标注注释或引文，而且还要对论著中应标注而未标注的地方向作者提出改正的要求。曹丽华（2010）则认为，编辑是学术规范的鼓唱者、鉴定者、把关者。

因此，将学术产品加工能力的二级指标确定为"学术出版规范性"，规范性主要体现在引文、注释、参考文献以及索引等学术著作所必备的基本要件。三级指标确定为学术图书基本要件完备率（见图6-11）。

图6-11　学术产品加工能力结果性指标结构

3. 学术产品营销传播能力结果性指标研究

（1）学术产品营销传播能力结果性指标的要素点

首先，进行开放编码，对10个被访谈者的相关文本资料进行逐句的阅读，抓取访谈获得的信息中与"学术产品营销传播能力结果"有关的要素。具体如下所示。

专家 A：学术图书消费的主要群体是跟学术有关的从业人员，比如说科研工作者、高校教师等。因此，学术图书最主要的销售渠道就是图书馆。

专家 B：学术图书营销首先要确定主要的读者，主要的读者肯定是跟学术相关的人。各类图书馆是这类群体获取学术图书的主要渠道。

专家 E：学术图书的营销推广是重点，国外经历让我觉得更重要的是图书馆，就是这种群体消费。

专家 F：学术图书与教育类图书、大众类图书不同之处在于它是小众的，属于精英读物，因为主要购买者是一些学术图书馆。

专家 J：学术图书其实只有一种途径，去图书馆。毕竟学术图书的读者群体有限，普通大众阅读很少会涉足学术图书。

（2）学术产品营销传播能力结果性指标的关键概念词

在开放编码的基础上，将抽取出来的要素点进行主轴编码，概括出两个关键概念词，分别是"图书馆"和"消费人群"（见表 6 - 16）。

表 6 - 16　学术产品营销传播能力结果性指标关键概念词分析

概念词	意义单元
图书馆	1. 国外经历让我觉得更重要的是图书馆，就是这种群体消费 2. 学术图书其实只有一种途径，去图书馆 3. 学术图书最主要的销售渠道是图书馆 4. 各类图书馆是这类群体获取学术图书的主要渠道 5. 主要购买者是一些学术图书馆
消费人群	1. 学术图书的读者群体有限，普通大众阅读很少会涉足学术图书 2. 学术图书消费的主要群体是跟学术有关的从业人员 3. 学术图书营销首先要确定主要的读者，主要的读者肯定是跟学术相关的人

（3）学术产品营销传播能力结果性指标（二级指标）的核心类别

将两个关键概念词进行连接，最终形成一个核心类别，即"馆配市场表现"，作为学术产品的营销传播能力结果性指标的二级指标。

（4）学术产品营销传播能力结果性指标（三级指标）

学术出版机构的营销传播能力是实现其学术产品价值的途径，只有具有较高的营销传播能力，将学术产品销售到顾客群体中，才能实现学术产品的社会价值和经济价值。学术著作的受众通常受教育程度较高，顾客受众面较窄。伊静波（2011）将图书的营销渠道分为零级渠道、一级渠道、二级渠道共三种。零级渠道是由专业出版社直接销售给读者，也称为直销；一级渠道包括一个销售中间商，一般为零售书店，如各大新华书店、学术图书书店；二级渠道包括一个批发书店和一个零售书店。零级渠道是（直销策略）由专业出版社直接将学术图书信息传递给读者，并通过邮购、上门推销等方式实现销售。就渠道管理而言这应该是最直接和最有效的策略，但其采用的前提是掌握了大量的专业读者数据。一级渠道策略适合于更多的学术图书出版社，因为就目前我国学术图书的购买对象而言，主要还是集团采购（图书馆或者资料室采购），即图书馆馆配市场。这几年涌现了专业的图书馆馆配商，如湖北三新文化传媒有限公司、北京人天书店有限公司等。还有一级渠道中的零售商（大型零售书城），如西单图书大厦和广州购书中心等，也是学术图书销售的重要渠道。另外，专业特色书店也成为学术图书销售的生力军之一。学术图书的主要销售渠道是各类图书馆，正如访谈中专家 E 和专家 J 也强调了图书馆是学术图书的主要销售目标。

因此，将"馆配市场占有率"确定为学术产品营销传播能力结果性指标的三级指标（见图 6-12）。

4. 数字出版能力结果性指标研究

（1）数字出版能力结果性指标的要素点

开放编码，抓取访谈获得的信息中与"数字出版能力结果"有关

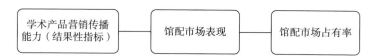

图 6-12　学术产品营销传播能力结果性指标结构

的语句。具体如下所示。

专家 E：2017 年 8 月 18 日，中央出台了新旧媒体融合相关的文件，我个人觉得说得很清楚。而且，我挺赞赏文件制定的水准。首先，文件指出新旧媒体融合要关注两个环节，一个是内容建设，另一个是技术建设，两个环节在同等重要的位置上。像社会科学文献出版社，或者像商务印书馆这些优秀的学术出版社，他们的内容建设一般来讲是没有问题的。现在对于出版社来说，数字化转型最大的问题在技术上。而文件又说了一句话，第一句话是把内容建设和技术建设放在同等重要的位置上；第二句话是坚持先进技术作支撑。这些都需要技术，没有技术是做不到的。所以，我认为现在最重要的是技术因素。其次，我觉得非常核心的因素就是传统出版人的编辑思维要改变。编辑思维要改变是什么意思？过去我们如果出学术书的话，肯定就是文字、图片、图表，我们编辑的要素就是文字、图片、图表。但是现在不是这样的，现在我既然要做数字化转型，现有的学术书是纸质印刷。但是，相当一部分学术书是要把它数字化的，除了文字、图片、图表之外，一定要有音频和视频的编辑系统，我们的编辑还不具备这个能力，这是很要命的。

专家 F：比如，我有一个很好的作品，咱们很多出版社想要买，我就20人，但是我每年拿很好的学术书。然后，我就通过版权贸易直接委托给某个出版社。所以，我觉得还是要看数字出版能力建设，你是不是到纸书出了，电子书也出了，数据库也做了。

专家 G：我们很重视数字出版。人力、财力都具备，这是必需的。

专家 H：加大资金投入很重要，不能只做电子书、建数据库或者简单地将纸质书电子化，这些还远远不够，要做到真正的数字出版。

专家 I：尤其是有品牌的学术出版社，比如社会科学文献出版社，咱们要做的事情是怎样利用好这些技术，怎么样让这些技术为我们服务。我们原来是提供产品，后来是提供纸质产品、数字产品。但是到最后，咱们一定是做专业的或者学术的内容服务商。我如何用这个技术平台，如何用各种各样的数字化的方式或途径去做好我的学术的知识服务。为什么我是服务商？因为我是这方面的专家，我有这方面的资源，我有这方面最权威的知识库，我可以给你做知识服务。然后，你的这些技术都是为我所用的。但是，千万别停留在提供产品阶段。

（2）数字出版能力结果性指标关键概念词

在开放编码的基础上，将抽取出来的要素点进行主轴编码，概括出两个关键概念词，分别是"技术"和"人的因素"（见表 6 – 17）。

表 6 – 17　数字出版能力结果性指标关键概念词分析

概念词	意义单元
技术	1. 我如何用这个技术平台，如何用各种各样的数字化的方式或途径去做好我的学术的知识服务 2. 最大的问题在技术上
人的因素	1. 人力、财力都具备，这是必需的 2. 传统出版人的编辑思维要改变

（3）数字出版能力结果性指标（二级指标）的核心类别

如前文所述，数字出版并没有改变出版的本质，我们确定了数字出版能力结果性指标是要有明确的数字化出版战略。那么，结果性指标自然是数字出版转型的成效，即数字化建设水平。有关专家在访谈中认为，在数字出版转型中，财力和人力的投入巨大，也提到了"技术"、"技术平台（建设）"、"人、财、物"投入、"硬件"建设等对于数字出版的重要性。

因此，将关键概念词进行连接，归纳为一个核心类别，即"数字化建设水平"，并确定为数字出版能力结果性指标的二级指标。

（4）数字出版能力结果性指标（三级指标）

近些年，为鼓励、推动出版机构实施数字化转型，扶持出版机构数字化建设，国家层面陆续实施了"数字出版转型示范单位"、"国家数字复合出版系统工程应用试点单位"、"专业数字内容资源知识服务模式试点单位"系列评选。对申报机构在数字出版方面的战略规划、组织管理、选题策划、采编、制作、加工、资源管理和发布运营等各出版业务环节，以及已有的数据库建设、数字图书加工成效等方面进行综合评估。其中，申报机构的数字化建设水平是重要评价指标。《国家数字复合出版系统工程应用试点单位申报指南》中要求，申报单位具有机房和网络条件；申报单位已经开展数字出版的相关业务；申报单位具有除ERP系统之外的出版业务系统；申报单位获得"数字出版转型示范单位"称号。《专业数字内容资源知识服务模式试点单位申报指南》要求申报单位具备一定的数字出版基础，申报单位应已完成数字化转型升级流程再造软硬件的部署，在资源建设、产品研发、知识服务等方面已进行探索，拥有较为成熟的数字出版产品。申报单位在申请试点领域时应具备一定规模的数字化资源储备，包括以下几个方面：已建有数字化资源数据库，并有精准明确分销渠道，数据库资源条目数量在5万条以上；已完成结构化加工的图书不少于3000种，图片资源不少于1万张，音视频资源不少于100小时。《全国数字出版转型示范单位评估材料》对出版机构的信息化建设水平、数字加工能力提出了要求。通过评估，对入选出版机构予以进一步扶持，达到扶优助强、鼓励创新、示范推广的目的，成为考核申报单位的重要依据。社会科学文献出版社、法律出版社等一批专业出版机构先后入选数字出版资助项目。国家层面对入选出版机构予以了不同形式的扶持，可以说入选国家层面的"数字出版资助项目"的情况能大致反映学术出版机构的数字化建设水平。鉴于出版机构数量众多，获取全国范围内出版机构数字化建设水平相关数据难度过大。而能够成功申报"国家数字复合出版系统工程应用试点单位"、"专业数字内容资源知识服务模式试点单位"、"数字出版转型示范单位"的出版机构在很大程度上其数字化建设水平是获得国家和业内认可的。

因此，将入选"数字出版资助项目"数量情况作为数字化建设水平这一二级指标下的三级指标（见图6-13）。

数字出版能力（结果性指标） —— 数字化建设水平 —— 入选"数字出版资助项目"数量

图6-13 数字出版能力结果性指标结构

5. 国际出版能力结果性指标研究

（1）国际出版能力结果性指标的要素点

开放编码，抓取访谈获得的信息中与"国际出版能力结果"有关的语句。

> 专家A：我觉得学术图书走出去最终还是要看别人是否认可你的东西，怎么就算认可了？人家买了我们的书，我们的书能走进人家的课堂，走进人家的图书馆，这就表明你的东西被人家认可了。我觉得这是非常重要的。
>
> 专家C：现在大家都在说学术出版走出去，怎么样才能算真正的"走出去"，不是我们自己说的，而是要看怎么样被人接纳了，比如说国外的读者喜欢我们的书，我们的书能被别人买去，被别的国家的图书馆收藏了，这就是一种走出去。

专家 D：关于这个问题，我的理解是以前我们的图书走出去做得不是特别好，可以从每年的版权输出的数据中大致看出来。近几年，国家层面特别重视出版"走出去"，开始显现出一些成效，版权输出有所增加。同时，我们的图书也越来越多地走进国外的图书馆。当然从目前看，我们的路还很长。

专家 J："走出去"的成效还是应该看硬指标，让市场说话。图书真的卖了出去，自然就反映出我们的学术出版真正"走出去"了。

（2）国际出版能力结果性指标关键概念词

在开放编码的基础上，将抽取出来的要素点进行主轴编码，概括出两个关键概念词，分别是"被接受"和"图书馆"（见表 6 – 18）。

表 6 – 18　国际出版能力结果性指标关键概念词分析

概念词	意义单元
被接受	1. 人家买了我们的书，我们的书能走进人家的课堂 2. 不是我们自己说的，而是要看怎么样被人接纳了，让市场说话 3. 图书真的卖了出去，自然就反映出我们的学术出版真正"走出去"了
图书馆	1. 走进人家的图书馆，这就表明你的东西被人家认可了 2. 我们的书能被别人买去，被别的国家的图书馆收藏了，这就算是一种走出去 3. 同时，我们的图书也越来越多走进国外的图书馆

（3）国际出版能力结果性指标（二级指标）的核心类别

结合语境，对两个关键概念词"被接受"和"图书馆"进行连接和归纳，得出国际出版能力结果性指标的核心类别为"国际传播能力"。党的十八届五中全会通过的"十三五"规划建议指出，"加强国际传播能力建设，创新对外传播、文化交流、文化贸易方式，推动中华文化走出去"。传播好中国声音，让中华文化走出去，既是向世界展现一个真实的中国，增强中国在国际上的话语权，也是我国积极参与全球治理的客观需要。结合前文对国际出版能力结果性指标的分析，在明晰的国际出版战略和较强的国际出版产出能力下，生产出优秀的国际出版物，最终的结果是中国学术国际影响力的提升，体现出学术出版社良好的国际传播能力。因此，将"国际传播能力"作为国际出版能力的二级指标。

（4）国际出版能力结果性指标（三级指标）

中国文化"走出去"协同创新中心认为，一个国家、一个地区的图书馆系统拥有某本书的数量，代表了这本书在这个国家和地区的馆藏影响力，这种影响力包含了对思想价值、学术水平、作者知名度、出版机构品牌等各种因素的认定。因此，本研究将"国际图书馆藏量"列为国际出版能力的三级指标（见图 6 – 14）。

图 6 – 14　国际出版能力结果性指标结构

最终，结合成因性指标体系研究和结果性指标体系研究，学术出版能力评价的三级指标体系（如表 6 – 19 所示）共计 5 个一级指标，12个二级指标，15 个三级指标。

表 6 – 19　学术出版能力评价三级指标体系

一级指标	二级指标	三级指标	三级指标编号
学术出版资源整合能力	品牌影响力	机构影响力	A1
		出版人影响力	A2
		图书荣誉	A3
	品牌图书打造	有无品牌学术图书	B4
	学术出版规模	出版学术图书种类	B5
学术产品加工能力	编辑资源	责任编辑数量	A6
	学术出版规范性	学术图书基本要件完备率	B7

续表

一级指标	二级指标	三级指标	三级指标编号
学术产品营销传播能力	媒体运作能力	自媒体运作能力	A8
		传统媒体运作能力	A9
	馆配市场表现	馆配市场占有率	B10
数字出版能力	数字化出版战略	有无独立数字出版部门	A11
	数字化建设水平	入选"数字出版资助项目"数量	B12
国际出版能力	国际出版战略	有无独立国际出版部门	A13
	国际出版产出能力	优秀国际图书出版数量	A14
	国际传播能力	国际图书馆藏量	B15

注：A 代表成因性指标，B 代表结果性指标。

第七章　中国学术出版能力实证评价

第一节　评价对象

目前，在学界和业界中对于学术出版机构并没有明确的定义。国内对于学术出版机构的认识更多基于对出版产品范围的大致认识。例如社会科学文献出版社、中国社会科学出版社、中华书局等以学术出版物为主要产品的出版机构通常被业内认同为学术出版机构。本研究为学术出版机构做出如下的定义：学术出版机构是指主要从事学术图书和学术期刊等出版活动的组织。学术出版机构属于专业出版机构，其有别于一般出版机构，最重要的特点体现在专业性。出版物的专业性主要是学术图书和学术期刊。目前，国内出版单位传统的出书范围已经突破了局限，多数出版社都涉足学术出版领域，本研究的初衷在于通过学术出版机构的评价引导学术出版物质量的提升，所面向的群体必然是出版学术图书数量相对较多的出版机构。本研究选取评价对象的主要标准为出版的学术图书，重点关注人文社会科学领域的学术出版能力，因而评价对象为主要出版人文社会科学学术图书种类较多的出版机构。

学术界对学术图书的概念并没有明确的界定。一般意义上的学术著作是指，作者基于某一专业或学科方法研究自然、社会和人的思维现象所形成的作品，并经由出版机构编辑加工而成的图书。学术图书的类型广泛，可以表现为专著、论文集、研究报告、学术译著、古籍文献、学术工具书。本研究以中国版本图书馆 2014 年出版的《全国新书目》为基础数据，同时，结合北京台湖出版物会展贸易中心有限责任公司、北京人天书店有限公司和湖北三新文化传媒有限公司 2014 年的发行数据，形成本次调查相对完整的 2014 年学术图书出版品种数据样本集。按照前述学术图书的定义进行逐条认定，最终确定各家出版社所出版的人文社会科学学术图书数量排名前 100 位的出版机构为本研究评价的学术出版机构。另外，只以 2014 年初版的学术图书数量选取评价对象可能存在一定的不足，考虑到生活·读书·新知三联书店的出版物以社会科学为主，是专业性很强的学术著作，在中国出版界，生活·读书·新知三联书店具有标志性出版风格。因此，将生活·读书·新知三联书店也列入评价范围。由此，本研究的评价范围为 2014 年初版人文社会科学学术图书数量排名前 100 位的出版机构和生活·读书·新知三联书店，共计 101 家出版机构，如表 7-1 所示。

表 7-1　本研究所涉及的评价对象

序号	出版机构名称	序号	出版机构名称	序号	出版机构名称
1	社会科学文献出版社	35	湖北人民出版社	69	华中师范大学出版社
2	中国社会科学出版社	36	民族出版社	70	教育科学出版社
3	北京大学出版社	37	中国时代经济出版社	71	山东大学出版社
4	经济科学出版社	38	中国财政经济出版社	72	上海教育出版社
5	人民出版社	39	南开大学出版社	73	新华出版社
6	中国人民大学出版社	40	南京大学出版社	74	安徽大学出版社
7	法律出版社	41	机械工业出版社	75	云南大学出版社
8	科学出版社	42	光明日报出版社	76	中国财富出版社
9	知识产权出版社	43	电子科技大学出版社	77	中国统计出版社
10	浙江大学出版社	44	北京师范大学出版社	78	中国商务出版社
11	上海人民出版社	45	高等教育出版社	79	国家图书馆出版社
12	中国政法大学出版社	46	山东人民出版社	80	湖南大学出版社

序号	出版机构名称	序号	出版机构名称	序号	出版机构名称
13	商务印书馆	47	浙江工商大学出版社	81	文物出版社
14	上海古籍出版社	48	中国书籍出版社	82	中国发展出版社
15	经济管理出版社	49	黑龙江人民出版社	83	中国农业科学技术出版社
16	中央编译出版社	50	中信出版社	84	安徽师范大学出版社
17	中国经济出版社	51	中国文史出版社	85	重庆出版社
18	上海三联书店	52	中央民族大学出版社	86	世界知识出版社
19	四川大学出版社	53	对外经济贸易大学出版社	87	文化艺术出版社
20	中国金融出版社	54	中国传媒大学出版社	88	译林出版社
21	复旦大学出版社	55	中国社会出版社	89	中国建筑工业出版社
22	武汉大学出版社	56	东北大学出版社	90	中国文联出版社
23	中国农业出版社	57	东南大学出版社	91	河北大学出版社
24	中华书局	58	中国言实出版社	92	经济日报出版社
25	广西师范大学出版社	59	宗教文化出版社	93	首都经济贸易大学出版社
26	吉林大学出版社	60	苏州大学出版社	94	中国林业出版社
27	世界图书出版广东公司	61	华中科技大学出版社	95	中国水利水电出版社
28	中国检察出版社	62	暨南大学出版社	96	江西人民出版社
29	西南财经大学出版社	63	清华大学出版社	97	兰州大学出版社
30	厦门大学出版社	64	合肥工业大学出版社	98	广西人民出版社
31	上海交通大学出版社	65	中国人民公安大学出版社	99	九州出版社
32	上海社会科学院出版社	66	中山大学出版社	100	武汉出版社
33	西南交通大学出版社	67	国防工业出版社	101	生活·读书·新知三联书店
34	中国法制出版社	68	华东师范大学出版社		

第二节　学术出版五大能力指标数据获取

一　数据获取原则

（一）数据可得性和权威性兼顾的原则

本研究尽可能选取权威机构发布的、主管单位掌握的、出版机构官网公布的数据，保证了数据的权威性和评价结果的可信性、科学性。

同时，由于学界对于本研究所涉及的问题较少，可供查阅的资料也相对缺乏，数据获取存在诸多困难。因此，考虑到数据的可得性，本研究在数据选取过程中尽可能地选取有代表性的数据，而忽略可能存在的细微遗漏。

（二）学科特性与出版行业共性兼顾的原则

本研究的评价对象主要为以出版人文社会科学领域图书为主的学术出版机构。一方面，在数据选取中本研究充分考虑了专业领域的区分。例如，在一级指标学术出版资源的整合能力中，其三级指标图书荣誉具有明显的专业色彩，因此我们只选取了人文社会科学领域的有关数据。另一方面，数字出版能力等指标的专业色彩较为淡化，在研究过程中我们不做领域甄别。

（三）数据效用的累积性与现实性兼顾的原则

1. 成因性指标在数据选取上主要着眼于累积性特征

本研究所评价的学术出版能力，着眼点在于当前出版机构的现状。由于出版机构所具备的能力是多年发展的结果，因而，某些成因性指标考虑到其作为某项学术出版能力的根源是经过多年的积淀而形成。因此，在数据选择上多考虑其历史的累积性，其中表 6 – 19 中三级指标 A1、A2、A3、A14 在数据分布上呈现年度离散型。例如，A3（图书荣誉）这一指标可以通过一定时间段内的图书荣誉加总而得。这 4 个三级指标的数据采用2011 ~ 2015 年的累计数据。此外，三级指标 A6、A8、A9、A11、A13 的数据年份分布不可知，但是其现状由历史演变而成。例如"有无独立数字出版部门"这一指标，有或无基本可以体现出版机构数字出版战略的现状，因而这 5 个指标在数据选取上即采用当前数据。

2. 结果性指标在数据选取上主要着眼于当前性特征

结果性指标的数据选取应该尽可能地体现当前现状，这些指标主要涉及传统出版，数据不会出现较大的波动。

因此，综合考虑数据的可得性、时效性和年份，使其尽可能保持一致，三级指标 B5、B7、B10、B15 采用 2014 年的数据。本研究考虑到数字出版目前发展较快，数字出版机构年度波动较大，因而三级指标 B12 选用当前数据。

二　数据获取

（一）学术出版资源整合能力指标数据获取

1. 成因性指标

在第五章"学术出版能力评价指标体系研究"中确定了学术出版资源整合能力的三级指标。其中，成因性指标包括机构影响力、出版人影响力和图书荣誉。

（1）媒体的正面报道能够很好地将出版机构好的工作经验传播出去，将企业的管理、营销、文化对外传播，使外界更好地了解企业的核心文化。能够很好地提升机构的影响力，提高出版人的知名度。而影响力的产生需要长时间的宣传累积。因此，三级指标中的机构影响力在数据选取上选用出版机构 2011～2015 年媒体正面报道的总次数。出版人影响力在数据选取上选用出版机构社长（总经理）等法人代表和总编辑在 2011～2015 年间媒体曝光总次数。

（2）本课题主要评价侧重于人文社会科学类学术图书的出版机构，有关反映人文社会科学类学术图书质量的奖项主要有"教育部'高等学校科学研究优秀成果奖'""国家社科基金成果文库""国家社科基金后期资助项目出版成果"，此外"三个一百"原创图书出版工程、"中国政府出版奖"获奖图书中的学术图书也纳入本指标。

因此，在数据选取上，选用出版机构 2011～2015 年期间出版图书获得教育部"高等学校科学研究优秀成果奖"、入选"国家社科基金成果文库"、入选"国家社科基金后期资助项目出版成果"的总数量。①

2. 结果性指标

（1）历史原因决定了中国出版机构大致的出版特色。因而，三级指标"出版学术图书种类"以中国版本图书馆 2014 年出版的《全国新书目》为基础数据，同时，结合北京台湖出版物会展贸易中心有限责任公司、北京人天书店有限公司和湖北三新文化传媒有限公司 2014 年的发行数据，形成 2014 年学术图书出版品种数据样本集，进而逐条筛选。

（2）品牌图书的认定目前没有公认的判定标准。与此同时，诸如生活·读书·新知三联书店的"三联·哈佛燕京学术丛书"、社会科学文献出版社的"皮书系列"是业内公认的品牌学术图书。综合考虑类似的这些公认的品牌学术图书的特点，我们认为品牌学术图书应该具备以下三个特征：一是品牌已经存在一定的时间；二是出版数量达到了一定的规模；三是有一定的影响力。出版机构拥有品牌学术图书的情况采用以下方法进行确认，第一步，由 3 位长期从事一线出版品牌管理的专家对所要评价的出版机构逐家确认并提供品牌图书名单，然后形成调查问卷；第二步，由 7 位图书领域的媒体人（评论人）逐条确认和补充，最终确认了评价对象有无品牌学术图书。

（二）学术产品加工能力指标数据获取

1. 成因性指标

编辑队伍的现状是出版机构经过多年的人才队伍建设所形成的，当前的责任编辑数量能够反映出版机构的责任编辑规模。

---

① 数据来源：网络检索，检索日期为 2016 年 5 月 11 日。

因此，三级指标定义为责任编辑数量，选用出版机构目前在册的责任编辑人数。①

2. 结果性指标

结果性指标的三级指标为学术图书基本要件完备率，采用 2014 年各出版机构所出版的学术图书的 "注释" "参考文献" "索引" 的完备率来进行表征。通过国家图书馆收藏的各家学术出版机构所出版学术图书为抽样样本，确认各项基本要件的完备情况。

（三）学术产品营销传播能力指标数据获取

1. 成因性指标

当前覆盖面和影响力最大的自媒体无疑是微信和微博。在自媒体运作能力这个三级指标的数据上主要采用新浪微博的有关数据。原因在于，相较于微信，新浪微博更适合学术出版物的宣传和营销。微信的实时提醒功能，使它能同时进行传播，微博默认为时间排序，可通过智能排序、热门微博、搜索等功能实现差时传播的效果。微信更多地强调与用户的互动深度；而微博则强调更长的传播链条，更多的转发，更多的粉丝覆盖。微信是一个社会化的关系网络，是强关系弱媒体平台，"用户关系" 是这个网络的纽带，通常是真实的人际关系；微博则是社会化的信息网络，是强媒体弱关系平台，"信息关系" 是这个网络的纽带，媒体属性强，影响范围更广。相较于微信而言，微博可以更多地运用于商业宣传。正如吴军先生曾在《浪潮之巅》里提到过企业基因的观点，新浪的基因就是网络媒体，而腾讯的基因就是社交和聊天工具，微博继承新浪的媒体基因，是一个社交化媒体平台（Social Media Platform）。由于出版机构微信公众号的有关统计信息只能在腾讯公司的后台查询，因此基于数据可得性的原则，获取相关信息难度较大。

---

① 数据来源：国家新闻出版广电总局人事司，检索时间为 2016 年 7 月。

媒体运作需要多年积累才能形成一定的营销能力，出版机构新浪微博的粉丝数量和关注数量体现了该微博自开通后形成的影响力。因而自媒体运作能力这个三级指标采用当前新浪微博的粉丝数和关注数，通过对每家出版机构逐条进行网络检索的方式，获取出版机构新浪微博的粉丝数和关注数。[①]

传统媒体运作能力是百度检索有关学术出版机构的图书在2011～2015年间被报纸、期刊等媒体报道的总次数。当然这里的传统媒体的概念并非仅指报刊、电视、广告等大众媒体，而是一个更为广泛的概念，它包括作者签售、图书专题研讨会、读书交流会、新闻采访等。当然鉴于数据获取难度较大，本研究将选取被各类媒体报道的上述活动作为依据。

2. 结果性指标

结果性指标的三级指标为"馆配市场占有率"。业内每年都会发布各家出版机构在馆配市场的码洋份额、品种份额等相关数据。馆配市场的码洋份额相较品种份额更能体现出馆配市场的占有率。例如，可能会出现品种份额高，馆藏的副本数较少的情况。而码洋份额则更接近实际的销售额。因而本研究采用码洋份额作为"馆配市场占有率"这一指标的指代数据。根据武汉卷藏信息技术有限公司公布的数据，2015年相较2014年，码洋份额排名前10位的出版机构没有发生太大变化（见表7-2）。采用某一年度的数据大致能够反映近5年来出版机构间的码洋比例关系。

图书馆配市场的格局近几年基本趋于稳定。鉴于数据的一致性，本研究采用2014年各学术出版机构馆配市场占有率的数据基本能够反映当前各学术出版机构在馆配市场的表现。

---

① 数据来源：网络检索，检索日期为2016年5月12日。

表 7 – 2　**2015 年码洋市场份额排名 TOP10 及变化**

码洋排名	出版社	码洋排名同比变化（相较于 2014 年）
1	机械工业出版社	—
2	科学出版社	—
3	人民邮电出版社	—
4	清华大学出版社	—
5	电子工业出版社	↑1
6	国家图书馆出版社	↓1
7	化学工业出版社	—
8	社会科学文献出版社	—
9	中国人民大学出版社	↑1
10	北京大学出版社	↓1

注：数据来源于武汉卷藏信息技术有限公司，检索时间：2016 年 7 月。

（四）数字出版能力指标数据获取

1. 成因性指标

根据本研究对各家学术出版机构官方网站的检索，对其公布的组织架构进行判别，"独立数字出版部门"主要表现为学术出版机构在组织架构中专门设立从事数字出版工作的独立部门，主要以"数字出版部""信息化部""数字出版中心"等形态体现。因为三级指标"有无独立数字出版部门"中的"有"或"无"即可表征这一指标的数值，因而选用这一指标"有"或者"无"的当前值。①

2. 结果性指标

当前国家层面的数字出版资助项目主要有："数字出版转型示范单位""国家数字复合出版系统工程应用试点单位""专业数字内容资源知识服务模式试点单位"，其中 2013 ~ 2016 年，"数字出版转型示范单

---

① 数据来源：网络检索各家学术出版机构官方网站，对组织架构等信息进行判别，检索日期为 2016 年 5 月 15 日。

位"共评选了 170 家机构。"国家数字复合出版系统工程应用试点单位"于 2015 年实施，目前共 59 家出版机构入选。"专业数字内容资源知识服务模式试点单位"于 2015 年实施，目前共 28 家出版机构入选。因而，入选"数字出版转型示范单位""国家数字复合出版系统工程应用试点单位""专业数字内容资源知识服务模式试点单位"的出版机构能够反映出入选"数字出版资助项目"的现状。

因此，入选"数字出版资助项目"数量这一三级指标的数据采用当前入选"数字出版转型示范单位""国家数字复合出版系统工程应用试点单位""专业数字内容资源知识服务模式试点单位"的出版机构的数量。①

（五）国际出版能力指标数据获取

1. 成因性指标

（1）根据本研究对各家学术出版机构官方网站的检索，对其公布的组织架构进行判别，"有无独立国际出版部门"主要表现为学术出版机构在组织架构中专门设立从事国际出版工作的独立部门，主要有"国际出版分社""国际出版编辑部""版权贸易部"等组织。因为"有无独立国际出版部门"这一三级指标中的"有"或"无"即可表征这一指标的数值，因而选用这一指标"有"或者"无"的当前值。②

（2）三级指标 A14（优秀国际图书出版数量）提出，目前优秀国际出版物代表的是中国的文化、中国的思想。入选"经典中国国际出版工程"和"国家社科基金中华学术外译"等项目的图书应该说是我国优秀国际出版物中的杰出代表。在其资助范围的筛选中，质量是衡量出版物的重要标准。2015 版《经典中国国际出版工程申报办法》里提

---

① 数据来源：网络检索，检索日期为 2016 年 5 月 18 日。
② 数据来源：网络检索各家学术出版机构官方网站，对组织架构等信息进行判别，检索日期为 2016 年 5 月 18 日。

到了"经典中国国际出版工程"。其资助范围为：体现国家意志、代表国家水准、传承中华文明、反映时代风貌、适合国际传播和提高文化软实力的出版物。重点资助以下几类出版物：以深入阐释习近平总书记重要讲话精神，紧密围绕"三个倡导""中国梦"等基本内容，积极培育社会主义核心价值观为主题的出版物；展现当代中国经济社会发展现状和改革开放成就的出版物；中华优秀传统文化经典著作、理论著作和通俗读物；传播当代中国价值观念、体现中华文化精神、反映中国人审美追求的出版物；代表我国人文社科、自然科学和工程技术等各领域研究成果的出版物。2016 年《国家社科基金中华学术外译申报公告》里提到，旨在集中遴选译介代表中国学术水准、体现中华文化精髓、反映中国学术前沿、传播当代中国价值观念的学术精品，资助中国学者相关成果以外文形式在国外权威出版机构出版并进入国外主流发行传播渠道，有效推动中国学术从积极"走出去"到更好地"走进去"，深化中外学术交流与对话，增进世界了解中国和中国学术，增强中国学术国际影响力和话语权，不断提升国家文化软实力。所以，学术出版机构所出版的图书入选"经典中国国际出版工程""国家社科基金中华学术外译"等项目的数量，体现了出版机构出版国际优秀出版物的能力。

因此，三级指标 A14 的评价数据选用 2011～2015 年间入选"经典中国国际出版工程"项目、成功申报"国家社科基金中华学术外译"项目的图书种类。[1]

2. 结果性指标

北京外国语大学中国文化"走出去"协同创新中心何明星教授研究团队的《中国图书世界馆藏影响力调查报告》已经连续发布三年，该报告基础数据为 OCLC（Online Computer Library Center）公司的在线编目联合目录中的（WORLDCAT）全世界图书馆联机书目数据，参与

---

① 数据来源：网络检索，检索日期为 2016 年 5 月 20 日。

OCLC 的全世界图书馆数量达到 7 万余家，图书馆直接会员数量近
23000 家。涉及全世界 100 个国家和地区，有 470 多种语言，书目数据
约 3 亿条。其中 2015 年发布的报告增加了日本 CiNii 数据库中的数据，
弥补 OCLC 数据偏重欧洲、北美地区而忽略亚洲地区的不足。本次检索
中文图书的出版时间是 2014 年 1 ~ 12 月，监测范围是中国近 600 家出版
社出版的所有中文图书，包括再版图书（不包括我国港澳台地区出版
社）以及中国出版机构相关数据。《中国图书世界馆藏影响力调查报告
（2015 版）》提供的"全球图书馆收藏品种数量"能够反映出中国各家
学术出版机构图书的国际馆藏情况。因此，结果性指标 B15（国际图书
馆藏量）的评价数据采用该报告中的"全球图书馆收藏品种数量"中
的数据。

第三节　评价方法

一　突变理论

从前文可以看出，本研究通过对学术出版能力进行分析，构建了一
个多级、多指标的学术出版能力评价指标体系。因此，对学术出版能力
的评价属于多层次多属性评价。在评价方法上，本研究采用突变级数法
对学术出版能力进行评价。

突变理论是研究不连续现象的一个新兴数学分支，1972 年，法国
数学家雷纳·托姆的新著《结构稳定性和形态发生学》的问世标志着
突变理论的诞生。突变理论自 20 世纪 70 年代创立以来，获得迅速发展
和广泛应用，引起了科学界的重视。它与耗散结构论、协同论一起，在
有序与无序的转化机制上，把系统的形成和发展联系起来，成为推动系
统科学发展的重要学科之一。突变理论主要是根据势函数将临界点分
类，然后研究各种临界点附近非连续性变化状态的特征，该理论通过相

关的数据建立突变模型，使其能够更好地认识内部作用未知系统和不连续现象。同时该理论改变了诸如模糊评价等方法依赖人工设置权重的缺陷，提高了其客观性和科学性在诸多领域中的广泛应用。

突变级数法是在突变理论基础上发展起来的一种综合评价方法，其核心思想是将研究系统的评价模型分解为若干个指标，由低层指标向高层指标逐层综合，再把各层的控制变量代入相应的突变模型中进行归一化计算，实质是一种多维模糊隶属函数，通过归一公式对系统进行综合量化递归运算，最后归一为 1 个参数，即总的隶属函数值，从而得到综合评价结果。

若某个多属性决策系统在任一时刻的状态特征 X 完全由有限个变量 $X_i(i=1，2，\cdots，m)$ 的值来决定，而变量 X_i 又受到下一级变量 X_{ij} ($j=1，2，\cdots，n$) 的影响。我们称变量 X_i 为系统的内在变量，变量 X_{ij} 为系统的外在变量。如果把多属性决策系统里的每一个属性看成是由其相应下层属性的行为变化所决定的状态变量，就可以借助突变模型来研究下层属性（称为控制变量）对上层属性（称为状态变量）的作用机制。简单地说，若一个属性受若干个下层属性的行为变化所控制，则将其视为发生相应突变行为的状态变量。将所研究系统的评价指标进行多层次分解，排列成倒立的树枝状结构，建立起属性递阶层次结构后，在已知最底层属性数据的情况下，通过转换公式将不同物理量纲的属性数据做规范化处理，利用各种初等突变级数模型的归一公式逐步将下层属性的数据转化为相应的上层属性评价参数，即确定下层属性对上层属性的突变隶属函数值，最终求得多属性决策系统总突变隶属函数值，根据总突变隶属函数值便可进行相应决策。将最底层的控制变量代入相应的突变模型中进行归一化计算，并按照"互补"或"非互补"原则计算出该层的突变级数。最后，逐层向上计算各层的突变级数，并根据最高层的突变级数将所研究的系统分级。

二 突变级数法计算步骤

突变级数法的主要步骤如下所示（都兴富，1994；何平、赵子都，1989）。

1. 建立逐层结构模型

根据系统的内在作用机制，将总指标进行多层次分解，先主后次排列成倒立的树枝状结构。逐层向下分解，直至分解到可以计量的指标为止。常用的分解形式如图 7 - 1 所示。图中，x 为状态变量；a、b、c、d 为控制变量。由此可以建立图 7 - 1 所示的多属性决策系统综合评价的属性递阶层次结构。

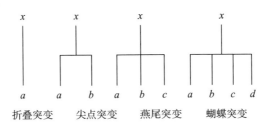

图 7 - 1　突变模型系统

2. 评价指标的无量纲化处理

由于最底层评价指标之间的取值范围和单位量纲均不相同，各指标之间无法进行比较，需将其转变为 0 ~ 1 的无量纲数据。同时，还需将所有的评价指标数据转化为"越大越好"型数据，采用公式

$$x'_i = \frac{x_i - x_{min}}{x_{max} - x_{min}}$$
（公式 7 - 1）

对"越小越好"型数据的无量纲化处理公式为

$$x'_i = \frac{x_{max} - x_i}{x_{max} - x_{min}}$$
（公式 7 - 2）

在公式中：x_i 为评价指标值，x' 为评价指标标准化值；X_{max} 和 X_{min} 分别为各评价指标的最大值和最小值。

3. 归一化公式推导突变系统的势函数为 $f(x)$

通过对 $f(x)$ 求一阶导数,并令 $f'(x)=0$,可得到它的平衡曲面;通过对 $f(x)$ 求二阶导数,并令 $f''(x)=0$,可得平衡曲面的奇点集;由方程 $f'(x)=0$ 和 $f''(x)=0$ 联立求解,可得分歧方程。当各控制变量满足分歧方程时,系统将发生突变。通过分解形式的分歧方程可推导出归一化公式,由归一化公式将各控制变量的不同转化为同一质态,即转化为由状态变量表示的质态。当状态变量不多于2个、控制变量不多于4个时,自然界的各种突变最多可有7种形式(史志富、张安、刘海燕等,2006),常用的几种突变模型如表7-3所示。

表7-3 常用突变模型

突变级数模型	控制变量	状态变量	势函数	归一公式
折叠突变模型	1个	1个	$f(x)=x^3+ax$	$x_a=a^{1/2}$
尖点突变模型	2个	1个	$f(x)=x^4+ax^2+bx$	$x_a=a^{1/2}$ $x_b=b^{1/3}$
燕尾突变模型	3个	1个	$f(x)=\dfrac{1}{5}x^5+\dfrac{1}{3}ax^3+\dfrac{1}{2}bx^2+cx$	$x_a=a^{1/2}$ $x_b=b^{1/3}$ $x_c=c^{1/4}$
蝴蝶突变模型	4个	1个	$f(x)=\dfrac{1}{6}x^6+\dfrac{1}{4}ax^4+\dfrac{1}{3}bx^3+\dfrac{1}{2}cx^2+dx$	$x_a=a^{1/2}$ $x_b=b^{1/3}$ $x_c=c^{1/4}$ $x_d=d^{1/5}$

4. 突变级数的计算

确定控制变量的数目后就可以选择对应的初等突变模型,根据不同模型的归一化公式和最底层评价指标的无量纲数据,可计算出控制变量的中间值,即突变级数值,计算过程中若指标之间无相关性则采用"非互补"原则,即"大中取小";若指标之间具有相关性应采用"互补"原则,即"取平均数"。逐层向上计算突变级数,最终求出总突变级数。

三 学术出版能力评价模型

根据第五章"学术出版能力评价指标体系研究"中构建的学术出版能力评价指标体系构建学术出版五大能力的突变模型。学术出版能力突变结构模型如图7-2所示。

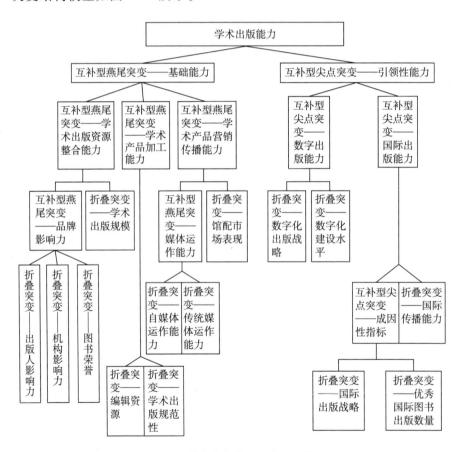

图7-2 学术出版能力突变结构模型

第四节　评价结果及其分析

一　总体结果与结果分析

（一）总体结果

根据构建的学术出版能力评价多层突变模型，得出本研究选定的 101 家学术出版机构在人文社会科学领域的学术出版能力排名、得分以及五项"分能力"得分（如表 7 – 4 所示）。需要说明的是社会科学文献出版社人文社会科学学术出版能力在 101 家学术出版机构中排名第一，更多的是由于其数字出版能力相对于排名靠前的其他学术出版机构得分较高。由于国内数字出版发展时间较短，相对而言还属于新事物，因而出版机构间发展差距较大，这一项指标的得分往往能带动整体得分，比较典型的是知识产权出版社，尽管该出版机构的"学术出版资源整合能力""学术产品加工能力""学术产品营销传播能力""国际出版能力"四项得分均不突出，但是由于数字出版走在行业前列，所以其整体排名比较靠前。

表 7 – 4　101 家学术出版机构在人文社会科学领域的学术出版能力得分与排名

单位：分

学术出版能力排名	出版机构	学术出版能力得分	学术出版资源整合能力得分	学术产品加工能力得分	学术产品营销传播能力得分	数字出版能力得分	国际出版能力得分
1	社会科学文献出版社	0.99797	0.58162	0.57170	0.80269	1.00000	0.93627
2	北京大学出版社	0.95194	0.55466	0.66005	0.81556	0.50000	0.74555
3	中国人民大学出版社	0.95012	0.51420	0.64636	0.78705	0.50000	0.83864
4	科学出版社	0.94998	0.40417	0.82131	0.88840	0.50000	0.86207
5	法律出版社	0.94695	0.50477	0.56187	0.63412	0.90825	0.49731

续表

学术出版能力排名	出版机构	学术出版能力得分	学术出版资源整合能力得分	学术产品加工能力得分	学术产品营销传播能力得分	数字出版能力得分	国际出版能力得分
6	中国社会科学出版社	0.94474	0.57122	0.52669	0.69550	0.50000	0.83549
7	人民出版社	0.94093	0.42803	0.60651	0.67657	0.78868	0.61044
8	北京师范大学出版社	0.93995	0.46019	0.63740	0.62449	0.78868	0.55825
9	浙江大学出版社	0.93926	0.50314	0.69768	0.66180	0.78868	0.40038
10	广西师范大学出版社	0.93856	0.47670	0.54766	0.70360	0.78868	0.49704
11	经济科学出版社	0.92709	0.43736	0.55821	0.57638	0.78868	0.54186
12	清华大学出版社	0.91891	0.22407	0.69062	0.89509	0.78868	0.57895
13	中华书局	0.91787	0.48988	0.51880	0.67943	0.50000	0.58183
14	商务印书馆	0.91772	0.51069	0.61976	0.68521	0.50000	0.46254
15	知识产权出版社	0.91384	0.37905	0.54773	0.55658	1.00000	0.33779
16	高等教育出版社	0.90074	0.26977	0.86748	0.42659	0.78868	0.62033
17	机械工业出版社	0.89698	0.26482	0.68614	0.94041	0.50000	0.45989
18	南京大学出版社	0.88975	0.44491	0.54087	0.58921	0.50000	0.38027
19	中国农业出版社	0.88838	0.32470	0.72039	0.49281	0.90825	0.22467
20	武汉大学出版社	0.88652	0.33001	0.53055	0.58566	0.78868	0.29582
21	生活·读书·新知三联书店	0.88540	0.42446	0.44597	0.62816	0.50000	0.40531
22	中央编译出版社	0.88067	0.35894	0.45096	0.66895	0.50000	0.43583
23	中信出版社	0.88000	0.44759	0.29173	0.76143	0.50000	0.36996
24	华东师范大学出版社	0.87865	0.22317	0.55883	0.59047	0.90825	0.36153
25	上海交通大学出版社	0.87134	0.30896	0.62947	0.63942	0.50000	0.33461
26	华中科技大学出版社	0.86971	0.22516	0.56188	0.62790	0.90825	0.23504
27	复旦大学出版社	0.86504	0.34855	0.49021	0.59389	0.50000	0.32694
28	中国法制出版社	0.86371	0.26573	0.43405	0.59962	0.78868	0.28125
29	民族出版社	0.85885	0.29313	0.58730	0.33154	0.78868	0.42548
30	中国建筑工业出版社	0.85835	0.17270	0.49241	0.60301	1.00000	0.31759
31	中国水利水电出版社	0.85719	0.16263	0.53441	0.58979	1.00000	0.32855
32	湖北人民出版社	0.85281	0.27926	0.47373	0.50912	0.78868	0.21574
33	译林出版社	0.84960	0.18945	0.59806	0.67598	0.50000	0.42269

学术出版能力排名	出版机构	学术出版能力得分	学术出版资源整合能力得分	学术产品加工能力得分	学术产品营销传播能力得分	数字出版能力得分	国际出版能力得分
34	中国金融出版社	0.84835	0.34092	0.50131	0.50949	0.50000	0.26188
35	光明日报出版社	0.84667	0.27073	0.49154	0.55793	0.50000	0.34693
36	国防工业出版社	0.84423	0.21452	0.46450	0.56818	0.78868	0.24692
37	厦门大学出版社	0.84337	0.30543	0.47794	0.56988	0.50000	0.24649
38	四川大学出版社	0.84060	0.33702	0.52579	0.40797	0.50000	0.29871
39	中国财政经济出版社	0.84012	0.27485	0.56060	0.49398	0.50000	0.29425
40	西南交通大学出版社	0.83041	0.27457	0.51316	0.50389	0.50000	0.23702
41	吉林大学出版社	0.82346	0.29778	0.46155	0.47406	0.50000	0.20601
42	中国书籍出版社	0.82230	0.25009	0.53406	0.51506	0.50000	0.20464
43	南开大学出版社	0.81922	0.27618	0.48496	0.47085	0.50000	0.20255
44	西南财经大学出版社	0.81646	0.29267	0.45123	0.46523	0.50000	0.18318
45	中国检察出版社	0.81535	0.26493	0.41330	0.46795	0.50000	0.25026
46	九州出版社	0.81147	0.15595	0.44926	0.59995	0.50000	0.39356
47	暨南大学出版社	0.81133	0.21937	0.47497	0.47431	0.50000	0.27202
48	中国言实出版社	0.80957	0.22779	0.41370	0.45621	0.50000	0.31287
49	云南大学出版社	0.80849	0.21035	0.47533	0.41449	0.50000	0.36495
50	苏州大学出版社	0.80802	0.23562	0.50704	0.48196	0.50000	0.18231
51	中国林业出版社	0.80758	0.15740	0.39359	0.49633	0.78868	0.30280
52	华中师范大学出版社	0.80731	0.21536	0.45952	0.45323	0.50000	0.29035
53	电子科技大学出版社	0.80332	0.25136	0.46994	0.45533	0.50000	0.16924
54	重庆出版社	0.80202	0.16962	0.35062	0.58460	0.90825	0.11158
55	世界知识出版社	0.79958	0.18684	0.52473	0.46362	0.50000	0.25142
56	中山大学出版社	0.79881	0.21029	0.45543	0.45260	0.50000	0.24152
57	中国发展出版社	0.79788	0.18288	0.37834	0.48077	0.78868	0.16405
58	教育科学出版社	0.79301	0.21695	0.59577	0.46902	0.50000	0.10892
59	世界图书出版广东公司	0.78281	0.29592	0.42230	0.32925	0.50000	0.14607
60	文化艺术出版社	0.78259	0.17064	0.43841	0.45104	0.50000	0.26705
61	中国社会出版社	0.78038	0.22093	0.43422	0.42185	0.50000	0.14872

续表

学术出版能力排名	出版机构	学术出版能力得分	学术出版资源整合能力得分	学术产品加工能力得分	学术产品营销传播能力得分	数字出版能力得分	国际出版能力得分
62	中国人民公安大学出版社	0.77729	0.18302	0.49602	0.42831	0.50000	0.17221
63	对外经济贸易大学出版社	0.77153	0.23018	0.47002	0.35757	0.50000	0.13271
64	黑龙江人民出版社	0.76947	0.24429	0.50034	0.29570	0.50000	0.16823
65	上海古籍出版社	0.76785	0.50025	0.44937	0.63013	0.00000	0.34024
66	上海人民出版社	0.76691	0.37571	0.53495	0.60906	0.00000	0.44538
67	兰州大学出版社	0.75964	0.14555	0.53521	0.41738	0.50000	0.17695
68	中国时代经济出版社	0.75092	0.26755	0.50034	0.25125	0.50000	0.12760
69	中国政法大学出版社	0.73598	0.35958	0.45222	0.54942	0.00000	0.32372
70	中国经济出版社	0.72904	0.34079	0.54473	0.57966	0.00000	0.24553
71	经济管理出版社	0.72767	0.34671	0.48518	0.56128	0.00000	0.26501
72	中国商务出版社	0.72393	0.15536	0.46618	0.38011	0.50000	0.06738
73	上海三联书店	0.72293	0.34844	0.37284	0.57482	0.00000	0.28767
74	上海社会科学院出版社	0.71838	0.43849	0.38356	0.48633	0.00000	0.22000
75	中国文史出版社	0.69891	0.23701	0.43480	0.44937	0.00000	0.37393
76	东南大学出版社	0.69499	0.22917	0.52367	0.54651	0.00000	0.23346
77	浙江工商大学出版社	0.69430	0.24631	0.42319	0.44827	0.50000	0.00000
78	山东人民出版社	0.69265	0.26212	0.49978	0.47977	0.00000	0.22580
79	合肥工业大学出版社	0.68778	0.21694	0.44556	0.45348	0.50000	0.00000
80	新华出版社	0.68689	0.20889	0.47024	0.50929	0.00000	0.27675
81	文物出版社	0.67724	0.19473	0.39322	0.45486	0.00000	0.36131
82	中国传媒大学出版社	0.67587	0.23546	0.47079	0.51593	0.00000	0.17695
83	中国财富出版社	0.67486	0.19571	0.39862	0.45984	0.50000	0.00000
84	中央民族大学出版社	0.66577	0.24077	0.53313	0.40046	0.00000	0.17602
85	安徽师范大学出版社	0.65553	0.18048	0.41292	0.38758	0.50000	0.00000
86	江西人民出版社	0.65329	0.13923	0.46523	0.46934	0.00000	0.32398
87	宗教文化出版社	0.65089	0.22959	0.39599	0.36756	0.00000	0.22236
88	上海教育出版社	0.64315	0.20376	0.52767	0.39576	0.00000	0.14607
89	广西人民出版社	0.63917	0.14134	0.47588	0.48408	0.00000	0.21512

学术出版能力排名	出版机构	学术出版能力得分	学术出版资源整合能力得分	学术产品加工能力得分	学术产品营销传播能力得分	数字出版能力得分	国际出版能力得分
90	湖南大学出版社	0.63795	0.18475	0.44256	0.44641	0.00000	0.15498
91	中国农业科学技术出版社	0.62996	0.17786	0.47539	0.28422	0.50000	0.00000
92	山东大学出版社	0.61730	0.20419	0.49967	0.29458	0.00000	0.15964
93	经济日报出版社	0.61619	0.16912	0.35380	0.41174	0.00000	0.17786
94	安徽大学出版社	0.61109	0.12269	0.44287	0.42300	0.00000	0.23960
95	首都经济贸易大学出版社	0.60834	0.14465	0.42996	0.45235	0.00000	0.13271
96	中国文联出版社	0.59579	0.15003	0.45348	0.47170	0.00000	0.07564
97	中国统计出版社	0.59209	0.18539	0.34658	0.30622	0.00000	0.17508
98	河北大学出版社	0.56151	0.15638	0.47542	0.26294	0.00000	0.13433
99	国家图书馆出版社	0.54837	0.20117	0.12854	0.91505	0.50000	0.00000
100	东北大学出版社	0.39402	0.21657	0.36822	0.20142	0.50000	0.14331
101	武汉出版社	0.16381	0.09815	0.21947	0.46925	0.00000	0.00000

利用突变模型，结合学术出版资源整合能力、学术产品加工能力、学术产品营销传播能力三个一级指标的相关数据，计算101家学术出版机构在人文社会科学领域的基础能力得分与排名（如表7-5所示）

其中，北京大学出版社基础能力得分位列第一，社会科学文献出版社、中国人民大学出版社、科学出版社、中国社会科学出版社依次排第二至第五位。

表7-5　101家学术出版机构在人文社会科学领域的基础能力得分与排名

单位：分

基础能力排名	出版机构	基础能力得分	学术出版资源整合能力得分	学术产品加工能力得分	学术产品营销传播能力得分
1	北京大学出版社	0.94427	0.55466	0.66005	0.81556
2	社会科学文献出版社	0.93786	0.58162	0.57170	0.80269
3	中国人民大学出版社	0.92267	0.51420	0.64636	0.78705

续表

基础能力排名	出版机构	基础能力得分	学术出版资源整合能力得分	学术产品加工能力得分	学术产品营销传播能力得分
4	科学出版社	0.91852	0.40417	0.82131	0.88840
5	中国社会科学出版社	0.90679	0.57122	0.52669	0.69550
6	浙江大学出版社	0.90204	0.50314	0.69768	0.66180
7	商务印书馆	0.89833	0.51069	0.61976	0.68521
8	广西师范大学出版社	0.87729	0.47670	0.54766	0.70360
9	法律出版社	0.87626	0.50477	0.56187	0.63412
10	中华书局	0.87249	0.48988	0.51880	0.67943
11	北京师范大学出版社	0.86889	0.46019	0.63740	0.62449
12	人民出版社	0.86198	0.42803	0.60651	0.67657
13	上海古籍出版社	0.85258	0.50025	0.44937	0.63013
14	机械工业出版社	0.83972	0.26482	0.68614	0.94041
15	南京大学出版社	0.83926	0.44491	0.54087	0.58921
16	经济科学出版社	0.83615	0.43736	0.55821	0.57638
17	生活．读书．新知三联书店	0.82129	0.42446	0.44597	0.62816
18	中信出版社	0.81579	0.44759	0.29173	0.76143
19	上海人民出版社	0.81300	0.37571	0.53495	0.60906
20	清华大学出版社	0.80779	0.22407	0.69062	0.89509
21	知识产权出版社	0.80447	0.37905	0.54773	0.55658
22	上海交通大学出版社	0.80257	0.30896	0.62947	0.63942
23	中央编译出版社	0.80188	0.35894	0.45096	0.66895
24	中国经济出版社	0.79155	0.34079	0.54473	0.57966
25	复旦大学出版社	0.78864	0.34855	0.49021	0.59389
26	中国农业出版社	0.78795	0.32470	0.72039	0.49281
27	武汉大学出版社	0.78516	0.33001	0.53055	0.58566
28	经济管理出版社	0.77909	0.34671	0.48518	0.56128
29	上海社会科学院出版社	0.77777	0.43849	0.38356	0.48633
30	中国政法大学出版社	0.77563	0.35958	0.45222	0.54942
31	中国金融出版社	0.76614	0.34092	0.50131	0.50949

基础能 力排名	出版机构	基础能 力得分	学术出版资源 整合能力得分	学术产品加 工能力得分	学术产品营销 传播能力得分
32	厦门大学出版社	0.75899	0.30543	0.47794	0.56988
33	上海三联书店	0.75809	0.34844	0.37284	0.57482
34	高等教育出版社	0.75624	0.26977	0.86748	0.42659
35	华中科技大学出版社	0.74007	0.22516	0.56188	0.62790
36	光明日报出版社	0.73964	0.27073	0.49154	0.55793
37	中国财政经济出版社	0.73776	0.27485	0.56060	0.49398
38	四川大学出版社	0.73767	0.33702	0.52579	0.40797
39	中国法制出版社	0.73479	0.26573	0.43405	0.59962
40	西南交通大学出版社	0.73198	0.27457	0.51316	0.50389
41	译林出版社	0.73004	0.18945	0.59806	0.67598
42	华东师范大学出版社	0.72984	0.22317	0.55883	0.59047
43	湖北人民出版社	0.72850	0.27926	0.47373	0.50912
44	吉林大学出版社	0.72638	0.29778	0.46155	0.47406
45	中国书籍出版社	0.72426	0.25009	0.53406	0.51506
46	西南财经大学出版社	0.71887	0.29267	0.45123	0.46523
47	南开大学出版社	0.71819	0.27618	0.48496	0.47085
48	东南大学出版社	0.71717	0.22917	0.52367	0.54651
49	山东人民出版社	0.71549	0.26212	0.49978	0.47977
50	中国传媒大学出版社	0.70336	0.23546	0.47079	0.51593
51	国防工业出版社	0.70116	0.21452	0.46450	0.56818
52	苏州大学出版社	0.70110	0.23562	0.50704	0.48196
53	教育科学出版社	0.70006	0.21695	0.59577	0.46902
54	电子科技大学出版社	0.69592	0.25136	0.46994	0.45533
55	中国检察出版社	0.69568	0.26493	0.41330	0.46795
56	民族出版社	0.69440	0.29313	0.58730	0.33154
57	新华出版社	0.68336	0.20889	0.47024	0.50929
58	中央民族大学出版社	0.68304	0.24077	0.53313	0.40046
59	中国建筑工业出版社	0.68214	0.17270	0.49241	0.60301

续表

基础能 力排名	出版机构	基础能 力得分	学术出版资源 整合能力得分	学术产品加 工能力得分	学术产品营销 传播能力得分
60	暨南大学出版社	0.68187	0.21937	0.47497	0.47431
61	浙江工商大学出版社	0.68069	0.24631	0.42319	0.44827
62	中国文史出版社	0.67772	0.23701	0.43480	0.44937
63	中国水利水电出版社	0.67769	0.16263	0.53441	0.58979
64	华中师范大学出版社	0.66964	0.21536	0.45952	0.45323
65	中国言实出版社	0.66907	0.22779	0.41370	0.45621
66	合肥工业大学出版社	0.66789	0.21694	0.44556	0.45348
67	中山大学出版社	0.66501	0.21029	0.45543	0.45260
68	世界知识出版社	0.66398	0.18684	0.52473	0.46362
69	世界图书出版广东公司	0.66360	0.29592	0.42230	0.32925
70	中国社会出版社	0.65803	0.22093	0.43422	0.42185
71	九州出版社	0.65713	0.15595	0.44926	0.59995
72	云南大学出版社	0.65668	0.21035	0.47533	0.41449
73	上海教育出版社	0.65511	0.20376	0.52767	0.39576
74	对外经济贸易大学出版社	0.64756	0.23018	0.47002	0.35757
75	中国人民公安大学出版社	0.64445	0.18302	0.49602	0.42831
76	中国财富出版社	0.64375	0.19571	0.39862	0.45984
77	重庆出版社	0.64276	0.16962	0.35062	0.58460
78	湖南大学出版社	0.64091	0.18475	0.44256	0.44641
79	文物出版社	0.64018	0.19473	0.39322	0.45486
80	宗教文化出版社	0.63503	0.22959	0.39599	0.36756
81	中国发展出版社	0.63473	0.18288	0.37834	0.48077
82	黑龙江人民出版社	0.63181	0.24429	0.50034	0.29570
83	文化艺术出版社	0.62946	0.17064	0.43841	0.45104
84	中国林业出版社	0.62006	0.15740	0.39359	0.49633
85	中国文联出版社	0.61902	0.15003	0.45348	0.47170
86	广西人民出版社	0.61759	0.14134	0.47588	0.48408
87	中国时代经济出版社	0.61373	0.26755	0.50034	0.25125
88	兰州大学出版社	0.61267	0.14555	0.53521	0.41738

续表

基础能力排名	出版机构	基础能力得分	学术出版资源整合能力得分	学术产品加工能力得分	学术产品营销传播能力得分
89	安徽师范大学出版社	0.61061	0.18048	0.41292	0.38758
90	江西人民出版社	0.60871	0.13923	0.46523	0.46934
91	山东大学出版社	0.60386	0.20419	0.49967	0.29458
92	首都经济贸易大学出版社	0.60231	0.14465	0.42996	0.45235
93	中国商务出版社	0.59639	0.15536	0.46618	0.38011
94	经济日报出版社	0.59465	0.16912	0.35380	0.41174
95	中国农业科学技术出版社	0.57195	0.17786	0.47539	0.28422
96	安徽大学出版社	0.56740	0.12269	0.44287	0.42300
97	中国统计出版社	0.56109	0.18539	0.34658	0.30622
98	河北大学出版社	0.53714	0.15638	0.47542	0.26294
99	国家图书馆出版社	0.48334	0.20117	0.12854	0.91505
100	武汉出版社	0.43508	0.09815	0.21947	0.46925
101	东北大学出版社	0.41653	0.21657	0.36822	0.20142

（二）总体结果分析

（1）"传统大社""名社"优势明显。人文社会科学领域学术出版能力排名前10位的出版机构都是在学术界、出版界有较高知名度的出版社。

（2）优秀学术出版能力的打造需要依托雄厚的学术资源"土壤"。首先，从地理空间分布来看，101家学术出版机构中有57家位于北京，排名前10位的学术出版机构有8家位于北京，这些学术出版机构在人文社会科学领域拥有较强的学术出版能力，这与北京作为首都聚集了大量的人文社会科学资源是密切相关的；其次，从学术出版机构的隶属背景来看，排名前10位的学术出版机构大多拥有雄厚的学术资源背景，它们或是如社会科学文献出版社依托于中国社会科学院，拥有丰富的学术出版经验和丰厚的专家学者资源，或是如北京大学出版社、北京师范大学出版社、中国人民大学出版社依托中国人文社会科学的名校学术资源。

（3）专业出版社学术出版能力优势明显。在人文社会科学领域学术出版能力排名前 10 位的出版机构中，除人民出版社外其余 9 家均为专业出版社。一方面反映出专业出版社在学术出版领域的业务专长，另一方面也体现出按照专业出版、教育出版、大众出版各自的特点进行出版社分类管理、评价的必要性。

（三）基础能力和引领性能力分析

分别依据 101 家学术出版机构在人文社会科学领域学术出版能力的基础能力排名和引领性能力排名将其划分为高、中、低三类，各类机构数量分别为 33 家、34 家、34 家，如表 7-6 所示。进而以"基础能力所属高、中、低类别""引领性能力所属高、中、低类别"为变量，以 SPSS19.0 进行聚类分析，生成聚类树状图，如图 7-3 所示。从图 7-3 中可以看出 101 家学术出版机构以学术出版能力的基础能力和引领性能力的高、中、低为维度，可以分为 9 类。

（1）第 1 类为基础能力和引领性能力均高的学术出版机构，共 21 家，分别是：社会科学文献出版社、法律出版社、人民出版社、清华大学出版社、北京师范大学出版社、经济科学出版社、知识产权出版社、广西师范大学出版社、科学出版社、中国人民大学出版社、中国社会科学出版社、浙江大学出版社、北京大学出版社、中国农业出版社、武汉大学出版社、中华书局、商务印书馆、机械工业出版社、中央编译出版社、生活·读书·新知三联书店、南京大学出版社。

表 7-6　101 家学术出版机构基础能力和引领性能力评价结果

出版机构	基础能力得分（分）	基础能力所属档次	引领性能力得分（分）	引领性能力所属档次
社会科学文献出版社	0.937856156	高	1	高

出版机构	基础能力得分（分）	基础能力所属档次	引领性能力得分（分）	引领性能力所属档次
法律出版社	0.876257789	高	0.8814394	高
人民出版社	0.861976671	高	0.87759708	高
清华大学出版社	0.80778604	高	0.87001156	高
北京师范大学出版社	0.868885064	高	0.86487307	高
经济科学出版社	0.83615243	高	0.86071185	高
知识产权出版社	0.804470542	高	0.8559478	高
广西师范大学出版社	0.877286507	高	0.84889204	高
科学出版社	0.918517373	高	0.83997882	高
中国人民大学出版社	0.922665789	高	0.83553311	高
中国社会科学出版社	0.906785975	高	0.83492888	高
浙江大学出版社	0.902041008	高	0.82073405	高
北京大学出版社	0.944271955	高	0.81699471	高
中国农业出版社	0.787947884	高	0.78721574	高
武汉大学出版社	0.785155873	高	0.78458519	高
中华书局	0.872485553	高	0.78023222	高
商务印书馆	0.898330701	高	0.7488149	高
机械工业出版社	0.839719717	高	0.74805922	高
中央编译出版社	0.801883471	高	0.7410562	高
生活·读书·新知三联书店	0.821286839	高	0.73179251	高
南京大学出版社	0.839257585	高	0.72383616	高
中信出版社	0.815794599	高	0.72045823	中
上海交通大学出版社	0.802572365	高	0.70837914	中
复旦大学出版社	0.788636078	高	0.70564763	中
中国金融出版社	0.766136087	高	0.68054709	中
厦门大学出版社	0.758987484	高	0.67400929	中
上海人民出版社	0.812995776	高	0.39031346	低
上海古籍出版社	0.852575487	高	0.35680512	低
中国政法大学出版社	0.775628931	高	0.35093494	低
上海三联书店	0.758088534	高	0.33739097	低

续表

出版机构	基础能力 得分（分）	基础能力 所属档次	引领性能力 得分（分）	引领性能力 所属档次
经济管理出版社	0.779086612	高	0.32828899	低
中国经济出版社	0.79154583	高	0.32004214	低
上海社会科学院出版社	0.777766143	高	0.30853765	低
高等教育出版社	0.756237305	中	0.87992779	高
中国水利水电出版社	0.677689454	中	0.85267262	高
中国建筑工业出版社	0.682139836	中	0.84870506	高
华东师范大学出版社	0.729837228	中	0.84060808	高
民族出版社	0.694402778	中	0.82844887	高
华中科技大学出版社	0.740066476	中	0.7919268	高
中国法制出版社	0.734786515	中	0.77889966	高
国防工业出版社	0.701158297	中	0.76467886	高
湖北人民出版社	0.728500625	中	0.75057237	高
译林出版社	0.73003565	中	0.73712187	高
光明日报出版社	0.739644206	中	0.71268092	中
中国言实出版社	0.669067504	中	0.70052335	中
四川大学出版社	0.737671817	中	0.69520742	中
中国财政经济出版社	0.737759829	中	0.69349659	中
华中师范大学出版社	0.669638668	中	0.6919896	中
暨南大学出版社	0.681874763	中	0.68471432	中
中国检察出版社	0.695681936	中	0.67563751	中
中山大学出版社	0.665007564	中	0.67184198	中
西南交通大学出版社	0.731976633	中	0.66985394	中
吉林大学出版社	0.726375819	中	0.65540873	中
中国书籍出版社	0.724263498	中	0.65473866	中
南开大学出版社	0.71819226	中	0.65371064	中
西南财经大学出版社	0.718867731	中	0.64381651	中
苏州大学出版社	0.701099881	中	0.64335939	中
电子科技大学出版社	0.695924781	中	0.63626237	中
教育科学出版社	0.700063848	中	0.59763904	中

出版机构	基础能力 得分（分）	基础能力 所属档次	引领性能力 得分（分）	引领性能力 所属档次
中国文史出版社	0.677721172	中	0.36821425	低
浙江工商大学出版社	0.680690752	中	0.35355339	低
合肥工业大学出版社	0.667893933	中	0.35355339	低
新华出版社	0.683360666	中	0.33306809	低
东南大学出版社	0.717174937	中	0.31470926	低
山东人民出版社	0.715486022	中	0.31122896	低
中国传媒大学出版社	0.703355853	中	0.28693475	低
中央民族大学出版社	0.683042715	中	0.28643311	低
中国林业出版社	0.620057965	低	0.78724298	高
九州出版社	0.657132708	低	0.72809959	高
中国发展出版社	0.634726928	低	0.72382325	中
重庆出版社	0.64275977	低	0.72256476	中
云南大学出版社	0.656681905	低	0.71879497	中
文化艺术出版社	0.629455528	低	0.68268203	中
世界知识出版社	0.663977202	低	0.67613039	中
兰州大学出版社	0.612672308	低	0.64048814	中
中国人民公安大学出版社	0.644453828	低	0.63790639	中
黑龙江人民出版社	0.631806709	低	0.63569693	中
中国社会出版社	0.658025901	低	0.6243405	中
世界图书出版广东公司	0.663603862	低	0.62271864	中
东北大学出版社	0.416525509	低	0.6210146	中
对外经济贸易大学出版社	0.647562565	低	0.61425091	中
中国时代经济出版社	0.613726505	低	0.61086139	中
中国商务出版社	0.596385006	低	0.56153344	低
文物出版社	0.640177364	低	0.3640222	低
中国财富出版社	0.643753693	低	0.35355339	低
安徽师范大学出版社	0.61061046	低	0.35355339	低
中国农业科学技术出版社	0.571953631	低	0.35355339	低
国家图书馆出版社	0.48334015	低	0.35355339	低

续表

出版机构	基础能力 得分（分）	基础能力 所属档次	引领性能力 得分（分）	引领性能力 所属档次
江西人民出版社	0.608709764	低	0.35102714	低
安徽大学出版社	0.56740025	低	0.31744101	低
宗教文化出版社	0.635031906	低	0.30963672	低
广西人民出版社	0.617590902	低	0.3062407	低
经济日报出版社	0.594651474	低	0.28742947	低
中国统计出版社	0.56109279	低	0.28592433	低
山东大学出版社	0.603864334	低	0.27725867	低
湖南大学出版社	0.640908593	低	0.274532	低
上海教育出版社	0.655110706	低	0.26916525	低
河北大学出版社	0.537141683	低	0.26175309	低
首都经济贸易大学出版社	0.602313269	低	0.26069752	低
中国文联出版社	0.619015878	低	0.21615228	低
武汉出版社	0.435082506	低	0	低

（2）第2类为基础能力中等、引领性能力高的学术出版机构，共10家。分别是：高等教育出版社、中国水利水电出版社、中国建筑工业出版社、华东师范大学出版社、民族出版社、华中科技大学出版社、中国法制出版社、国防工业出版社、湖北人民出版社、译林出版社。

（3）第3类为基础能力高、引领性能力中等的学术出版机构，共5家。分别是：中信出版社、上海交通大学出版社、复旦大学出版社、中国金融出版社、厦门大学出版社。

（4）第4类为基础能力高、引领性能力低的学术出版机构，共7家。分别是：上海人民出版社、上海古籍出版社、中国政法大学出版社、上海三联书店、经济管理出版社、中国经济出版社、上海社会科学院出版社。

（5）第5类为基础能力低、引领性能力高的学术出版机构，共2家。分别是：中国林业出版社、九州出版社。

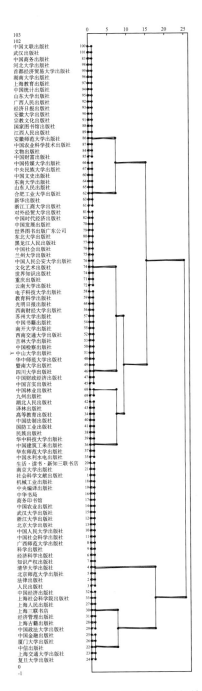

图 7-3 101 家学术出版机构基础能力与引领性能力聚类

（6）第 6 类为基础能力中等、引领性能力中等的 16 家学术出版机构，分别是：光明日报出版社、中国言实出版社、四川大学出版社、中国财政经济出版社、华中师范大学出版社、暨南大学出版社、中国检察出版社、中山大学出版社、西南交通大学出版社、吉林大学出版社、中国书籍出版社、南开大学出版社、西南财经大学出版社、苏州大学出版社、电子科技大学出版社、教育科学出版社。

（7）第 7 类为基础能力中等、引领性能力低的 8 家学术出版机构，分别是：中国文史出版社、浙江工商大学出版社、合肥工业大学出版社、新华出版社、东南大学出版社、山东人民出版社、中国传媒大学出版社、中央民族大学出版社。

（8）第 8 类为基础能力低、引领性能力中等的 13 家学术出版机构，分别是：中国发展出版社、重庆出版社、云南大学出版社、文化艺术出版社、世界知识出版社、兰州大学出版社、中国人民公安大学出版社、黑龙江人民出版社、中国社会出版社、世界图书出版广东公司、东北大学出版社、对外经济贸易大学出版社、中国时代经济出版社。

（9）第 9 类为基础能力低、引领性能力低的 19 家学术出版机构，分别是：中国商务出版社、文物出版社、中国财富出版社、安徽师范大学出版社、中国农业科学技术出版社、国家图书馆出版社、江西人民出版社、安徽大学出版社、宗教文化出版社、广西人民出版社、经济日报出版社、中国统计出版社、山东大学出版社、湖南大学出版社、上海教育出版社、河北大学出版社、首都经济贸易大学出版社、中国文联出版社、武汉出版社。

上述分类表明，101 家学术出版机构的人文社会科学领域学术出版能力整体比较只有第 1 类、第 2 类、第 3 类、第 6 类（共 52 家）学术出版机构基础能力和引领性能力均在中等及中等以上，其余 49 家学术出版机构的基础能力或者引领性能力有待提升。甚至部分学术出版机构存在基础能力、引领性能力某一方面突出，而另一方面较弱的现象。其中，基础能力高的33家学术出版机构中有12家学术出版机构的引领性能力属于中、低等。引领性能力高的33家学术出版机构中同样也有12家学术出版机构的基础能力属于中、低等。说明学术出版机构一方面应该同时兼顾资源整合、编辑加工、营销传播等基础能力的建设，另一方面也应该积极迎合行业和时代发展，提升数字出版能力和国际出版能力。

二 学术出版五大能力评价结果与分析

（一）学术出版资源整合能力

1. 品牌影响力

（1）本研究搜集了2011～2015年间101家学术出版机构出版的教育部"高等学校科学研究优秀成果奖"获奖图书、"国家社科基金成果文库"图书、"三个一百"原创图书出版工程获奖图书、"中国政府出版奖"获奖图书、"国家社科基金后期资助项目出版成果"图书，作为反映学术出版机构获奖情况的指标。本研究所涉及的101家学术出版机构中，出版了上述优质图书共计1770.3种（因有个别图书为三家出版机构合作出版，故记为每家出版机构出版0.3种），每家学术出版机构出版上述优质图书均值为21.7种。出版上述优质图书数量排前10位的学术出版机构共出版1173.5种，占101家学术出版机构出版数量的66.2%，其中每家学术出版机构均值为117.4种。出版上述优质图书10种以上的学术出版机构为25家，仅占25%。其余76家学术出版机构出版的上述优质图书均在10种以下，其中有19家学术出版机构没有出版上述优质图书。

（2）本研究通过百度新闻搜集了2011～2015年间101家学术出版机构出版人（社长或总经理、总编辑）的媒体曝光次数（主要为正面报道），以此来反映出版人的影响力。2011～2015年101家学术出版机构出版人被媒体报道次数总量为2633次，每家机构均值为26.1次。其中，被媒体报道次数排名前 10 位的出版机构的出版人被媒体报道总次数为 1646 次,占 101 家学术出版机构总量的 62.5%,均值为 164.6 次。出版人被媒体报道 10 次及以下的学术出版机构为 61 家,有 7 家学术出版机构没有检索到出版人被媒体报道的信息,出版人影响力得分为 0 分。

(3)本研究通过百度新闻搜集了 2011~2015 年间 101 家学术出版机构被各类媒体报道的次数(主要为正面报道),以此来反映出版机构的影响力。2011~2015 年 101 家学术出版机构出版人被传统媒体报道总次数为 3734 次,每家机构均值为 36.9 次。其中被传统媒体报道次数排名前 10 位的出版机构,媒体报道总次数为 1763 次,占 101 家学术出版机构总量的 47.2%,均值为 176.3 次。媒体报道 10 次及以下的学术出版机构为 52 家,有 5 家学术出版机构没有检索到出版人被传统媒体报道的信息。

上述结果①反映了当前出版机构之间整合优质学术出版资源的能力差距较大,多数学术出版机构还需要进一步提升出版优质学术图书的能力,以此来提升自身的学术荣誉形象。

2. 学术出版规模与品牌图书打造

(1)学术图书出版数量与出版机构所属三大出版领域密切相关。

正如本研究通过对 2014 年全国出版的图书进行筛选时发现,专业特色、规模等因素形成了人文社会科学领域学术图书出版数量与出版机构所属的特性息息相关的现象。其中,在初版学术图书总量排名前 10 位的学术出版机构中(见表 7-7),6 家出版机构为专业出版社,3 家出版机构为大学出版社,1 家出版机构为"人民社"。

(2)虽然整体上学术出版机构学术图书初版数量较大,但是普遍存在"有产量,无品牌"的现象,学术产品平庸化严重。多数学术出版机构没有能够打造出知名度较高的品牌。在 101 家学术出版机构中,

---

① 以上数据均来源于网络检索,检索日期为 2016 年 5 月 11 日。

表7-7 2014年初版人文社会科学领域学术图书数量
排名前10位的出版机构

出版机构	学术图书初版数量（种）
社会科学文献出版社	1154
中国社会科学出版社	1125
北京大学出版社	771
经济科学出版社	621
人民出版社	427
法律出版社	375
科学出版社	369
中国人民大学出版社	320
浙江大学出版社	290
知识产权出版社	283

注：数据来源：网络检索，检索日期为2016年5月11日。

只有16家学术出版机构有品牌学术图书（见表7-8）。

表7-8 101家学术出版机构中有品牌学术图书的16家学术出版机构

有品牌学术图书的16家学术出版机构	代表性学术图书品牌
社会科学文献出版社	"皮书"系列、"甲骨文"系列
中国社会科学出版社	"剑桥中国史"系列
北京大学出版社	"博雅好书"系列
中国人民大学出版社	"诺贝尔经济学奖获得者"丛书
法律出版社	"法学学术经典"丛书
浙江大学出版社	"启真馆"系列
商务印书馆	汉译世界学术名著丛书
上海古籍出版社	中古中国知识·信仰·制度研究书系
中华书局	"聚珍文化"系列
广西师范大学出版社	"理想国"、"新民说"系列
上海社会科学院出版社	启蒙文库
南京大学出版社	棱镜精装人文译丛

续表

有品牌学术图书的 16 家学术出版机构	代表性学术图书品牌
北京师范大学出版社	"新史学"系列
中信出版社	"新思文化"系列
清华大学出版社	物权：规范与学说
生活·读书·新知三联书店	三联·哈佛燕京学术丛书

3. 成因性指标与结果性指标综合分析

以学术出版资源整合能力得分和品牌影响力得分为变量进行聚类分析，101 家学术出版机构大致可分为 4 类，如图 7－4 所示。

（1）第 1 类为社会科学文献出版社、中国社会科学出版社、北京大学出版社，如表 7－9 所示。在 101 家学术出版机构中，这 3 家学术出版机构相对于其他学术出版机构在学术出版资源整合能力和品牌影响力两个方面得分均较高。其中，学术出版资源整合能力得分均值为 0.7276 分，高于 101 家学术出版机构的均值（0.2569 分）。品牌影响力得分均值为 0.7576 分，高于 101 家学术出版机构的均值（0.3234 分）。反映了这 13 家学术出版机构注重打造品牌影响力，同时也聚集了较多的学术出版资源。

表 7－9　学术出版资源整合能力——第 1 类学术出版机构

学术出版机构	学术出版资源整合能力（分）	品牌影响力（分）
社会科学文献出版社	0.75	0.8855
中国社会科学出版社	0.7458	0.6752
北京大学出版社	0.687	0.7121
3 家学术出版机构均值	0.7276	0.7576
101 家学术出版机构均值	0.2569	0.3234

（2）第 2 类为法律出版社等 4 家学术出版机构，如表 7－10 所示。在 101 家学术出版机构中，这 4 家学术出版机构相对于其他学术出版机构在学术出版资源整合能力方面得分较高，而在品牌影响力方面得分较

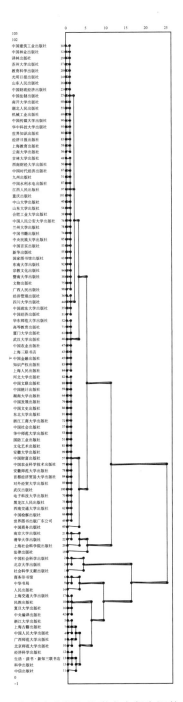

图7－4　101家学术出版机构学术出版资源整合能力聚类

低。其中，学术出版资源整合能力得分均值为 0.4876 分，高于 101 家学术出版机构的均值（0.2569 分）；而品牌影响力得分均值为 0.2948 分，低于 101 家学术出版机构的均值（0.3234 分）。

表 7 - 10　学术出版资源整合能力——第 2 类学术出版机构

学术出版机构	学术出版资源整合能力（分）	品牌影响力（分）
法律出版社	0.5933	0.3948
上海社会科学院出版社	0.4692	0.1638
南京大学出版社	0.4589	0.2853
清华大学出版社	0.4292	0.3354
4 家学术出版机构均值	0.4876	0.2948
101 家学术出版机构均值	0.2569	0.3234

（3）第 3 类为中国人民大学出版社、浙江大学出版社等 16 家学术出版机构，如表 7 - 11 所示。

表 7 - 11　学术出版资源整合能力——第 3 类学术出版机构

学术出版机构	学术出版资源整合能力（分）	品牌影响力（分）
中国人民大学出版社	0.5756	0.6105
浙江大学出版社	0.565	0.5512
商务印书馆	0.5525	0.7736
上海古籍出版社	0.5485	0.5823
广西师范大学出版社	0.4994	0.5237
中华书局	0.4965	0.7624
北京师范大学出版社	0.4493	0.5665
中信出版社	0.4398	0.4456
经济科学出版社	0.4065	0.5133
生活·读书·新知三联书店	0.3836	0.5245
人民出版社	0.3586	0.8095
科学出版社	0.3415	0.5557

学术出版机构	学术出版资源整合能力（分）	品牌影响力（分）
复旦大学出版社	0.2658	0.5713
上海交通大学出版社	0.2236	0.5992
民族出版社	0.2113	0.585
中央编译出版社	0.2794	0.5397
16 家学术出版机构均值	0.4123	0.5946
101 家学术出版机构均值	0.2569	0.3234

　　在 101 家学术出版机构中，这 16 家学术出版机构相对于其他学术出版机构在学术出版资源整合能力和品牌影响力方面均属于中等水平。其中学术出版资源整合能力得分均值为 0.4123 分，略高于 101 家学术出版机构的均值（0.2569 分）；品牌影响力得分均值为 0.5946 分，也略高于 101 家学术出版机构的均值（0.3234 分）。

　　（4）第 4 类为中国财政经济出版社、光明日报出版社等 78 家学术出版机构，如表 7－12 所示。在 101 家学术出版机构中，这 78 家学术出版机构相对于其他学术出版机构在学术出版资源整合能力和品牌影响力两个方面得分均较低。其中，学术出版资源整合能力得分均值为 0.1951 分，低于 101 家学术出版机构均值（0.2569 分）；品牌影响力得分均值为 0.2525 分，低于 101 家学术出版机构的均值（0.3234 分）。

表 7－12　学术出版资源整合能力——第 4 类学术出版机构

学术出版机构	学术出版资源整合能力（分）	品牌影响力（分）
中国财政经济出版社	0.2089	0.3427
光明日报出版社	0.2038	0.3666
中国法制出版社	0.202	0.3443
山东人民出版社	0.1984	0.3677
苏州大学出版社	0.1825	0.3842
教育科学出版社	0.1745	0.3957

续表

学术出版机构	学术出版资源整合能力（分）	品牌影响力（分）
译林出版社	0.1658	0.3541
中国建筑工业出版社	0.1617	0.3563
九州出版社	0.1604	0.2317
中国林业出版社	0.1589	0.3553
知识产权出版社	0.3124	0.468
上海人民出版社	0.3105	0.432
中国政法大学出版社	0.3044	0.2856
经济管理出版社	0.2918	0.2513
中国社会出版社	0.1803	0.1734
暨南大学出版社	0.1792	0.2634
合肥工业大学出版社	0.1792	0.222
中山大学出版社	0.178	0.2037
中国经济出版社	0.2803	0.3099
上海三联书店	0.278	0.3802
四川大学出版社	0.2752	0.2675
中国金融出版社	0.2693	0.3688
武汉大学出版社	0.2551	0.396
中国农业出版社	0.2517	0.3891
吉林大学出版社	0.2339	0.2385
世界图书出版广东公司	0.2339	0.142
西南财经大学出版社	0.2306	0.2491
国防工业出版社	0.1769	0.1927
华东师范大学出版社	0.1757	0.4381
华中师范大学出版社	0.1757	0.175
山东大学出版社	0.1757	0.212
新华出版社	0.1745	0.2887
云南大学出版社	0.1733	0.3353
中国财富出版社	0.1733	0.0919
上海教育出版社	0.1721	0.3047

学术出版机构	学术出版资源整合能力（分）	品牌影响力（分）
中国统计出版社	0.1709	0.1538
中国商务出版社	0.1709	0
厦门大学出版社	0.2285	0.4355
西南交通大学出版社	0.2184	0.1143
国家图书馆出版社	0.1709	0.286
湖南大学出版社	0.1709	0.1586
湖北人民出版社	0.2153	0.3155
中国检察出版社	0.213	0.1148
中国时代经济出版社	0.2097	0.2206
南开大学出版社	0.2097	0.3304
机械工业出版社	0.2047	0.2973
电子科技大学出版社	0.2011	0.1143
高等教育出版社	0.1993	0.4587
浙江工商大学出版社	0.1984	0.1708
黑龙江人民出版社	0.1966	0.1143
中国书籍出版社	0.1956	0.2571
文物出版社	0.1697	0.2697
中国人民公安大学出版社	0.1684	0.2221
中国农业科学技术出版社	0.1684	0.0938
安徽师范大学出版社	0.1684	0.0869
中国发展出版社	0.1671	0.1425
世界知识出版社	0.1658	0.3216
文化艺术出版社	0.1658	0.184
河北大学出版社	0.1617	0.1638
经济日报出版社	0.1617	0.319
首都经济贸易大学出版社	0.1617	0.1057
中央民族大学出版社	0.1918	0.2524
中国文史出版社	0.1898	0.1602
中国水利水电出版社	0.1604	0.2349
中国文联出版社	0.1589	0.1723

学术出版机构	学术出版资源整合能力（分）	品牌影响力（分）
对外经济贸易大学出版社	0.1898	0.0899
中国传媒大学出版社	0.1846	0.3188
东北大学出版社	0.1836	0.1647
东南大学出版社	0.1836	0.2734
中国言实出版社	0.1836	0.2373
宗教文化出版社	0.1836	0.2827
华中科技大学出版社	0.1814	0.3188
兰州大学出版社	0.1589	0.2004
江西人民出版社	0.1575	0.2485
广西人民出版社	0.1575	0.2697
安徽大学出版社	0.156	0.1301
武汉出版社	0.1545	0.0671
重庆大学出版社	0.153	0.2472
78 家学术出版机构平均值	0.1951	0.2525
101 家学术出版机构均值	0.2569	0.3234

通过聚类分析，发现 101 家学术出版机构在人文社会科学领域学术出版资源的整合能力方面差异较大，多数学术出版机构在品牌影响力和学术出版资源整合能力两个方面整体上存在一定的不足之处。

（二）学术产品加工能力

1. 编辑资源

总体来看，编辑资源呈现集中的状态。101 家学术出版机构注册责任编辑总数为 8629 人，注册责任编辑均值约为 86 人。在册编辑数量排名前 10 位的出版机构的注册责任编辑总数为 3296 人，占 101 家学术出版机构注册责任编辑数量的 38.2%，均值约为 330 人。[①] 反映了当前学

---

① 数据来源：国家新闻出版广电总局人事司，检索时间为 2016 年 7 月。下同。

术出版机构编辑资源规模差异较大的现象，呈现较为集中的状态。

2. 学术出版规范性

学术出版规范性体现在学术出版规范性的指标上，学术图书的基本学术要件（包括注释、参考文献和索引）完备率整体不高。抽样显示，101 家学术出版机构出版的学术图书的基本学术要件完备率均值为 45.89%，即便是学术出版规范性排名前 10 位的学术出版机构，出版学术图书抽样的学术要件完备率均值也仅为 66.28%。尤其需要指出，101 家学术出版机构 2014 年所出版的学术图书抽样数据显示有索引的学术图书数量仅为 6.9%。值得一提的是，抽样数据显示，有 37 家学术出版机构出版的学术图书没有索引。

3. 成因性指标与结果性指标综合分析

尽管不同的出版机构的责任编辑数量差异较大，但只是体现了编辑加工能力的差距，目前人力资源优势没有得到充分的发挥。以 101 家学术出版机构注册责任编辑数量和学术图书基本要件完备率为变量，进行聚类分析，生成聚类树状图，如图 7-5 所示。根据聚类树状图发现，以责任编辑数量和学术图书基本要件完备率为变量，101 家学术出版机构大致可以分为 3 类。

（1）第 1 类为高等教育出版社、科学出版社、机械工业出版社 3 家学术出版机构（见表 7-13）。在 101 家学术出版机构中，这 3 家学术出版机构相对于其他学术出版机构注册责任编辑数量较高，均值为 593 人，远高于 101 家学术出版机构注册责任编辑均值（86 人）。而所出版的学术图书基本要件完备率为 43.59%，略低于 101 家学术出版机构均值（45.89%）。

表 7-13　学术产品加工能力——第 1 类学术出版机构

学术出版机构	责任编辑数量（人）	学术图书基本要件完备率（%）
高等教育出版社	703	49.24

续表

学术出版机构	责任编辑数量（人）	学术图书基本要件完备率（%）
科学出版社	573	49.85
机械工业出版社	503	31.69
3 家学术出版机构均值	593	43.59
101 家学术出版机构均值	86	45.89

注：数据来源：国家新闻出版广电总局人事司，检索时间为 2016 年 7 月。下同。

（2）第 2 类为清华大学出版社、北京大学出版社、广西师范大学出版社、中国人民大学出版社 4 家学术出版机构（见表 7 - 14）。在 101 家学术出版机构中，这 4 家学术出版机构相较于其他学术出版机构注册责任编辑数量较高，均值为 253.25 人，高于 101 家学术出版机构注册责任编辑数量均值（86 人）。而所出版的学术图书基本要件完备率为 44.14%，略低于全部 101 家学术出版机构均值（45.89%）。

表 7 - 14　学术产品加工能力——第 2 类学术出版机构

学术出版机构	责任编辑数量（人）	学术图书基本要件完备率（%）
清华大学出版社	297	49.04
北京大学出版社	257	47.33
广西师范大学出版社	237	31.12
中国人民大学出版社	222	49.06
4 家学术出版机构均值	253.25	44.14
101 家学术出版机构均值	86	45.89

（3）第 3 类为北京师范大学出版社、商务印书馆、上海教育出版社、浙江大学出版社、民族出版社等 94 家学术出版机构（见表 7 - 15）。在 101 家学术出版机构中，这 94 家学术出版机构相较于其他学术出版机构注册责任编辑数量较低，均值为 62.10 人，明显低于全部 101 家学术出版机构注册责任编辑数量均值（86 人），而所出版的学术图书基本要件完备率为 46.05%，高于全部 101 家学术出版机构均值（45.89%）。

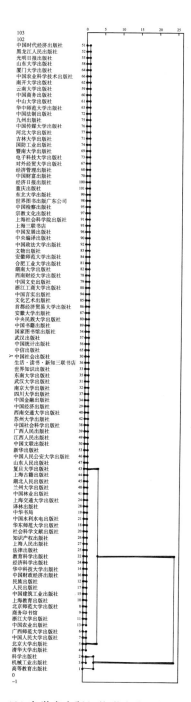

图7-5　101家学术出版机构学术产品加工能力聚类

表7-15　学术产品加工能力——第3类学术出版机构

学术出版机构	责任编辑数量（人）	学术图书基本要件完备率（%）
北京师范大学出版社	177.00	54.20
商务印书馆	175.00	50.26
上海教育出版社	152.00	36.11
浙江大学出版社	151.00	78.80
民族出版社	141.00	48.75
中国农业出版社	139.00	91.49
华中科技大学出版社	136.00	44.23
中国建筑工业出版社	133.00	33.33
中国财政经济出版社	131.00	44.81
人民出版社	130.00	55.59
华东师范大学出版社	123.00	45.83
中华书局	119.00	38.99
社会科学文献出版社	118.00	48.61
中国水利水电出版社	118.00	41.89
教育科学出版社	114.00	56.41
经济科学出版社	112.00	47.78
上海交通大学出版社	112.00	66.67
法律出版社	106.00	49.84
知识产权出版社	103.00	47.31
上海人民出版社	101.00	45.02
译林出版社	100.00	60.61
中国经济出版社	91.00	49.23
中国社会出版社	87.00	31.40
武汉大学出版社	86.00	47.23
南京大学出版社	84.00	50.00
世界知识出版社	84.00	46.43
中国金融出版社	83.00	41.99
东南大学出版社	83.00	46.43
生活·读书·新知三联书店	83.00	30.00
四川大学出版社	80.00	47.57

续表

学术出版机构	责任编辑数量（人）	学术图书基本要件完备率（%）
中国社会科学出版社	70.00	50.28
广西人民出版社	70.00	40.00
西南交通大学出版社	68.00	47.75
中国林业出版社	67.00	29.41
苏州大学出版社	66.00	46.94
复旦大学出版社	61.00	44.70
上海古籍出版社	60.00	37.60
湖北人民出版社	60.00	41.76
中国人民公安大学出版社	60.00	46.15
山东人民出版社	59.00	47.22
兰州大学出版社	56.00	56.67
江西人民出版社	55.00	41.38
中国文联出版社	52.00	40.00
中国时代经济出版社	50.00	50.00
黑龙江人民出版社	50.00	50.00
新华出版社	50.00	43.59
国家图书馆出版社	49.00	21.43
光明日报出版社	48.00	48.63
中国统计出版社	48.00	27.38
武汉出版社	48.00	21.88
山东大学出版社	46.00	51.16
云南大学出版社	45.00	46.05
中国商务出版社	45.00	44.19
中山大学出版社	44.00	42.39
南开大学出版社	43.00	48.78
华中师范大学出版社	42.00	43.75
厦门大学出版社	41.00	47.89
中信出版社	41.00	24.44
中国农业科学技术出版社	40.00	47.67
对外经济贸易大学出版社	37.00	47.54

续表

学术出版机构	责任编辑数量（人）	学术图书基本要件完备率（%）
经济管理出版社	36.00	51.37
暨南大学出版社	36.00	49.00
中国财富出版社	36.00	35.11
吉林大学出版社	35.00	46.43
中国法制出版社	35.00	41.05
电子科技大学出版社	35.00	48.25
国防工业出版社	35.00	47.06
九州出版社	33.00	44.59
中国传媒大学出版社	31.00	50.00
河北大学出版社	30.00	51.52
西南财经大学出版社	28.00	46.88
中国文史出版社	28.00	43.52
中央民族大学出版社	27.00	69.35
合肥工业大学出版社	27.00	46.08
湖南大学出版社	27.00	45.45
文物出版社	26.00	36.96
安徽师范大学出版社	25.00	40.54
文化艺术出版社	24.00	45.83
首都经济贸易大学出版社	24.00	44.12
安徽大学出版社	23.00	47.22
浙江工商大学出版社	22.00	43.62
中国书籍出版社	22.00	73.08
中央编译出版社	21.00	50.00
上海社会科学院出版社	21.00	37.08
中国政法大学出版社	20.00	50.82
上海三联书店	20.00	35.81
中国言实出版社	20.00	42.65
中国检察出版社	17.00	43.97
中国发展出版社	16.00	38.16
宗教文化出版社	15.00	41.67

学术出版机构	责任编辑数量（人）	学术图书基本要件完备率（%）
世界图书出版广东公司	8.00	52.19
东北大学出版社	5.00	43.75
经济日报出版社	3.00	46.25
重庆出版社	3.00	45.59
94 家学术出版机构均值	62.10	46.05
101 家学术出版机构均值	86	45.89

通过聚类分析发现，学术出版机构间的编辑资源和学术出版的规范性差异较大。部分具有编辑资源优势的学术出版机构还没有形成学术图书规范性，与之相反的是，编辑资源相对较少的学术出版机构其学术图书规范性相对较好。这说明当前国内学术出版机构在学术规范的制度建设上还存在一定的不足，人力资源优势还没有得到有效的发挥。

（三）学术产品营销传播能力

1. 自媒体运作能力

截至 2016 年 6 月 1 日，101 家学术出版机构微博的平均粉丝数为 35988 人，微博平均发表条数为 2610 条。其中，微博粉丝数在 100000 人以上的学术出版机构为 34 家；101 家学术出版机构官方微博共发送 263579 条，其中，有 5 家学术出版机构平均发送微博条数是 10000 条，这 5 家学术出版机构共发送微博 100207 条。需要指出的是，有 11 家学术出版机构没有检索到官方微博。① 可以看出学术出版机构的自媒体运作能力差距较大。

学术出版机构对于利用自媒体进行营销传播的意识有待加强。尽管馆配市场的格局受到出版社品牌等累积因素的影响，新兴媒体营销方式的冲击暂时还没显现出来。随着图书市场竞争日趋激烈，媒体宣传的作

---

① 数据来源：网络检索，检索时间为 2016 年 6 月 1 日。下同。

用越来越大,尤其是互联网以及各类终端技术的发展,大众获取信息的渠道正在悄然发生着变化,微博、微信正在深刻改变着资讯传播方式。有效地利用自媒体进行学术图书的传播、推广乃是大势所趋,应该引起学术出版机构的高度重视。需要说明的是,虽然本研究的馆配市场占有率包含了出版机构的学术图书和非学术图书,但是学术图书由于受众面等因素决定了其主要流向领域为各图书馆,这一数据大致可以反映出学术图书的馆配市场分布格局。

2. 传统媒体运作能力

在传统媒体宣传方面,截至 2016 年 6 月 1 日,在 2011~2015 年期间排名前 10 位的出版机构的图书被媒体报道的平均次数为 206 次,总次数为 2059 次。2011~2015 年,101 家学术出版机构的图书被媒体报道的平均次数为 54 次,总次数为 5458 次。其中有 20 家学术出版机构在 2011~2015 年学术图书被传统媒体报道的平均次数在 10 次(含)以下。可以看出,媒体报道次数相对集中,大多数学术出版机构在传统媒体上宣传的力度有待提高。

3. 馆配市场占有率

本研究采用了 2014 年 101 家学术出版机构在全国馆配市场的码洋份额这一数据。通过比较发现,101 家学术出版机构的码洋份额约占全国的 45.96%,均值约为 0.46%。而排名前 10 位的学术出版机构的码洋份额占全国的 22.11%,占 101 家学术出版机构的 48.10%,均值为 2.2%。101 家学术出版机构中有 70 家码洋份额低于 0.46% 这一均值。说明学术出版机构在全国馆配市场的码洋份额也相对集中。

4. 成因性指标与结果性指标综合分析

以 101 家学术出版机构媒体运作能力得分和馆配市场表现为变量,进行聚类分析,生成聚类树状图,如图 7-6 所示。从图 7-6 可以清晰地看出 101 家学术出版机构大致分为 3 类。

(1)第 1 类为中国文史出版社、民族出版社、黑龙江人民出版社

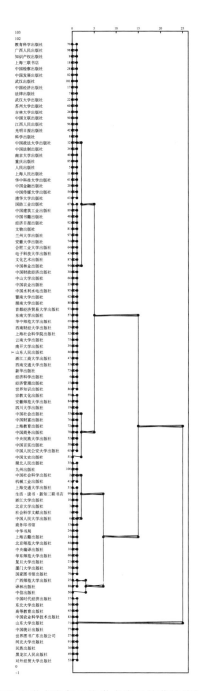

图 7 - 6　101 家学术出版机构学术产品的营销传播能力聚类

等 11 家学术出版机构 (见表 7 - 16)。

表 7 - 16　学术产品营销传播能力——第 1 类学术出版机构

学术出版机构	媒体运作能力 (分)	馆配市场表现 (%)
中国文史出版社	0.19	0.35
民族出版社	0.14	0.06
黑龙江人民出版社	0.14	0.01
世界图书出版广东公司	0.10	0.12
中国统计出版社	0.09	0.09
对外经济贸易大学出版社	0.08	0.15
河北大学出版社	0.08	0.03
中国农业科学技术出版社	0.06	0.10
高等教育出版社	0.05	0.85
中国时代经济出版社	0.04	0.09
东北大学出版社	0.03	0.03
第 1 类学术出版机构均值	0.09	0.17
101 家学术出版机构均值	0.43	0.46

注：数据来源：网络检索，检索时间为 2016 年 6 月 1 日。下同。

依据数据搜集范围得出的计算结果显示，在 101 家学术出版机构中，这 11 家学术出版机构相对于其他学术出版机构媒体运作能力得分和馆配市场表现都不理想。其中媒体运作能力平均得分为 0.09 分，远低于 101 家学术出版机构的平均得分 (0.43 分)；馆配市场表现均值为 0.17%，也远低于 101 家学术出版机构均值 (0.46%)。说明少数出版机构的营销意识有待加强。

(2) 第 2 类为人民出版社、中国法制出版社、中国政法大学出版社等 68 家学术出版机构 (见表 7 - 17)。这 68 家学术出版机构相对于其他学术出版机构媒体运作能力得分和馆配市场表现均不想理。媒体运作能力平均得分为 0.40 分，略低于 101 家学术出版机构的平均得分 (0.43 分)；馆配市场表现均值为 0.34%，略低于 101 家学术出版机构均值（0.46%）。尽管有个别学术出版机构的馆配市场表现较好，但是媒体运作能力得分并不与之相匹配。说明这些学术出版机构的营销传播能力当前的结果性指标表现良好，但是其成因性指标依然存在提升的空间。

表 7 - 17　学术产品营销传播能力——第 2 类学术出版机构

学术出版机构	媒体运作能力（分）	馆配市场表现（%）
人民出版社	0.55	0.94
中国法制出版社	0.53	0.49
中国政法大学出版社	0.53	0.26
南京大学出版社	0.53	0.44
上海人民出版社	0.50	0.58
华中科技大学出版社	0.50	0.69
中国金融出版社	0.50	0.15
中国传媒大学出版社	0.50	0.17
清华大学出版社	0.49	3.47
电子科技大学出版社	0.48	0.13
法律出版社	0.47	0.79
苏州大学出版社	0.47	0.10
武汉大学出版社	0.47	0.50
江西人民出版社	0.47	0.07
中国文联出版社	0.47	0.08
吉林大学出版社	0.47	0.08
光明日报出版社	0.46	0.38
广西人民出版社	0.45	0.12
教育科学出版社	0.45	0.08
重庆大学出版社	0.45	0.25
知识产权出版社	0.45	0.39
上海三联书店	0.44	0.48
中国发展出版社	0.44	0.11
中国检察出版社	0.44	0.08

续表

学术出版机构	媒体运作能力（分）	馆配市场表现（%）
武汉出版社	0.44	0.09
中国经济出版社	0.44	0.52
科学出版社	0.43	3.60
华中师范大学出版社	0.42	0.07
东南大学出版社	0.42	0.38
首都经济贸易大学出版社	0.42	0.07
湖南大学出版社	0.41	0.06
浙江工商大学出版社	0.41	0.07
山东人民出版社	0.41	0.14
西南交通大学出版社	0.40	0.22
经济科学出版社	0.40	0.56
新华出版社	0.40	0.25
经济管理出版社	0.40	0.49
世界知识出版社	0.40	0.11
上海社会科学院出版社	0.39	0.17
西南财经大学出版社	0.39	0.12
山东大学出版社	0.39	0.06
南开大学出版社	0.39	0.13
云南大学出版社	0.39	0.02
中国水利水电出版社	0.38	0.68
中国农业出版社	0.38	0.21
中山大学出版社	0.38	0.10
中国财政经济出版社	0.38	0.22
暨南大学出版社	0.37	0.16
合肥工业大学出版社	0.36	0.11
兰州大学出版社	0.36	0.04
文物出版社	0.36	0.12
安徽大学出版社	0.36	0.05
中国林业出版社	0.35	0.26
文化艺术出版社	0.35	0.12

续表

学术出版机构	媒体运作能力（分）	馆配市场表现（%）
国防工业出版社	0.34	0.64
中国建筑工业出版社	0.34	0.86
经济日报出版社	0.34	0.04
中国书籍出版社	0.34	0.36
中国人民公安大学出版社	0.31	0.09
中国言实出版社	0.30	0.18
中央民族大学出版社	0.30	0.05
中国商务出版社	0.29	0.02
上海教育出版社	0.28	0.05
中国财富出版社	0.28	0.22
中国社会出版社	0.27	0.11
四川大学出版社	0.26	0.09
安徽师范大学出版社	0.25	0.06
宗教文化出版社	0.25	0.03
第 2 类学术出版机构均值	0.40	0.34
101 家学术出版机构均值	0.43	0.46

（3）第 3 类为中信出版社、译林出版社、社会科学文献出版社等 22 家学术出版机构（见表 7－18）。在 101 家学术出版机构中，这 22 家学术出版机构相对于其他学术出版机构媒体运作能力得分和馆配市场表现两个方面都表现得很突出。其中媒体运作能力平均得分为 0.69 分，远高于 101 家学术出版机构的平均得分（0.43 分）；馆配市场表现均值为 0.96%，也高于 101 家学术出版机构均值（0.46%）。

表 7－18　学术产品营销传播能力——第 3 类学术出版机构

学术出版机构	媒体运作能力（分）	馆配市场表现（%）
中信出版社	0.95	0.95
译林出版社	0.85	0.51
广西师范大学出版社	0.81	0.73

续表

学术出版机构	媒体运作能力（分）	馆配市场表现（%）
北京大学出版社	0.75	1.74
上海交通大学出版社	0.73	0.45
浙江大学出版社	0.71	0.59
生活·读书·新知三联书店	0.70	0.40
中华书局	0.69	0.73
商务印书馆	0.69	0.77
社会科学文献出版社	0.69	1.76
中国人民大学出版社	0.68	1.62
上海古籍出版社	0.68	0.46
复旦大学出版社	0.67	0.30
厦门大学出版社	0.66	0.22
华东师范大学出版社	0.65	0.31
国家图书馆出版社	0.64	3.20
中央编译出版社	0.64	0.74
北京师范大学出版社	0.63	0.42
湖北人民出版社	0.59	0.09
中国社会科学出版社	0.59	1.00
九州出版社	0.59	0.41
机械工业出版社	0.57	3.82
第3类学术出版机构均值	0.69	0.96
101家学术出版机构均值	0.43	0.46

在前文论述中，媒体运作能力反映了学术出版机构营销传播的实际运作能力，或者说是形成营销传播能力的潜力；馆配市场表现反映了学术出版机构营销传播能力的现实表现，是结果性指标。通过分析发现，当前学术出版机构的营销传播能力在媒体运作能力和馆配市场表现两个指标上差距较大。101家学术出版机构中只有22家的媒体运作能力、馆配市场表现两个指标良好，其余79家学术出版机构均表现不甚理想。甚至有少数出版机构这两项指标的表现与101家学术出

版机构均值差距较大。

（四）数字出版能力

1. 数字化出版战略

101 家学术出版机构普遍重视数字化转型，数字出版转型已经成为趋势。设置独立数字出版部门的出版机构占全部 101 家学术出版机构的 72%，其中，数字出版能力排名前 10 位的学术出版机构都有独立的数字出版部门。例如，社会科学文献出版社设立了信息化与数字出版工作委员会作为信息化和数字出版工作的主要决策机构，并设立了数字出版分社这一专门的数字出版职能部门。

2. 数字化建设水平

本研究统计了 101 家学术出版机构入选"数字出版转型示范单位""国家数字复合出版系统工程应用试点单位""专业数字内容资源知识服务模式试点单位"的总量（见表 7 – 19）。能够入选三个项目其中一项及以上的学术出版机构只有 24 家，占总数的 24% 左右。从宏观层面来看，多数学术出版机构的数字化建设水平还不尽如人意。与广大学术出版机构高度重视数字出版转型形成鲜明对比的是，这 101 家学术出版机构数字出版建设能力还有待提高。说明尽管多数学术出版机构开始重视数字出版转型，但是转型力度不够。学术出版机构在数字出版方面的投入还有待提高。当前，国内的数字出版产业收入占新闻出版产业总收入的 20.5%，而国外的许多传统出版企业的数字化产品收入已占到其总收入的 70%。我国尚缺乏成熟的数字版权保护机制，导致以内容收费为主的商业模式收益无法得到保障，从而影响了传统出版机构数字化投入的积极性。

在这 24 家学术出版机构中，专业出版社为 12 家。"数字出版转型示范单位""国家数字复合出版系统工程应用试点单位""专业数字内容资源知识服务模式试点单位"三项国家级数字出版项目全部入选的 4 家学术出版机构均为专业出版社。说明专业出版社对数字化转型方面投

表7-19　101家学术出版机构入选"数字出版资助项目"数量统计

出版机构	入选"数字出版 资助项目"（项）	出版机构	入选"数字出版 资助项目"（项）
社会科学文献出版社	3	武汉大学出版社	1
知识产权出版社	3	广西师范大学出版社	1
中国建筑工业出版社	3	中国法制出版社	1
中国水利水电出版社	3	湖北人民出版社	1
法律出版社	2	民族出版社	1
中国农业出版社	2	北京师范大学出版社	1
华中科技大学出版社	2	高等教育出版社	1
华东师范大学出版社	2	清华大学出版社	1
经济科学出版社	1	国防工业出版社	1
人民出版社	1	中国发展出版社	1
浙江大学出版社	1	重庆大学出版社	1
上海人民出版社	1	中国林业出版社	1

注：数据来源于网络检索，检索时间为2016年7月。

入力度较大，数字化建设水平相对较高。因为专业内容资源更适合数字化出版和传播，所以会有更多的顾客群体。

3. 成因性指标与结果性指标综合分析

以"有无独立数字出版部门"和"入选数字出版资助项目"为变量，对101家学术出版机构进行聚类分析，生成聚类树状图（如图7-7所示），可以看出101家学术出版机构大致分为4类。

（1）第1类为社会科学文献出版社、知识产权出版社、中国建筑工业出版社、中国水利水电出版社、法律出版社、中国农业出版社、华中科技大学出版社、华东师范大学出版社共8家学术出版机构。在101家学术出版机构中，这8家学术出版机构相对于其他93家学术出版机构在数字化出版战略和数字化建设水平上表现最好。这8家学术出版机构均有独立的数字出版部门，体现了数字出版战略的明确性。同时，入选"数字出版资助项目"数量较多，社会科学文献出版社、知识产权

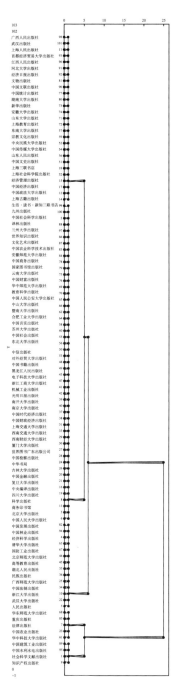

图 7－7 101 家学术出版机构数字出版能力聚类

出版社、中国建筑工业出版社、中国水利水电出版社入选了全部三项数字出版资助项目。法律出版社、中国农业出版社、华中科技大学出版社、华东师范大学出版社入选了全部三项数字出版资助项目中的两项。相对而言，这 8 家学术出版机构在数字化出版战略和数字化建设水平两个方面的综合能力要强于其他学术出版机构。

（2）第 2 类为经济科学出版社、人民出版社、浙江大学出版社、上海人民出版社、武汉大学出版社、广西师范大学出版社、中国法制出版社、湖北人民出版社、民族出版社、北京师范大学出版社、高等教育出版社、清华大学出版社、国防工业出版社、重庆大学出版社、中国林业出版社、中国发展出版社共 16 家学术出版机构。在 101 家学术出版机构中，这 16 家学术出版机构相对于其他学术出版机构在数字化出版战略上表现较好，均有独立的数字出版部门；但是数字化建设水平一般，均值入选了一项数字出版资助项目。说明这 16 家学术出版机构虽然有明确的数字化出版战略，其数字化建设水平也取得了一定的成效，但是依然有提升的空间。

（3）第 3 类为北京大学出版社、中国人民大学出版社、科学出版社、商务印书馆、中央编译出版社等 50 家学术出版机构，他们都有独立的数字出版部门，但是没有入选前文所述的三项数字出版资助项目中的任何一项。一定意义上，这些学术出版机构有较为明确的数字化出版战略，但是整体上相对于第 1 类和第 2 类的 24 家学术出版机构而言，在数字化建设水平上还有待提高。

（4）第 4 类为上海古籍出版社、经济管理出版社、中国经济出版社等 27 家学术出版机构。这 27 家学术出版机构没有独立的数字出版部门，说明这些学术出版机构在数字化出版战略上还有待明晰。同时，这些出版机构也没有入选前文所述的三项数字出版资助项目中的任何一项，说明数字化建设水平也有待提高。

综上所述，只有少数的学术出版机构在数字化出版战略和数字化建设水平两个方面均表现极为突出。多数学术出版机构数字化建设水平还有待提高，少数学术出版机构还需要在数字出版转型上制定明确的战略。

（五）国际出版能力

1. 国际出版战略

检索 101 家学术出版机构的官网，发现有独立国际出版部门的学术出版机构只有 35 家，占总数的 34.7%[①]（见表 7 - 20）。说明学术出版机构对于国际出版的重视程度还有待提高，学术出版机构总体上缺乏国际出版战略。

表 7 - 20　有独立国际出版部门的学术出版机构

有独立国际出版部门的学术出版机构	社会科学文献出版社	北京师范大学出版社
	北京大学出版社	高等教育出版社
	人民出版社	中信出版社
	中国人民大学出版社	暨南大学出版社
	法律出版社	清华大学出版社
	科学出版社	中山大学出版社
	商务印书馆	华中师范大学出版社
	中央编译出版社	云南大学出版社
	四川大学出版社	世界知识出版社
	中国金融出版社	译林出版社
	复旦大学出版社	文化艺术出版社
	中华书局	中国建筑工业出版社
	广西师范大学出版社	中国水利水电出版社
	上海交通大学出版社	重庆出版社
	中国财政经济出版社	生活·读书·新知三联书店
	机械工业出版社	人民交通出版社
	光明日报出版社	新世界出版社
		九州出版社

---

① 数据来源：网络检索，检索时间为 2016 年 7 月。下同。

2. 国际出版产出能力

反映国际出版产出能力的优秀国际图书的出版数量呈现出高度集中的趋势，2011～2015 年，101 家学术出版机构中出版过"国家社科基金中华学术外译"项目或"经典中国国际出版工程"项目图书的学术出版机构只有 44 家，占总数的 43.6%。其中，排名前 10 位的学术出版机构出版的"国家社科基金中华学术外译"项目或"经典中国国际出版工程"项目图书的数量占总数的 74.1%（见表 7 - 21）。说明多数学术出版机构国际出版产出能力还不强，有限的优质国际图书集中在少数出版社出版。

表 7 - 21　优秀国际图书出版数量统计

机构名称	优秀国际图书出版数量（种）	机构名称	优秀国际图书出版数量（种）
社会科学文献出版社	62	浙江大学出版社	3
中国人民大学出版社	55	中国言实出版社	3
科学出版社	32	中国财政经济出版社	3
高等教育出版社	31	教育科学出版社	3
中国社会科学出版社	30	上海交通大学出版社	2.5
北京大学出版社	26	九州出版社	2
北京师范大学出版社	20	华东师范大学出版社	2
人民出版社	12	江西人民出版社	2
中华书局	10	中国水利水电出版社	2
云南大学出版社	10	中国林业出版社	2
清华大学出版社	9	中国建筑工业出版社	2
译林出版社	9	华中师范大学出版社	2
生活·读书·新知三联书店	7	文物出版社	1
经济科学出版社	5	知识产权出版社	1
江苏人民出版社	5	中国政法大学出版社	1
南京大学出版社	5	光明日报出版社	1
广西师范大学出版社	4	武汉大学出版社	1
商务印书馆	4	新华出版社	1

机构名称	优秀国际图书出版数量（种）	机构名称	优秀国际图书出版数量（种）
民族出版社	4	当代中国出版社	1
中央编译出版社	4	中国检察出版社	1
上海人民出版社	3	重庆大学出版社	1
机械工业出版社	3	国防工业出版社	1

注：数据来源于网络检索，检索时间为2016年7月。下同。

3. 国际传播能力

传统大社、强社在国际图书馆藏量方面优势明显，尤其是专业出版社的国际传播能力较强。以《中国图书世界馆藏影响力调查报告（2015版）》所提供的数据为例，中国图书被国外图书馆馆藏的品种数排名前10位的出版社的分布为：专业出版社占7家，分别是科学出版社、中国社会科学出版社、社会科学文献出版社、法律出版社、经济科学出版社、中国文史出版社、中华书局；大学出版社占2家，分别是北京大学出版社、清华大学出版社；人民社占1家，为人民出版社（见表7-22）。而《中国图书海外馆藏影响力研究报告（2016版）》的数据显示，国际馆藏影响力排名前10位的出版社中有9家为专业出版社，其余1家为大学出版社（见表7-23）。

表7-22　2014年中国图书国外图书馆馆藏影响力排名前10位的出版机构

排名	出版机构
1	科学出版社
2	中国社会科学出版社
3	社会科学文献出版社
4	法律出版社
5	北京大学出版社
6	经济科学出版社

续表

排名	出版机构
7	人民出版社
8	清华大学出版社
9	中国文史出版社
10	中华书局

表 7 - 23　2015 年中国图书国际馆藏影响力排名前 10 位的出版机构

排名	出版机构
1	科学出版社
2	中国社会科学出版社
3	社会科学文献出版社
4	法律出版社
5	化学工业出版社
6	机械工业出版社
7	人民邮电出版社
8	人民出版社
9	清华大学出版社
10	电子工业出版社

4. 成因性指标与结果性指标综合分析

以"国际出版产出能力"和"国际传播能力"为变量对 101 家学术出版机构进行聚类分析,生成聚类图(见图 7-8)。发现两次聚类结果一致,101 家学术出版机构大致分为 3 大类。

(1)第 1 类为科学出版社和中国社会科学出版社(见表 7-24)。在 101 家学术出版机构中,这两家出版社国际出版产出能力相对较强,国际出版产出能力的指标"优秀国际图书出版数量"在 101 家学术出版机构中分列第 3 位和第 5 位,均值为 31 种,远高于 101 家学术出版机构的均值(3.8 种);在 101 家学术出版机构中,这两家出版社的国际传播能力最强,国际传播能力的指标"国际图书馆藏量"在 101 家

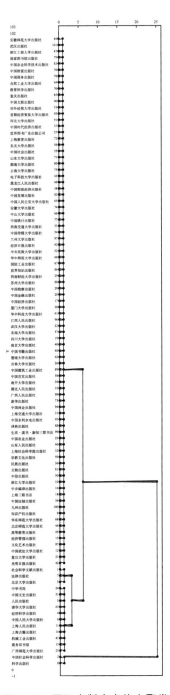

图 7 - 8　国际出版产出能力聚类

学术出版机构中分列第 1 位和第 2 位，均值为 1379 种，远高于 101 家学术出版机构的均值（205 种）；科学出版社有独立的国际出版部门，而本研究通过网络检索没有发现中国社会科学出版社拥有独立的国际出版部门。

表 7 - 24　国际出版产出能力——第 1 类学术出版机构

出版机构	有无国际出版部门	优秀国际图书出版数量（种）	国际图书馆藏量（种）
科学出版社	有	32	1444
中国社会科学出版社	无	30	1314
2 家学术出版机构均值		31	1379
101 家学术出版机构均值		3.8	205

（2）第 2 类为社会科学文献出版社、法律出版社、北京大学出版社、经济科学出版社、人民出版社、清华大学出版社、中国文史出版社、中华书局、中国人民大学出版社、广西师范大学出版社、上海古籍出版社、上海人民出版社、机械工业出版社、商务印书馆共 14 家学术出版机构（见表 7 - 25）。这 14 家学术出版机构在 101 家学术出版机构中属于国际出版产出能力较强的群体，国际出版产出能力的指标"优秀国际图书出版数量"均值为 13.8 种，明显高于 101 家学术出版机构的均值（3.8 种）；国际传播能力在 101 家学术出版机构中也较强，国际传播能力的指标"国际图书馆藏量"均值为 617 种，远高于 101 家学术出版机构的均值（205 种）。在 14 家学术出版机构中，11 家有独立的国际出版部门。尤其需要指出的是，社会科学文献出版社和中国人民大学出版社的国际出版产出能力在 101 家出版社中表现抢眼。在本研究搜集的数据时间段内（2011 ~ 2015 年），两家学术出版机构所出版的"国家社科基金中华学术外译"项目和"经典中国国际出版工程"项目的学术图书数量分别为 62 种和 55 种，在 101 家学术出版机构中分列第 1 位和第 2 位。

表 7-25　国际出版产出能力——第 2 类学术出版机构

出版机构	有无国际出版部门	优秀国际图书出版数量（种）	国际图书馆藏量（种）
社会科学文献出版社	有	62	961
法律出版社	有	0	918
北京大学出版社	有	26	843
经济科学出版社	有	5	664
人民出版社	有	12	646
清华大学出版社	有	9	627
中国文史出版社	无	0	604
中华书局	有	10	594
中国人民大学出版社	有	55	573
广西师范大学出版社	有	4	514
上海古籍出版社	无	0	455
上海人民出版社	无	3	440
机械工业出版社	有	3	422
商务印书馆	有	4	378
14 家学术出版机构均值		13.8	617
101 家学术出版机构均值		3.8	205

（3）第 3 类为高等教育出版社、北京师范大学出版社、云南大学出版社等 85 家学术出版机构（见表 7-26）。这 85 家学术出版机构国际出版产出能力较弱，国际出版产出能力的指标"优秀国际图书出版数量"均值为 1.5 种，明显低于 101 家学术出版机构的均值（3.8 种）。国际传播能力在 101 家学术出版机构中也属于较弱的群体，国际传播能力的指标"国际图书馆藏量"均值为 109 种，低于 101 家学术出版机构的均值（205 种）。这 85 家学术出版机构只有 22 家有独立的国际出版部门。

聚类分析结果说明（见图 7-8），101 家学术出版机构的国际出版能力差距很大。其中，超过 85 家学术出版机构在国际出版战略（指标为有无独立国际出版部门，下同）、国际出版产出能力、国际传播能力三个方面相对于表现较好的学术出版机构都有较大的提升空间，只有少数的学术出版机构在三个方面的表现均较为突出。多数学术出版机构的国际出版战略还不够清晰，表现为没有独立的国际出版部门，即使是在国际出版产出能力和国际传播能力均很强的学术出版机构也依然存在没有独立的国际出版部门的情况。出版机构应该高度重视这个问题，明晰自身的国际出版战略定位，打造国际出版产出能力，进而提升国际传播能力。

表 7-26　国际出版产出能力——第 3 类学术出版机构

出版机构	有无独立国际出版部门	优秀国际图书出版数量（种）	国际图书馆藏量（种）
高等教育出版社	有	31	212
北京师范大学出版社	有	20	225
云南大学出版社	有	10	43
译林出版社	有	9	127
生活·读书·新知三联书店	有	7	133
中央编译出版社	有	4	291
中国财政经济出版社	有	3	53
上海交通大学出版社	有	2	114
九州出版社	有	2	259
中国水利水电出版社	有	2	118
中国建筑工业出版社	有	2	101
华中师范大学出版社	有	2	66
光明日报出版社	有	1	191
中信出版社	有	0	320
复旦大学出版社	有	0	202
四川大学出版社	有	0	143
暨南大学出版社	有	0	99
中国金融出版社	有	0	85
世界知识出版社	有	0	72

出版机构	有无独立国际出版部门	优秀国际图书出版数量（种）	国际图书馆藏量（种）
中山大学出版社	有	0	61
安徽大学出版社	有	0	59
中国商务出版社	有	0	0
南京大学出版社	无	5	159
民族出版社	无	4	311
浙江大学出版社	无	3	286
中国言实出版社	无	3	98
教育科学出版社	无	3	0
华东师范大学出版社	无	2	234
江西人民出版社	无	2	150
中国林业出版社	无	2	113
文物出版社	无	1	307
知识产权出版社	无	1	240
中国政法大学出版社	无	1	205
武汉大学出版社	无	1	146
新华出版社	无	1	113
中国检察出版社	无	1	76
重庆大学出版社	无	1	76
国防工业出版社	无	1	72
西南交通大学出版社	无	1	61
上海三联书店	无	0	275
中国法制出版社	无	0	257
文化艺术出版社	无	0	220
经济管理出版社	无	0	215
厦门大学出版社	无	0	173
中国经济出版社	无	0	171
华中科技大学出版社	无	0	150
东南大学出版社	无	0	147

续表

出版机构	有无独立国际出版部门	优秀国际图书出版数量（种）	国际图书馆藏量（种）
山东人民出版社	无	0	133
中国农业出版社	无	0	131
宗教文化出版社	无	0	127
上海社会科学院出版社	无	0	123
湖北人民出版社	无	0	116
广西人民出版社	无	0	115
吉林大学出版社	无	0	101
中国书籍出版社	无	0	99
南开大学出版社	无	0	96
西南财经大学出版社	无	0	71
苏州大学出版社	无	0	70
经济日报出版社	无	0	65
中国传媒大学出版社	无	0	64
兰州大学出版社	无	0	64
中央民族大学出版社	无	0	63
中国统计出版社	无	0	62
中国人民公安大学出版社	无	0	59
电子科技大学出版社	无	0	56
黑龙江人民出版社	无	0	55
中国发展出版社	无	0	51
山东大学出版社	无	0	47
湖南大学出版社	无	0	43
中国社会出版社	无	0	38
世界图书出版广东公司	无	0	36
上海教育出版社	无	0	36
东北大学出版社	无	0	34
河北大学出版社	无	0	28
对外经济贸易大学出版社	无	0	27

出版机构	有无独立国际出版部门	优秀国际图书出版数量（种）	国际图书馆藏量（种）
首都经济贸易大学出版社	无	0	27
中国时代经济出版社	无	0	24
中国文联出版社	无	0	5
浙江工商大学出版社	无	0	0
合肥工业大学出版社	无	0	0
中国财富出版社	无	0	0
国家图书馆出版社	无	0	0
中国农业科学技术出版社	无	0	0
安徽师范大学出版社	无	0	0
武汉出版社	无	0	0
85 家学术出版机构均值		1.5	109
101 家学术出版机构均值		3.8	205

第八章 国外学术出版能力分析与中国借鉴[*]

国外学术出版已有数百年历史，经历了探索、磨难、积累、突破、繁荣、发展的各个阶段。学术出版机构也经历了数百年的发展历程，创立于1478年的牛津大学出版社已有500多年的历史，创立于1534年的剑桥大学出版社也有近500年的历史。学术出版机构通过不断地积累，形成了自己的专业优势和品牌特色，拥有了独特的学术出版能力。提升学术出版能力是中国出版界在供给侧结构性改革背景下自我突破、自我完善的重要举措。国外先进学术出版的发展多是在市场机制下完成，在应对经济社会各种障碍的过程中积累了丰富的经验，形成了特有的发展实力。借鉴国外学术出版能力建设经验，对当前中国学术出版能力的提升有重要的启示价值。

第一节 国外学术出版的宏观环境

国外学术出版的特点与其历史文化背景和所处的宏观环境有密切关系，其学术出版能力的养成和提升，需要政府层面的宏观环境、行业的抱团取暖和自身的开拓创新。在市场化大背景下，西方出版业采用市场

---

[*] 除特殊说明外，本章机构数据来自公开网络。

化方式运行，其行业协会也按市场化机制运作。政府为促进出版业发展，创设了适合其发展的宏观环境，以及为规范其发展而制定了各种监管措施。学术出版由于其公益性成为西方国家政府扶持的少数行业之一。

一　政策环境

出版业发达的国家一般不设立统一管理出版业的专门的政府机构，而是采用注册登记制，依托于本国的信用体系和法律体系进行管理。这些国家调控出版业主要运用经济手段。经济手段是出版业发达的国家调控新闻出版企业行为、管理出版物内容和结构的重要手段。经济手段主要有税收制度、借贷制度、基金制度、出版物价格制度、稿酬制度、资助和补贴政策、出版物邮寄发行优惠政策等（李祥洲，2004）。例如，日本政府通过财政补贴、税收优惠、廉价转移资源、信贷优惠等方式支持出版业发展。欧盟通过财政支持、税收优惠和各种基金引导支持出版业发展。美国与前二者不同，对于营利性出版机构，政府按照普通市场主体的方式管理，但会为其提供版权保护，支持相关出版标准的制定；对于非营利性出版机构，则提供各种资助、免税，甚至直接投资。法国政府采用拨付保证金、建立图书出版担保基金等方式来帮助出版机构获得银行贷款，并提供各种贷款优惠。此外，美国、日本等国还会对出版物的邮寄费用给予优惠。

西方国家十分重视出版方面的对外交流，尤其注重出版物的出口和对外传播，对图书"走出去"进行补贴和资助。图书出版在对外活动中占有重要地位，例如，法国把图书出版作为公共外交的重要手段和途径，对图书出口提供补贴；图书出版在德国外交中处于支柱地位，德国政府对图书出口提供补贴和税收优惠；英国政府也对图书出口提供资助和税收优惠。此外，这些国家会成立相关的机构，帮助出版机构对外交流，为出版提供渠道参与国际交流，资助出版机构参加国外书展、研讨会等国际交流活动。

除了提供优惠政策外，西方国家还为出版业提供较为完善的公共服务体系。例如，美国政府为新闻出版业提供了包括低廉的图书邮递服务、版权保护、信息标准制定、出版人才保障体系等在内的服务体系，既促进了出版业的发展，又避免了政府对出版市场的干预。

二 版权管理

版权是学术著作相关权利人权利界定和划分的唯一工具和保障。版权管理工作是促进出版业发展的重中之重。版权管理有两层含义，一是著作权权利的划分与认定，二是著作权权利的保护。前者侧重于版权管理的行政属性，后者侧重于版权管理的法律属性。前者是基础和标准，后者依托前者实施；后者是手段和目标，没有后者，前者将无意义。版权管理又分为对内管理和对外管理，对内管理，是国家或地区范围内版权事物的处理与版权保护；对外管理，是国家或地区在对外版权贸易过程中关于版权事物的处理与版权保护。对内管理的目标是促进本国科学文化繁荣发展，确保作品创作的有序进行；对外管理的目标是维护本国著作权权利，确保本国在国际版权贸易中的权利和收益。

各国对图书出版业都实行严格的版权管理政策。国外政府一般都设立了专门管理版权事务的政府机构，并专门为版权立法。版权管理机构既是行政机构，又是法律机构。例如，美国国家版权局既是国会图书馆下属的一个机构，又是政府立法机构的一个组织部分，既负责处理版权相关行政事务，又负责处理版权相关法律事项。

受出版业整体发展环境影响，各国越来越重视版权贸易。版权贸易在外国出版业中的地位凸显，国外政府越来越注重版权贸易保护方面的布局与实施。美国在《关税及贸易总协定》（GATT）乌拉圭回合谈判中，全力推动建立与国际贸易相关的国际版权保护体制和机制，最终达成了《与贸易有关的知识产权协议》（Agreement on Trade-Related Aspects of Intellectual Property Rights，TRIPS）。美国政府制定超级 301 条款，为本国著作权产品（图书、音像、计算机软件等）进入外国市场提供保护。美国政府会将侵犯本国产品版权或专利权的贸易方列入其黑名单，并酌情在其他双方贸易中予以惩罚。[①]

三　行业协作

出版业发达的国家一般实行市场化运作。出版机构十分重视抱团取暖，行业协作普遍，行业协会在其中发挥了主要作用。

在出版业发达国家，出版领域的多个环节设有行业组织。行业协会是出版机构抱团取暖的组织，是行业与政府沟通协商的渠道，也是出版业发达国家管理出版行业的途径和抓手。

国外出版行业协会大多属于经法律认可的非营利机构，一般为社团，可以从事正常的出版商业活动。出版行业协会一般采用会员制。协会为会员提供多领域、多种类的服务，包括以下九大方面：维权和法律咨询，维护会员合法权益；提供经济信息、政策信息、法律信息；提供市场预测、技术支持、业务培训等服务；建立会员间的信息共享与交流平台，举办书展等行业活动；代表会员通过媒体发声，提升行业整体的社会影响力和国际影响力；组织会员与其他国家出版机构进行国际交流；协调会员之间的行动，维护会员之间的良好关系；建立行业公序良俗，监督行业不良行为，实施行业自律；代表会员与政府交涉，建议政府制定保护和发展出版行业的相关政策和措施。

例如，日本书籍出版协会（Japan Book Publishers Association，JB-PA）的主要职责是联络政府和出版相关团体，促进出版机构间的共赢合作；促进出版业的国际交流，并对出版业存在的普遍问题进行调查研究，提出改进的对策建议；与日本杂志协会（Japan Magazine Publishers

---

① 根据财政部财政科学研究所、新闻出版总署计划财务司联合课题组（2013）资料整理。

Association，JMPA）共同制定《出版伦理纲领》（the Code of Ethics），作为行业必须遵守的自律行为准则。俄罗斯出版商协会（Publishers Association of Russia，PAR）的主要职责是保护成员在经济、法律等方面的利益；保护出版业立法，使本国相关法律与国际法保持同步；组织研讨会、培训等活动，为出版机构提供联络和交流平台；在俄罗斯本国举办的书展上为一些租不起展位的地区性出版机构提供免费展台；组织出版机构参加海外书展；与外国政府机构和公共组织建立合作关系，提升本国在国际出版界的影响力和话语权。

第二节　国外学术出版概况及特点

国外学术出版发达的国家主要有美国、英国、德国、法国、荷兰、日本等。国外学术出版有时又称为 STMS（Science，Technology，Medicine & Social-science）出版，即科学、技术、医药、社会科学出版，说明学术出版一般指对四大专业领域内容的出版。

一　大学出版社在学术出版领域占据主导地位

在学术出版发达的国家，一般情况下，其学术活动主要在大学进行，因为学术出版最早发源于大学，学者资源主要在大学。大学出版社建立的目的即为学者出版学术作品和提供学术交流服务。当形成一定规模后，大学出版社利用大学和大学学者的学术地位，挖掘学术内容资源，完成学术作品的出版，并利用大学和学者的学术影响力宣传推广学术出版物，形成大学出版社学术出版与学者发布学术成果的良性互动。国外大学出版社在学术出版领域已经产生规模效应和集聚效应，外国学术及学术出版的发展离不开大学出版社的持续发展。在美国，拥有100年以上历史的大学出版社有芝加哥大学出版社（The University of Chicago Press，UCP）、约翰·霍普金斯大学出版社（Johns Hopkins University

Press，JHU Press)、哥伦比亚大学出版社 (Columbia University Press，CUP) 等。这些出版社主要出版学术作品。

二　同时出版图书与期刊（兼顾图书出版与期刊出版）

多数著名的学术出版机构在出版学术图书的同时，也出版高水平的学术期刊，这与我国存在明显区别。国外学术出版机构往往统筹两种资源，形成既出版学术图书，又出版学术期刊的业务模式。在医学与科学领域有着广泛影响力的爱思唯尔集团 (Elsevier) 每年出版 2200 多种新书和 2000 多种期刊；出版内容涉及医学、生态学、农业、社会科学、工程学、数学等多个领域的布莱克威尔出版公司 (Blackwell Publishing) 每年出版 600 余种参考书和专业图书以及 850 多种学术期刊。理论和科学图书出版商泰勒 - 弗朗西斯出版集团 (Taylor & Francis Group) 每年出版 540 多种期刊和 1500 多种新书。

三　注重学术规范文本的制定与使用

国外学术出版十分重视学术的严谨性，因而十分注重学术规范，学术规范的制定与使用伴随学术出版发展至今。制定学术规范的有学术团体，有大学，还有出版社，并会在相应的人群和业务领域予以采用和遵守。在美国，除了两本通用的学术规范《芝加哥手册》 (The Chicago Manual of Style：The Essential Guide for Writers，Editors & Publishers) 和《韦伯美国标准写作手册》 (Websters' Standard American Style Manual) 外，还有美国心理学会编辑的《美国心理学会出版手册》 (Publication Manual of the American Psychological Association)，美国现代语言学会为语言文学研究制定的《MLA 论文写作手册（第六版)》(MLA Handbook for Writers of Research Papers) 等。其中，《芝加哥手册》由学术出版机构编制发行，已在世界上产生广泛的影响力。《芝加哥手册》从 1906 年初版至今，已出版 16 次，第 17 版正在编辑过程中。芝加哥大学出版社为手册设立了专门的编辑部，采用编辑部与市场部协作的方式，使手册的策划、处理与维护、市场宣传协同运行。此外，《芝加哥手册》还邀请来自非学术出版机构的专家组成专家团队，对内容进行把关。国外学术规范有组织保障和运行机制，使得学术规范有着悠久历史，并延续至今。

四　执行严格的出版评审制度

西方的学术发展是由一整套制度来保证的。这种体制包括：公认的学术准则和规范，完善的学术批评风气，严格的学术训练，公正的招聘制度，以及透明的晋升程序等（王笛，2001）。在这一套制度中，出版评审是其中一个重要的组成部分，国外优秀学术出版机构一般执行严格的出版评审。同行评议（Peer Review）是国外学术出版的必要环节，是把控内容质量的一道关口。此外，学术出版机构还会建立相应的组织架构和运行机制对出版的内容进行评审。例如，美国大学出版商协会规定大学出版社必须"由上级机构或协会的一个委员会或理事会来领导，并确保其书籍和杂志出版质量"；牛津大学出版社设有监督委员会，成员由 21 位牛津大学教授组成，计划出版的选题必须提交监督委员会审批，每一种拟出版的新书也须提交监督委员会审批；同样，在剑桥大学出版社，由 18 位不同学术领域的专家组成的学术委员会对每一种新书进行严谨讨论，批准后方可出版。学术委员会对图书能够出版拥有决定权，确保了学术图书的学术质量。

五　依赖相关群体协作

国外学术成果的出版往往依赖于作者、编辑、出版社、学术共同体、学术委员会等多个群体的协作，这种协作贯穿于学术成果从创作到发布的全过程。以布莱克威尔出版公司（Blackwell Publishing）为例，他们要求作者事先提交写作计划，由编辑评估后再进行创作。在写作过程中，编辑会就交稿时间、写作规模、写作格式、版权等事宜与作者进行交流；出版社会提醒作者处理好版权事宜；学术共同体、学术委员会就学术作品的专业性、科学性和规范性进行评审和审批。在编辑制作过程中，加工编辑（Desk Editor）和制作编辑（Production Editor）请作者看校样、编索引，并就检查出来的错误与作者沟通修改。值得一提的是，布莱克威尔出版公司（Blackwell Publishing）与世界上 600 多个学（协）会组织和专业机构合作出版学术著作。爱思唯尔集团（Elsevier）同全球学术界的 7000 名期刊编辑、70000 名编委会成员、200000 名审稿人和 500000 名作者一起紧密协作，出版了学术图书和学术期刊。

六　编辑专业化分工明确

编辑是学术出版的关键角色。国外学术出版的编辑分工细化，专业化程度较高，除了上文提到的加工编辑、制作编辑外，还可以划分为策划编辑、生产编辑、版权编辑、数字编辑、国际编辑等。其中，策划编辑是学术出版的策划者和选题组织者；生产编辑侧重于著作的格式和语言规范，以及完成学术著作的制作和出版；版权编辑负责学术作品自身的版权、与其他媒体和机构合作时的版权、学术作品推广国家和地区的版权等问题的处理；数字编辑和国际编辑分别负责学术著作的数字化推广和国际推广。每种编辑按照专业分工进行深入、精细的合作，确保了学术著作的品质和高端化。

七　学术出版机构一般为非营利组织

西方国家的学术出版机构，特别是大学出版社专注于学术出版。例如，美国大学出版商协会把大学出版社定义为"大学、学院或者类似机构的学术出版部"，大学出版社必须"服务于学术或教育目的"。他们是传播学术信息和科学理论的渠道，提高了全社会及其公众的科学文化素养，提升了全社会的科学文化以及道德水平（尹玉吉，2012）。因此，学术出版机构一般定位为非营利组织。

八　出版机构致力于实现集团化和国际化

出版业发达的国家最显著的特征是出版机构集团化。他们以市场为导向，以资产为纽带，跨地区、跨行业联合，实现规模经营，以提高行业竞争力和影响力，进而争夺国内外学术出版作者和读者市场。在西方出版业发达的国家，出版是以市场竞争为主要调节手段的一种产业，同其他产业的发展一样，出版企业之间的兼并与联合孕育了集团化的企业组织——出版集团（邓元宏，2001）。20 世纪 70 年代以来，美国、英国、法国、德国、荷兰等国的一些大型出版社通过兼并或组合，发展成为实力雄厚的出版集团（Geiser，1985）。学术出版机构很少通过自身积累扩大规模，多是经过兼并组合完成集团化目标，拥有较高的市场占有率。

在实现集团化的同时，20 世纪 60 年代，出版业发达的国家的许多大型出版社纷纷在国外设立子公司，开展跨国出版与合作出版业务，并将出版物销往世界各地，从而成为跨国公司，实现了国际化发展（Geiser，1985），在世界范围内形成了巨大的影响力。目前，这些国际化出版公司的子公司在世界范围的分布更加广泛。集团化与国际化是出版业发达的途径和表现。

第三节　国外学术出版能力分析

与其所处的宏观环境相适应，国外学术出版形成了独特的学术出版能力。这些能力体现在出版核心内容业务、产业发展、数字出版以及创新业务模式等方面。Thompson（2005）认为，图书出版业既要争夺读者市场，又要争夺内容资源，是最富竞争性的产业。对于出版机构而言，经济资本（融资水平）、无形资本（声誉）、智力资本（创意才能）

和人力资本（工作人员能力）是最重要的资源。对于学术出版机构而言，由于一般为非营利组织，经济资本居于次位；无形资本是其吸引各种行业资源的基础；智力资本是其创新和开拓业务的动力、寻求可持续发展的源泉；由于作者和读者为某一领域专业人士，人力资本，特别是专业人才是其一切业务成功运行的保障。

一　拥有国际化的作者队伍和内容资源

出版资源是学术出版业的生产必备要素，要素的数量和质量都决定着学术出版的水平。最重要的学术出版资源是作者和内容，其次是编辑和其他出版工作者。出版业发达的国家特别重视在世界范围内搜寻和配置出版资源，为此，他们在世界各地建立事业部。这些事业部享有较大的自主经营权，融合本国和东道国文化习俗，挖掘东道国出版资源。

国外成功的学术出版机构依托其在某一专业领域的国际领先地位、影响力和话语权，成为国际化出版社。这种国际化不局限于学术作品出口，不局限于机构的国际化分布，而是扩展为学术出版内容的国际化。出版内容的国际化与作者队伍的国际化高度相关，体现了学术出版的独特之处，也是学术出版国际化的高端化，标志着学术出版国际化的渗透和深化，意味着学术出版真正实现了国际化。因而，学术作者和学术内容成为国外知名学术出版机构最重要的出版资源。国外学术出版机构早已布局和建立国际化的作者队伍。例如，剑桥大学出版社目前拥有50000名作者，遍布世界100多个国家。其他知名学术出版机构作者的国际化程度也很高，有的甚至超过了本国作者的数量。

二　拥有具有国际化视野的高水平编辑

国外学术出版机构的策划编辑具有一定的学术水平，比较了解市场，懂得营销。一些出版业发达的国家的学术编辑多数具有硕士、博士学位，他们能够与作者进行较深入的学术交流和对话。策划编辑根据自己对专业领域前沿问题的观察和思考，根据市场需求，设定专业选题；与相关领域的专业人士建立联系，甚至成为朋友，发现潜在作者；就相关选题的内容和框架与作者进行深入探讨，提供学术作品写作与出版标准，帮助作者制定写作计划；在作者写作过程中不断给予关注，当作者遇到困难时，采取多种方式排忧解难，帮助作者顺利完成创作。在国际化背景下，学术出版机构的策划编辑同时具有国际视野。不论是本国的编辑，还是海外事业部的编辑，他们通过互联网与分布在世界各地的作者交流，并同他们一起工作。对于制作完成的学术作品，策划编辑还会在全球范围内营销与传播，以提升学术作品的影响力。

加工制作编辑依据学术出版标准，对学术作品进行严格的编辑加工，进行专业的校对、设计和印制，并就相关错漏问题与作者进行沟通，协调解决办法。这是主要在学术出版机构内部运行的工作，更多的是内部交流，但是随着学术出版机构的集团化和国际化，作者和内容资源的国际化，加工制作编辑的专业分工更加细化，设计和印制越来越符合国际读者的需求。如果说策划编辑发现和挖掘了新的学术作品，加工制作编辑则是进一步提升了学术作品的价值。

例如，剑桥大学出版社在全球 39 个国家设立了 50 多个办公室，与分布在世界各地的作者建立密切的联系，并通过互联网与作者进行交流。在全球拥有 2450 名员工。他们对员工的要求是合作、创新、坚定、响应客户需求，培育了一批高技能、有团队协作精神、正直真诚的员工队伍。

三 学术图书与学术期刊互助发展

学术图书和学术期刊的作者队伍和读者群体往往是相同的，在某一特定专业领域内更是如此。学术图书的作者能够发展为学术期刊的作者，学术图书的读者也可以发展为学术期刊的读者。反之，亦然。也就是说，学术图书和学术期刊共享作者和读者。在学术出版领域，作者和读者的角色也会互换。这就使得学术图书和学术期刊高度融合在一起，成为国外学术出版机构的两项重要业务。

学术图书和学术期刊在专业领域的内容是互通的。作者如果对某一问题进行长期的关注与研究，就可以从一篇学术期刊论文发展成一部学术著作。学术出版机构有时会通过期刊的内容资源来策划图书。由于学术图书与学术期刊的作者是共享的，所以策划编辑很容易深入了解作者的研究动向、行为方式、性格特征等方面的信息，从而便于选题策划。

还有一点，学术期刊往往是可以赢利的，而学术图书则难以做到这一点。国外学术出版机构用学术期刊的赢利来支撑机构运营和学术图书的出版。例如，爱思唯尔集团（Elsevier）出版的学术期刊通过订阅、开放获取、论文租用、按次付费等方式获取收益，仅期刊订阅的收入就占爱思唯尔集团（Elsevier）总收入的95%（唐慧，2014）。这一收入不仅保障学术期刊的出版，还为学术图书的出版提供了保障。

四　注重产业转型发展

科技发展促进人类社会高速发展，特别是信息技术和互联网的发展使人类向信息化社会转型，给传统的学术出版业带来巨大冲击。适应则进，不适应则退，甚至灭亡，在学术出版领域同样适用。在新的技术发展背景下，国外学术出版机构再一次把握了时代的脉搏，根据新技术的特点开发新的产品和业务模式，实施了战略转型。

科学技术的发展大大简化了传统学术出版生产流程，提高了生产效率，同时降低了生产环节的附加值。信息技术使得多种形式的内容得以融合，从而不断孕育升级出新的内容，极大地提升了内容的附加值。国外大型学术出版机构发现了这一点，开始高度关注内容的创新，并把自己定位为内容提供商，近期又定位为知识服务商，致力于信息和知识的发现、挖掘、整合、加工以及衍生产品的开发和推广。

由于学术作品的读者属于小众的专业人士，传统的学术出版销售高度依赖专业渠道。在互联网上，学术作品可以很快找到自己的读者，使得学术作品的销售绕开经销商成为可能，不再完全依赖于渠道。国外大型出版机构纷纷建立自己的网络销售部，面向作者、读者进行图书推广与销售。施普林格出版集团（Springer Group）会保存所有作者、读者、合作方及其他相关人员的电子邮箱，定期向他们推送学术产品信息。

数字化出版转型是信息技术为学术出版业带来的最大变化和机遇。读者购买学术作品的目的是获取知识。他们关注的是学术作品内容的前沿性、科学性、规范性、真实性、时效性、可靠性，对于作品的展现形式要求不高。数字化的内容可以在不同终端展现，便于读者及时阅读；数字出版的检索功能大大提高了读者获取相关信息的效率；数字出版内容容易分割，便于读者按需索取，按需付费，从而有助于降低读者获取知识和信息的成本；数字出版减少了印制环节，降低了生产成本，提高了生产效率；数字出版有效地解决了传统学术出版成本高、发行量少、查阅不便等问题。为了实现数字化出版，国外出版机构通过收购信息技术公司来迅速提升自身的技术水平，实现更大规模的数字出版，为专业人士提供及时、全面的资讯和知识服务，并建立起数字化网络平台，便于出版社、作者、读者的沟通，使原来知识传播的单向流动转为双向互动，提高了知识传播的效率。

五　综合发力数字出版

随着人们阅读习惯的改变和科技的发展，纸书市场逐年萎缩，数字出版开始强势发展，表现出极大的活力。大型学术出版机构纷纷布局数字出版产业。国外政府为促进数字出版良性发展，针对数字出版出台了相关的法律法规。美国于 1998 年颁布的《千禧年数字版权法案》（The Digital Millennium Copyright Act）是较早解决数字版权问题的法案，对网上作品的临时复制、上传、下载、链接、平台提供、数字出版发行、避风港规则、通知 - 删除程序、合理使用等问题做了概念界定和行为规范（尹建国，2013）。2007 年 6 月 29 日对本法做了全面修改，将韩国数字及网络技术、版权环境下的版权问题纳入其中。

学术出版机构进行数字化建设，一般会建立图书数据库。数据库的内容包括原有纸书的数字化，还有新出版的数字版图书（一般与纸书同时出版）。数据库产品成为学术作品数字化的主要呈现形式。

国外大型学术出版机构还为发展数字出版建立了专门的组织机构，相应的经营结构也发生了变化。例如，剑桥大学出版社建立了一套成熟的数字出版系统，将包括作品内容、作者信息、出版合同、市场销售预测、库存信息、订单数据和销售数据等出版信息纳入其中。剑桥大学出版社大多数有价值的学术期刊和学术图书已经全部实现数字化。新出版的内容都有纸质和数字两种版本，可以根据客户需求制作相应版本，有的根据需要只有数字版本。

针对数字出版产品便于在全球传播的特点，国外大型学术出版机构在发展数字出版的同时，即开始布局数字出版的国际化。牛津大学出版社的数字出版平台对全球用户开放，成为其与世界作者和读者交流的平台，可以进行全球约稿，也可以实现全球销售，还可以根据不同市场特点和用户需求，研发订制化的数字产品。

数字出版内容易分割的特点，使其可以被重新整合和重组，衍生出新的内容。数字出版内容便于储存和便于传播的特点，使其能够被开发出新的产品形式。例如，数据库产品可以按主题内容建立专题数据库，将期刊、图书、报告等不同形式的内容整合在一起，还可以按出版物形态建立不同种类的数据库。内容展示的平台可以是阅读器、电脑、手机等不同终端。

国外大型学术出版机构围绕已有的学术内容资源，在数字出版的基础上，研发出新的增值服务，以满足客户对内容资源及其利用的不同需求。他们对内容分类标引，进行细颗粒度的深度加工，使内容动态关联，对资源进行重组，向读者提供个性化的内容增值服务；对原著增加补充内容和数据，将更完整的内容和数据提供给用户；为客户提供个性化定制服务和订阅内容，如爱思唯尔集团（Elsevier）为读者提供检索速报、新刊出版速报、引用追踪速报和特定主题进展速报 4 种速报功能；推出移动终端 APP 服务，如施普林格出版集团（Springer Group）为读者提供苹果应用服务，提升内容产品的服务水平（张维，2015）；提供产品相关文献，帮助用户迅速了解相关专业领域的学术成果和研究动态。此外，学术出版机构还会为读者提供出版信息、免费内容和信息检索等增值服务。

数字出版产品与传统纸书不同，传统的营销是数字出版产品的一种方式，但绝不是效率最高、效果最好的方式。国外大型出版集团在数字化发展过程中，十分注重新的、数字化的营销方式的探索和使用。例如，随着互联网的发展与普及，国外学术出版机构开启了数字出版产品的网络营销。爱思唯尔集团（Elsevier）收购了免费的平台文献管理软件（同时也是一个在线的学术社交网络平台）Mendeley，并通过 Mendeley 向用户提供基于社交网络的学术成果分享和合作服务，用户还可以追踪论文引用记录。这一举措使爱思唯尔集团（Elsevier）能够整合线上内容资源的同时，成功打通线上渠道。

六　积极创新出版业务模式

国外大型学术出版机构在新时代、新技术、新内容的背景下积极开展业务创新模式，为适应新环境、发现新机遇找到新的发展着力点。以下介绍几种主要的出版新模式：开放获取图书出版、知识服务、预出版和自助出版。

（一）开放获取图书出版

在互联网高速发展的背景下，为了推动学术成果利用互联网自由传播，促进学术成果的广泛交流，提高学术研究效率，使学术成果得到有效保存，学术界、出版界、图书情报界实施了开放获取政策（Open Access，以下简称 OA）。开放获取是一种全新的传统学术传播机制，是在尊重作者权益的前提下，利用互联网向用户免费提供学术信息和研究成果的全文服务。2008 年，图书的开放获取开始成为一种新的出版模式。开放获取遵循的原则包括以下四个方面。第一，对于用户是免费的。用户可以在合法的范围内阅读、下载、复制、传播、打印、检索、连接和使用。第二，作者控制版权。作者可以基于不同法律文本和授权协议对作品版权进行取舍。第三，学术成果存储在至少一个稳定、可靠的网络服务器中，确保免费阅读，不受约束地传播和长期储存。第四，获取"同行评议"的文献，使质量标准有所保障（Funk，2009）。

需要说明的是，用户免费不意味着学术出版机构独自承担出版成本。国外学术出版机构探索并实施了有助于开放获取可持续发展的商业出版模式，包括以下七点。其一，作者、出版机构支付成本。目的在于提升学术成果的影响力和引用量，提升出版机构的专业市场占有率，获取衍生收益。其二，外界资助。大学、非营利组织、图书馆、合作机构、企业为开放获取提供资金、设备、人力支持。其三，印本付费。用户可免费使用 OA 文献，但须为相应的印本付费。其四，免费 + 广告。出版机构通过出售 OA 广告位筹集资金。其五，免费 + 增值（Freemium）。前期提供免费学术成果聚集人气，扩大影响力，然后推出收费的增值服务，以获取收益或弥补成本。其六，众筹（Crowdfunding）。采用众筹模式，通过向大众筹措资金的方式完成 OA 出版。其七，作者单位补贴。即由作者单位以补贴的方式支持作者学术成果的 OA 出版。

在 OA 出版过程中，学术出版机构所提供的服务主要有将传统出版物转化为 OA、同行评议、学术规范、编辑加工、标准化的出版流程、索引、提供印本、发布元数据、提升访问便捷性、提供广泛的知识共享平台和服务、营销、开发衍生产品、数据统计、文档管理等。

OA 图书出版颠覆了传统学术图书出版模式，开拓了新的经营模式

学术出版研究
——中国学术图书质量与学术出版能力评价

和服务类型，实际上具有互联网思维的特征，从知识共享中寻求新的增长点，促进了学术出版在新形势下的发展。

（二）知识服务

英国学者马克斯·H. 博伊索特（Max H. Boisot，2005）认为，知识是能够创造财富的资产，是从数据中提取信息为基础建立起来的一种能力。知识服务（Knowledge Services）是指服务提供者为满足他人的知识需求，利用已有或创新技术有针对性地提炼知识，并用来解决用户问题的信息服务过程。关于知识服务，更多的是知识密集型服务的说法，指所有以知识或专业知识为基础的服务，这些服务可由以提供知识密集型服务为主要业务的机构或其组成的网络组织提供（Kuusisto and Viljamaa，2004），涉及信息服务、研发服务、法律服务、金融服务、市场服务、工程性服务、管理咨询服务等领域。国外知识服务是一个广义的概念，所有与知识相关的服务或产业均界定为知识服务。

国内知识服务相对来说是一个狭义的概念，最初仅为图书情报学、图书馆学的一个概念，是以信息知识的搜寻、组织、分析、重组的能力为基础，根据用户的问题和环境，融入用户解决问题的过程中，提供能有效支持知识应用和知识创新的服务（张晓林，2000）。任俊为（1999）认为，知识服务是文献服务的深化，是以知识服务为导向的文献建设、文献加工和文献传递，应当以知识存储、知识重组和知识配送为目的。

以知识的整合、加工和发布为主业的学术出版机构是知识服务的重要组成部分。学术出版机构对于其出版的学术产品、相关作者以及相关领域读者的需求非常了解，其知识服务产品更加贴近于市场和读者，对内容的控制使学术出版机构在知识服务领域具有较强的话语权。

国外学术出版机构在知识服务领域十分活跃，逐渐形成了一套独特的服务模式。目前主要以数字出版、数据库的形式为用户提供学术成果的基础内容和学术成果的整理、提炼、加工、分析等服务，还为用户提供相关领域研究现状、相关领域专业人士的信息等服务。对于学术出版机构来讲，国内关于知识服务的定义更接近、更准确。

美国亚历山大出版社（Alexander Street Press，简称 ASP）开发的"世界历史人物索引"（In the First Person）数据库，收录了世界各个历史事件发生时所涉及的第一人物，内容包括信件、日记、口述史及其他个人叙述等，可作为查找、探索与分析人类经验的起点，帮助了解事件的发生与起因，适用于历史学、社会学、宗谱学、语言学、心理学等领域研究。数据库包括超过 70 万页经过编辑的精选资料，内容覆盖 400 年历史（方正智慧出版，2016）。

汤森路透集团（Thomsons Reuters）的知识服务不做内容全文库，只做文献二次检索库以及信息咨询，其开发构建的"Web of Science"在科研人员中久负盛名，已经成为科研人员从事研究的重要工具和助手。

（三）预出版

学术成果发布前需要经过同行评议、学术委员会审批、编辑加工等环节。同时，编辑必须遵循相应的学术出版规范，这都需要时间。而学术成果在本质上是要求及时发布的，一方面，作者希望尽早发布自己的研究成果，在相关研究领域占领先机、宣示主权；另一方面，学术成果的及时发布，有助于相关领域的学者及时关注和探讨，促进学术研究广泛和深入地讨论，推动学术研究快速发展。因此，学术出版过程与学术成果的及时性发布存在一定程度的矛盾。为了解决这一矛盾，国外学术出版机构采取了"预出版"的方式。

"预出版"（Pre Publication）有预备出版、提前出版、试出版、出版前等意思，但是预出版至今并未形成固定的、程序化的业务模式，也没有形成公认的、统一的定义。按照《无机化学学报》的解释，预出版文章是经过专家评审及编委会审查从而初步录用的文章。这些文章已排版，未经最后校对，未确定具体刊出日期。即经过同行评议后，未编辑，先发布。按照赵大良（2011）的说法，预出版是指将接收的、尚未决定录用的稿件通过网络发布出来，接受读者的评议，根据读者的评议和反馈决定稿件是否录用。即未经同行评议，未编辑，先发布。而按照程维红等人（2008）的观点，预出版有两种形式，一种是经过同行评议，被期刊接受，未经正式排版而发布；另一种是已正式排版，印刷版本尚未完成，先通过网络发布（这种形式被称为提前出版）。

对于学术出版机构而言，最好是经过一定的同行评议后再出版，既不会耽误太多出版时间，也不会由于学术作品不符合出版规范而影响本机构的声誉，耗费本机构的出版资源或者带来其他无谓的成本。这也是目前多数学术出版机构采取的方式。

预出版并不意味着不再进行同行评议，也不意味着可以舍去编辑加工环节。预出版只是出版机构调整了出版流程，将经过粗加工的学术成果先行发表，不耽误学术成果主要见解的及时发布。然后再按严格的学术出版流程，制成一部规范的学术出版物，便于长久保存和传续。

预出版是学术出版机构维护自身存在权的应对之策，也是维护学术出版规范的责任担当。因为，如果不采用预出版及时发布学术成果，在高强度的科研压力下，学者极有可能通过其他途径发表其研究成果，这种情况延续下去很有可能将出版机构排除在学术活动之外。学者不是专业的编辑，其发布的成果极有可能不符合学术出版规范，这种情况的存在将是学术出版机构责任的缺失。

（四）自助出版

自助出版（Self-Publishing）指作者或资源组织者利用各种资源，在法定范围内和市场效益的原则下，自行编辑、印刷、发行、销售图书

（代幸梅，2013）。自助出版的兴起催生了一批自助出版平台，美国Smashwords 平台最具代表性。Smashwords 平台流程设计简单易操作，作者将书稿按格式要求进行简单排版并自行定价，即可在 Smashwords 平台销售。一般来说，自助出版平台会为作者提供格式转换、发布咨询、图书销售等服务。作者进行自助出版的步骤主要有：封面设计、格式转化、确定价格和版税、发布、营销。由于平台为作者提供了出版服务，作者会向平台支付一定费用。此外，平台还会通过开拓电子书分销市场，创新分销模式来获取更多收益。

对于普通文学类作品而言，作者、自助出版平台、读者三方可构成整个自助出版的生态圈，似乎不再需要传统的出版社。而对于学术作品而言，上述三方很难在短时间内形成闭合的生态圈。因为，传统学术出版机构长期以来积累的同行评议机制、编辑加工和规范管理能力是学术作品所必需的，并且其他机构或个人很难在短期内掌握和使用这些资源。因此，如果说自助出版给其他出版机构带来挑战的话，那么自助出版给学术出版机构带来的则是挑战与机遇并存。

学术出版机构可以充分发挥自己在出版专业领域的优势，为作者和读者提供专业服务，如为作者提供专家评审意见、专业编辑、版式设计等服务，还包括依托自有资源提升作者的社会影响力和国际影响力等服务；为读者提供学术成果信息及相关分析、多种展现形式等服务，并从中收获费用。

第九章　研究建议及对未来可能性的探讨

第一节　繁荣发展中国学术出版的建议

一　国家层面：营造良好政策环境，着力提升中国学术出版能力

考虑到学术图书对我国学科发展和社会经济发展的重要意义，为了保障其繁荣发展，我国应对图书出版政策进行结构化调整与优化，建立适宜于学术图书出版发展的宏观环境。

1. 对机构进行资助和税收减免

国外政府对学术出版既有对学术图书的资助，又有对学术出版机构的资助。我国仅通过设立特定的学术图书出版资助项目对部分学术图书予以资助。这虽然有助于引导学术界和学术出版机构创作和出版符合中华民族主流价值观的学术成果，但是这种资助的范围毕竟有限，学术出版机构须专款专用于获资助成果的出版。这种资助方式不利于学术出版机构根据自身资源策划出版内容丰富的学术出版成果。因此，为了促进学术繁荣，保障学术出版机构的生存与发展，应建立图书资助与机构资助并举的学术出版资助办法。此外，还可以借鉴国外政府对学术出版税收优惠政策的办法，对学术出版机构实施税收减免政策。目前我国虽然

有针对新闻出版业的税收优惠政策，但是还没有针对学术出版机构的专门的税收减免政策。

2. 帮助学术出版社获得信贷支持

中国学术出版界可以借鉴国外政府通过信贷融资的方式支持学术出版机构，拨付专项保证金，为学术出版机构信贷提供担保；建立学术出版无形资产价值评估机制，允许学术出版机构申请以无形资产作质押获取信贷；建立学术出版机构信用评价机制，鼓励商业银行为信用评级高的学术出版机构提供快速信贷审批服务。

3. 优化学术出版基金模式

结合目前我国学术出版项目存在的问题，适度扩大政府部门基金规模，或者政府支持出版社、高校科研机构、社会或个人设立出版基金，为基金的设立和运行提供政策咨询、政策保障、担保等支持，扩大学术出版基金规模。为保证基金活力，政府应对基金的运行实施事中、事后监管。

4. 探索学术出版的 PPP 模式

为了充分调动社会人力和物质资源，发挥专业人士的积极性，可以借鉴其他公共物品和服务的 PPP（Public-Private Partnership）① 模式，由出版社或某专业社会组织更多地参与图书项目前期的策划、研究、立项等，充分调动社会力量，由政府部门出资，并更多地参与图书项目中后期的运行，以确保规范性。

---

① PPP（Public-Private Partnership），是公共部门与私营部门共同参与生产和提供公共产品或服务的合约安排，适用于环境复杂，参与方众多，且具有民营化特征的基础设施项目。该模式强调的是企业、社会贤达和政府官员为提供高品质的公共产品和服务而进行的一种正式合作（Savas，1999）。PPP 是公共部门与私营部门基于某个特定公共项目而形成的相互合作关系，并通过契约确定合作各方的权利和义务，在为社会提供高质量服务的同时，私人也可以获得合理的利润，是基础设施等公共事业建设的一种项目融资模式（Albert，2010）。PPP 模式鼓励非公共部门所掌握的资源参与提供公共产品和服务，从而实现合作各方达到比预期单独行动更为有利的结果。

二　社会科学界、研究机构：构建科学的学术成果、学术出版的评价标准、评价体系

与国民经济的其他行业相比，出版行业肩负着追求社会效益和经济效益的双重使命，其社会效益更为重要。出版行业的自身特点决定了其总体经济规模在国民经济各行业中属于规模较小的一类，当前对于学术出版的评价一是没有将其单独分类，二是过于重视经济指标。对于出版行业尤其是学术出版来说，更应该重视社会效益，注重自身影响力的提升。例如与电影行业相比，出版行业的经济规模和影响力存在明显的分化，中国产业信息网（2016）指出，2015年中国电影行业的票房总收入仅为293.50亿元，而2015年全国出版、印刷和发行服务实现利润达1662.1亿元。但不可否认的是，当前电影业的社会影响力比出版业要高。过分的"以码洋论英雄"会导致学术出版机构的经营行为异化，单纯地追求经济效益会造成学术出版物质量下滑。因此，要引导学术出版机构全面提升出版质量，单纯以经济指标进行评价是不够的，必须建立起一整套能够全方位测度学术出版能力的评价指标体系。

相对于自然科学，人文社会科学由于具有学科类型差异较大、学术价值显现周期较长、成果转化应用方式模糊等特性，其成果评价的难度更大。因此，要建立一套科学可行的评价体系，取得客观性强、认可度高的评价结果显得尤为重要。这两项工作在学术界已经逐渐形成共识，2011年11月，《中共中央办公厅、国务院办公厅转发〈教育部关于进一步改进高等学校哲学社会科学研究评价的意见〉的通知》中明确指出：探索符合人文社会科学特点和发展规律的评价体系，完善以创新和质量为导向的科研评价机制，对我国人文社会科学的繁荣发展具有重要的导向、激励作用。要改变目前重量化指标考核、轻同行评议的评价方法，要努力构建并实施符合人文社会科学的生产和传播规律的学术评价体系和学术出版规范。

三　学术出版行业部门：加强行业规范和行业标准

互联网浪潮席卷一切，学术出版生态也因之发生变化。而大数据作为互联网浪潮中具有标志性意义的重要技术之一，带来了一场技术与思维的变革，提供了无限的机遇与可能，开启了学术出版的美好时代。大数据时代，作为知识服务提供者，学术出版机构应尽快完成数字出版系统搭建、资源库建设，尽快启动知识服务体系建设，为媒介提供内容产品与信息服务；面向用户实现知识资源集成；利用知识体系和知识关联来标引、管理、整合、展现内容资源；以智能技术实现知识资源的动态构建与扩展，提供专业信息服务与知识服务。依靠单本精品书孤军奋战的时代已经过去，打造内容整合平台才是未来出版业之本。以专业数据库为平台、以知识服务为导向全面整合学术资源的出版模式，将成为学术出版新常态。学术出版全行业应搭建专业知识服务平台，并找到适合自身的盈利模式，知识、服务、技术都可能成为新的盈利增长点。

整个学术出版行业虽然立足于内容资源，但也要保持对新技术的敏感度。重视对新技术的应用，以技术的强大助力实现内容资源价值的最大化，实现用户服务的精细化。以技术促进学术研究、传播知识价值，实现智慧型出版。提升中国的学术话语权是学术出版者不可推卸的责任。在新技术的冲击下，不进则退，学术出版单位应树立起大数据时代的学术出版自信，把握机遇，创造学术出版新辉煌。

四　学术出版机构：提升研究水平，打造行业智库

学术出版机构要坚持学术出版的专业化，着力提高学术出版门槛。要在全社会倡导一种弘扬人文理性、尊重社会科学的专业精神。学术是有边界的，每个出版人要对学术怀有一颗敬畏之心，要提倡一种专业精神。正如前文所说，必须要打破当下中国学术出版泥沙俱下的局面。学术出版的每个环节、每位参与者都应担负起责任。仅就出版者而言，应

提高出版门槛，以人文的、科学的标准判断作品，生产真正传承人类文明、代表人类智慧结晶的权威、前沿、原创的产品，引导并培养读者健康、积极的阅读习惯。

本研究致力于通过评价指标体系的建立探求未来学术出版机构的发展方向。学术出版机构应该牢固树立品牌意识、秉承传播学术的使命，在着力出版优秀的学术著作的基础上，根据自己的特色准确定位，针对自身特长打造学术品牌战略。通过全面提升学术出版资源整合能力、学术产品加工能力、学术产品营销传播能力、数字出版能力和国际出版能力，从选题论证、编校质量管控、学术规范把关、政策支持、编辑队伍建设等方面入手，打造属于自己的学术品牌。

正如本研究前文所揭示的那样，中国学术出版具有规模巨大、学术出版工程迭出、学术译著出版长盛不衰、中外学术互动、出版合作日趋密切等发展优势。同时，也受到了投入产出严重不成比例、数量与质量的发展严重不平衡、专业化水平低、学术出版规范严重缺失、学术评价体系紊乱等因素的制约。为此，本课题组强调：繁荣中国学术出版必须抓住机遇，坚持学术出版的专业化，重新定义学术出版，着力提高学术出版门槛，打造新的学术出版生产链条；重新构建学术评价体系，构建科学、合理的知识分类标准和知识分类体系；培养专业的学者型、复合型编辑人才。

第二节　提升学术图书质量的建议

一　加强学术图书出版技术规范与内容规范

（一）加强学术图书出版的技术规范性

在学术失范中，参考文献引用和索引的缺失、注释的不准确是学术失范行为的主要表现。

1. 参考文献方面

作为学术图书,在研究和论证过程中不可避免地要引用、借鉴他人已有的成果,这也是体现学术研究专业性的重要方面。在文中准确、完整地体现参考文献是学术图书的重要组成部分。一方面是对他人研究成果的尊重,另一方面也为读者提供了重要的文献资料。参考文献的规范性应该注意几个方面:第一,引用参考文献,并进行明确标注。不要出现引用和借鉴了他人的研究成果,却不指明出处并准确著录参考文献的情况,即"引而不著"。第二,标注文献要遵循正确的体例格式。包括作者、出处、年份、页码等。另外,参考文献的"匿引"、"转引"、"滥引"、"杜撰"等现象也需要控制。

2. 索引方面

目前,索引存在的问题主要是缺失。根据对 2014 年初版人文社会科学学术图书统计,参考文献完备率为 83.81%,而索引完备率仅为 7.48%。因此,在索引方面,内容索引可作为一种查找书中包含的各种概念和事项的检索、快速识别书中重点的工具。我国图书内容索引普及程度不高,索引方面可以借鉴计算机编制代替手工编制的方法,完成文献分析、标引、款目组合、校验、排序等事务性工作。

(二) 加强学术图书出版的内容规范性

除了形式的规范性,学术图书在写作中要坚守学术写作规范。包括以下三个方面:第一,保证研究的科学性。即对研究问题进行分析时,研究方法是否科学可行,内容框架是否合理,逻辑性是否强,对研究问题的阐述是否全面,资料和数据是否准确、系统等。第二,数据资料要准确。对数据来源的真实性、可靠性进行严格把关,对资料的引用、问题的分析要科学客观,符合学理要求,调查研究要务实求真。第三,研究结论要客观。课题是否建立在大量的研究与实证检验的基础上,结论是否具有可操作性和可实施性,是否对相关研究具有很大的参考价值。

二 学科界定、学术图书界定明晰化

科学、合理的知识分类标准和知识分类体系是构建学术图书质量评价的基础和前提。由于长期缺乏科学的业内分类标准,我们把苏联模式的图书馆分类标准完全照搬到中国现代的出版业中,引起了分类管理的混乱。在知识分类标准不明晰的条件下,对学术图书质量进行评价更无从谈起。评价指标的设计应该是具体的、可以测量的,相对于自然科学和人文社会科学,由于学科类型差异较大,不同学科的评价指标应根据本学科的特点有所区别,不应一概而论。

三 同行评议与定量评价相结合

从目前我国学术图书质量评价指标体系看,没有一套科学可行的评价体系,无法取得客观性强、认可度高的评价结果。所以,同行评议虽然广泛采用,但是并不是通过系统的评价指标的测量来获取。从评价方法看,虽然引文评价具有一定的客观性,但引文评价可能存在引用率和质量不一致或者漏引的现象,同时也受到本领域读者数量的影响。因此,引文评价能够作为评价优秀学术成果的主要依据备受争议。同行评议在评价定性指标时,具有其他评价方法不可替代的优势。同行专家可以对本领域的研究进展进行清晰、客观地评价,包括学术图书的科学性以及创新性。但同行评议存在个性差异,不同的人对评价标准的理解、把握程度不一样,评价的结果也不一样,也往往会把主观意识夹在评价中。因此,可以采用两种评价方式相结合的评价方法。引文评价指标可以作为同行评议的进一步补充,力求科学、全面、公正、准确地反映成果的实际价值,即定性评价与定量评价相结合的方法。定性评价强调评价者依据个体的经验与学识水平对评价对象的学术价值、学术水平给出直接的判断;定量评价则在于其客观性,可以基本排除评价者主观性的影响,更客观、清晰地描述出量的差别。

四　学术共同体的结果评价与出版社的过程评价的相互作用

　　学术共同体在学术图书质量评价中起到了结果评价的作用。对于人文社会科学类学术图书的质量评价，学术共同体进行评价的方式一般是同行评议，这也是国内学术界普遍采用的一种重要的评价方法。但是，从广义上说，引文评价也可以认为是学术共同体对学术图书质量进行评价的另一种方式。国内的一些著名的图书评奖，如中国出版政府奖的"图书奖"、"五个一工程"的子项奖"一本好书奖"、中华优秀出版物奖的"图书奖"均采用了同行评议的方式对图书进行了评价。学术出版机构在学术图书质量评价中起到了过程评价的作用，国外的一些出版社，在书没有出版前，要进入专业的评价系统进行评审，确定是否达到出版的质量标准。牛津大学、剑桥大学、哈佛大学和芝加哥大学的出版社都有一套匿名评审、同行评议的规范流程对图书的准入进行评价，而这些要素是确保学术图书质量的重要手段。国内大多数出版社专业意识不强，但在大学出版社中，有些出版社组织专家对学术图书的质量进行了评价。学术出版机构学术活动的发起者、学术成果的加工者和推广者是学术作品面市的最后一道关，也是学术质量的最后把关者。因此，学术出版机构在学术图书质量评价中担任了过程评价的角色。

五　评价指标的选择要兼顾成果形式与功能的划分

　　课题组对人文社会科学类学术图书的评价不能一概而论，用同一评价标准评价不同类型的成果，不能客观、真实、准确地反映不同评价对象的实际情况。对人文社会科学类学术图书进行评价的首要步骤是要对评价对象的复杂性进行深入研究，总结出各自的特点之后，对不同表现形式和不同功能的图书设定分类指标。无论是依据学术图书的功能还是依据学术图书的表现形式进行划分，其本质是相通的。基础类研究成果以原创性的成果为目标，而应用研究则是基础类研究成果在社会实践中的具体应用和延伸，是以反映经济建设和社会发展的需要为目标。基础类研究成果应注重对创新性、价值性进行评价，应用性研究成果应考虑实证性、社会影响力等指标。

在此基础上，也需要考虑学术图书的形式。人文社会科学类学术图书可以分为专著、论文集、研究报告、学术译著、古籍文献、学术工具书等。学术译著类图书要把翻译质量作为衡量的重要标志。古籍文献、学术工具书均要经过作者去伪存真、去粗取精、编排润笔等精心选择和加工，这些都是编者学术水平的充分体现。因而，在评价中需要将专业性放在突出的位置，创造性和科学性同时也是这类成果的主要价值。调研报告、研究报告等应该注重理论联系实际、解决实际问题，调研报告在评价中应考虑其实证性以及数据资料的规范性等。除科学性外，社会价值、应用性和可行性等是这类成果的基本价值所在。

六　不同类型的研究成果、评价指标权重的差异化

课题组在对不同类型研究成果进行指标的构建时，各项指标的权重代表了在评价指标体系中的重要性。在具体评价中，应对不同类别的指标划分合理的、不同的权重值，从而把最能反映此类研究成果价值和水平的指标提到重要位置。从功能方面看，基础性研究类的学术图书应该注重理论性、科学性、学术影响、研究难度、原创性等；应用性研究类的学术图书应将应用性、时效性等指标提到重要位置。从表现形式的视角看，在学术专著和学术论文集的评价指标体系中，创造性、科学性、研究难度的权重值应占较大比重。

七　同行评议专家的"同行"性与信度

对研究成果进行权威、客观地评价，离不开学术同行的鉴定与评价。因此，同行评议的专家要"同行"。但在评价过程中，即使评价指标和评价程序设计的再全面、再完善，若找到的同行专家不够"同

行"，也会对结果产生很大的影响。同时，也要对评价专家的信度进行检验。卜卫等（1998）认为，评估者的信度包括整体信度和评委个人信度。其中，评估者整体信度可以采用肯德尔系数 W 或 x^2 来估计，测试评委的态度是否一致。对评委个人信度分析方法比较多，包括计算同质性系数、相关系数、建立回归方程以及因子分析法度。王瑛等（2008）将 CRITIC 法和因子分析法相结合，通过"邻差矩阵"的引入，构建考虑专家信度的科技成果立体式综合评价模型，将专家的信度对评价结果的影响考虑在内。在探索同行专家的评价方式、评价流程的同时，如能将同行专家的评价信度作为修正评价结果的参考，可以从另一个视角提升评价结果的客观性。

第三节　提高学术出版五大能力的对策与建议

一　树立品牌意识、加强品牌建设

品牌学术图书是学术出版机构的产品代表，代表了学术出版机构的形象，是形成学术出版机构核心竞争力的重要因素。当前，品牌竞争正在成为学术图书市场竞争格局的重要决定因素。有无品牌学术图书是关系到学术出版机构的大事。生活·读书·新知三联书店打造的"三联·哈佛燕京学术丛书"出版 20 余年，创造了巨大的学术价值。商务印书馆因打造"汉译世界学术名著丛书"等一系列品牌而长盛不衰，社会科学文献出版社的"皮书"系列出版 20 余年，已在业内形成较大影响力，成为国内学者研究中国相关领域的必备参考。但是应该看到，当前国内的众多学术出版机构对品牌建设的重视程度还不够，品牌意识仍然薄弱。本研究涉及的 101 家学术出版机构中，只有 16 家打造了属于自己的学术品牌。这与当前学术图书出版数量众多形成鲜明对比，可以说是国内学术出版领域的一大不足。缺乏品牌学术图书，而过多地推出

"跟风"的、平庸的选题只会让自身失去特色，也不利于培育出版机构的核心竞争力。

学术出版机构应该牢固树立品牌意识、秉承传播学术的使命，在着力出版优秀的学术著作的基础上，根据自己的特色准确定位，针对自身特长打造学术品牌战略。并从选题论证、编校质量管控、政策支持、编辑队伍建设等方面入手，打造属于自己的学术品牌。

二　加强自律、严格执行学术出版制度规范

学术研究成果具有社会性，需要遵守规范以实现传播，只有遵守符合学术共同体的规范才能实现学术的传承。从当前的统计数据来看，我国学术出版的技术规范还有待完善，作者与学术出版机构对于学术作品的引文、注释、参考文献、索引等基本要件重视程度还不够，学术图书的基本要件的完备率也不高。这无法体现学术成果自身的科学性、严谨性，这不仅不利于学术的传承，也影响了中国学术出版走出国门。

2012年，原国家新闻出版总署发布《关于进一步加强学术著作出版规范的通知》（以下简称《通知》），对学术著作的出版标准、书稿质量的审查论证、编辑环节的规范要求等均做了详细的规定。学术出版机构应该加强自律，认真落实《通知》的规定，严格执行学术出版规范，制定符合《通知》要求、满足学术著作出版规范的编辑出版流程和考核评价制度，在出版的每一个环节上保证学术著作的出版质量。同时，建议宏观管理部门在制定了相关的学术著作出版规范系列标准的基础上，应该加强标准执行的监督力度。

三　与时俱进、打造全新的营销模式

长期以来，中国学术出版营销方式过于粗放、简单。前文评价结果反映出一些学术出版机构缺乏在新媒体环境下学术出版营销传播的认识，对于传统媒体营销方式，像作者签售、图书专题研讨会、读书交流

会、新闻采访等也重视不够。究其原因在于营销传播理念的滞后。新的市场环境、媒体环境下的群体包括学术著作的读者，在一定程度上已经呈现碎片化和个性化特征。网络新媒体改变了传统传播中的信息不对称状态，以学术出版机构为核心，其改变了对出版资源垄断的状态，打破了作者和出版商对市场推动的格局。在新的市场格局下，读者由被动接受出版产品转向通过自身对学术产品的比较和评价，获得属于自己的选择决定权和话语权。

出版机构在新环境下，学术出版必须改变以往的营销传播模式，重视通过各种媒体形式，开展"作者—出版商—消费终端"的互动交流。通过市场主体的积极参与，实现市场的良性运转，实现学术出版产品的经济价值和社会价值。

四　紧随行业发展潮流，加强数字出版能力建设

出版已步入数字时代，学术出版的数字化不仅代表了传统学术出版的发展方向，也是培育学术出版的核心竞争力的重要战略举措。学术出版的数字化可以对学术成果和科研成果的推广普及、转化应用起到积极的作用。国外的出版商在数字化加工、集成、传播、产品服务等领域已经摸索出相对成熟的经验，甚至已经做到了产业链在图书、游戏等领域的延伸。

但是通过前文分析可以看出，当前国内的学术出版机构还处在数字化转型的阶段。诸多学术出版机构还没有成立专门的数字出版部门，同时存在投入不足、数字化建设水平不高等问题。针对这些问题本研究提出如下建议：第一，学术出版机构要根据自身发展，加大资金投入力度并争取政府的政策支持。充分利用各级财政和数字出版产业资金的扶持；通过资金投入提升数字化建设水平，实现业务流程再造；加大出版资源深度加工，实现出版资源的知识结构化、信息碎片化、呈现精细化；以实现出版业务流程改造、复合出版产品生产与投送为目标，加大

内容资源管理系统、编辑加工系统、产品发布系统的投资力度；重视版权采购、版权资产管理工具与系统建设，以支撑新闻出版企业版权运营多元化为目标，为全面开展版权运营奠定基础。第二，重视技术研发与集成。包括以下七方面，分别是：媒体加工技术、网站建设技术、数据库建设技术、信息平台技术、检索技术、防伪加密技术、移动终端技术等。内容与技术的良好结合，才是数字出版健康发展的源泉。掌握了技术，就掌握了主动权。中国的数字出版业只有不断创新、不断注入新技术，才能更好地生存和发展，更好地"走出去"。第三，重视数字出版人才培养和数字出版团队建设。人才队伍建设是数字出版行业步入良性循环的根本保证。传统出版向数字出版转型，使出版业产品策划与生产、营销渠道等都发生了深刻的变化。还有，对人才能力要求也有所转变。学术出版机构要重视数字出版人才的培养和数字出版团队的建设，同时要重视复合型人才的储备，并着力培养专业人才、创意人才、复合型人才团队。通过与高校联合定向培养数字出版人才，以及联合设立研究机构、联合设立课程等方式，储备自身所需要的数字出版人才。第四，宏观管理层面要加强相关配套制度体系的建设，对学术出版机构数字化转型起到支撑作用。一方面，当前学术出版机构的数字出版产业面临着产权保护难的严峻形势，盗版泛滥、市场混乱、版权纠纷等都是阻碍学术出版机构加快数字化出版进程的障碍。因此，有关部门应该尽快出台相应的法律法规，加强市场监管。另一方面，传统出版行业与数字技术行业之间的错位与断层，造成复合型人才的严重匮乏。有关部门应该落实人才引进政策、搭建数字出版与传统出版人才交流和培训平台、支持产学研协同发展，为聚集数字出版人才提供制度支撑。

五　实施国际出版战略、增强学术出版"走出去"的能力

学术出版机构是学术出版"走出去"的主体。伴随着中国学术出版"走出去"战略的实施，中国的学术出版也迈开了走向世界的步伐。

但是，应该看到中国的学术出版机构在"走出去"战略上还有很大的提升空间，通过学术出版"走出去"掌握学术出版话语权还需要做多方面的努力。

首先，需要学术出版机构在战略上高度重视。多数学术出版机构还没有形成清晰的国际出版战略，对国际出版的重视程度有待提升。因此，建议学术出版机构重视"走出去"战略，在内部加强"走出去"战略的顶层设计，依据自身实际明确战略定位。其次，提升"走出去"的学术出版产品的质量。国际出版依然遵循"内容为王"的法则，因而"走出去"的学术出版产品的质量决定了能"走多远"。而从前文分析可以看出，多数学术出版机构在打造反映我国学术前沿的优秀国际出版物方面的能力还有待提高。作为学术出版机构，要提升出版优秀国际出版物的能力，以国际化的视野精心出版知名学者的权威著作，打造能够反映中国学术前沿的学术出版产品，将原创、高端的学术出版产品推向国际市场。在选题策划、选择作者、编辑设计、印刷复制等各个环节做好工作，以提升国际出版产品的质量。

附录：学术出版基本术语①

目　录

1. 学术研究（ACADEMIC RESEARCH） …………………………… 285

2. 学者（SCHOLAR） ………………………………………………… 285

3. 学术共同体（ACADEMIC COMMUNITY） …………………… 285

4. 学术作品（ACADEMIC WORK） ……………………………… 286

5. 学术成果（ACADEMIC ACHIEVEMENTS） …………………… 286

6. 研究报告（RESEARCH REPORT） …………………………… 286

7. 智库报告（THINK TANK REPORT） ………………………… 287

8. 学术论文（ACADEMIC PAPERS） …………………………… 287

9. 学术论文集（ACADEMIC ESSAYS） ………………………… 287

10. 学术专著（ACADEMIC MONOGRAPH） …………………… 287

11. 学术出版（ACADEMIC PUBLISHING） …………………… 288

12. 学术出版人（ACADEMIC PUBLISHERS） ………………… 288

13. 学术编辑（ACADEMIC EDITOR） …………………………… 288

---

① 以下列举的 20 个学术出版基本术语的界定是本研究为明确学术出版领域的核心概念所付出的努力，也是贯穿本研究的主要思想。除有明确注释说明来源的以外，均为本研究原创成果。

14. 学术出版机构（ACADEMIC PRESS）……………………… 288

15. 学术出版规范（ACADEMIC PUBLISHING STANDARD）……… 289

16. 学术出版能力（ACADEMIC PUBLISHING CAPABILITY）…… 289

17. 开放获取（OPEN ACCESS）…………………………… 289

18. 学术评价（ACADEMIC EVALUATION）………………… 290

19. 同行评议（PEER REVIEW）…………………………… 290

20. 文献计量（BIBLIOMETRICS）………………………… 290

1. 学术研究（Academic Research）[1] Academic Approach[2]

学术研究，是指以系统专门的学问为对象，对存在物及其规律进行学科化阐述及论证。

学术研究是一种积累，也是一种专业性活动，是从已有知识、经验出发探求未知事物和知识的行为。

2. 学者（Scholar）[3]

学者，是从事知识生产的人。指具有一定专业技能、学识水平、创新能力和学术造诣，能在相关领域表达思想、提出见解的人。

3. 学术共同体（Academic Community）

学术共同体，是指具有相同或相近的信念、价值取向，并遵守共同规范，以学术研究为职业和旨趣的学者群体。

学术共同体是学术活动的主体和承担者，担负着创造和评价学术成果的功能，也是学术规范的制定者和执行者。

---

[1] 梁荣迅. 英汉社会科学词典［M］.山东：山东人民出版社，1992.

[2] 刘仲亨，陆象淦. 社会科学新术语词典［M］.北京：社会科学文献出版社，1995.

[3] 梁荣迅. 英汉社会科学词典［M］.山东：山东人民出版社，1992.

4. 学术作品 （Academic Work）

学术作品是通过作者的研究创作而产生的，对自然科学或人文社会科学某领域某个问题具有独创性，并以一定有形形式或其他形式表现出来的智力结果。

学术作品的表现形式一般包括研究报告、智库报告、学术论文、学术论文集、学术专著等。

5. 学术成果 （Academic Achievements）

学术成果，是指对自然科学或人文社会科学某领域某个问题进行科学性、系统性研究，并对其内在的规律进行学科化论证，以论文、专著、研究报告及其他各类形式呈现的成就。

从内涵的界定来看，学术成果应包括三个方面的特征：一是学术成果的研究领域为自然科学和人文社会科学的问题；二是对研究问题的内在规律进行系统性、科学性的揭示；三是研究成果具有原创性和学术性。

6. 研究报告 （Research Report）

研究报告，是指基于自然科学或社会科学领域的基础研究或应用研究的任何主题，旨在推广、传播、交流、利用自然科学或人文社会科学研究与实践的结果，并提出有关行动建议的研究性文献。

研究报告可分为学科动态型、文献综述型、实体研究型。学科动态型研究报告是对某个学科的动态发展进行的研究；文献综述型研究报告是针对某个社会问题或主题进行的文献梳理和知识再生产；实体研究型研究报告主要针对具体的社会实体（如社会组织、企业）或特定空间领域（如国家、省市区）进行实地调查，分析问题、找出规律、探寻趋势，并提出相关对策建议。

7. 智库报告 (Think Tank Report)

智库报告，是指基于公共事务领域，对政治、经济、外交、国防、科技、社会等宏观或微观问题进行专题研究，旨在为决策机构估计形式、确定目标、制定政策、提供建设性的决策依据和行动建议的研究性文献。

8. 学术论文 (Academic Papers)

学术论文，是指用系统的、专门的知识对某个学科领域中的学术问题进行研究的学理性文章。学术论文或是能够提出研究过程中发现的创新性见解，或是对某种已知原理应用于实际取得新进展进行科学总结。学术论文具有学术性、科学性、创造性、学理性，按研究的内容，学术论文可分为理论性研究论文和应用性研究论文。

9. 学术论文集 (Academic Essays)

由系列学术论文构成的集合称为学术论文集。学术论文集可经过专业编辑后正式出版，也可不出版，仅作内部交流。

10. 学术专著 (Academic Monograph)

学术专著，是指作者基于某一专业或学科方法研究自然、社会和人的思维现象所形成的作品，并经由专业出版机构编辑加工而成的图书。学术专著，是学术论文的延伸，是学术成果的一种表现形式。一般而言，经过专业编辑出版的，可以称为学术专著。

从内涵的界定来看，学术专著应包括三个方面的特征：一是学术专著的内容具有专业性，属于某一学科或专业领域原创性成果；二是学术专著的主要受众（阅读人群）专业水平较高；三是学术专著使用专业语言写作并遵循较严格的学术出版规范，包括注释、参考文献、索引等要件。

11. 学术出版（Academic Publishing）

学术出版，是指学术作品经过评审、选择、编辑加工、印制，并向公众传播的专业出版活动。

学术出版是学术成果的载体和传播平台，是人类出版活动的基本组成部分，是学术研究不可或缺的组成部分，也是学术市场的主体之一。它承担了学术成果的交易和传播功能，是学术价值得以实现的基本环节；它服务于时代，承载着思想传播、文明传承、资政育人的功能。

学术出版也是专业出版的基本门类之一，它处于整个出版产业的顶端，代表一个国家学术研究和出版产业发展水平，是国家文化软实力的重要表现形式。

12. 学术出版人（Academic Publishers）

学术出版从业者，通常是指对以学术图书、报刊、音像、电子、网络等媒体承载的内容进行编辑、复制（包括印刷、复制等）、发行（或网络传播）的从业人员。

13. 学术编辑（Academic Editor）

学术编辑，是指专门从事学术出版活动，对学术产品进行组织策划、专业审读、编辑加工、宣传推广的人员。

14. 学术出版机构（Academic Press）

学术出版机构，是指主要从事学术图书和学术期刊等学术出版物的出版活动的组织。

学术出版机构属于专业出版机构，其有别于一般出版机构的特点体现在三个方面：一是出版物的专业性，主要为有学科和专业主题的学术图书和学术期刊；二是出版规范的专业性，所出版产品应该遵循严格的学术专业规范；三是人员和流程的专业性，学术出版机构人员和出版流程有严格的专业要求。

15. 学术出版规范（Academic Publishing Standard）

学术出版规范是学术出版物出版全过程应该遵守的准则，包括应该遵守的国家的法律、法规，内容质量上应达到的学术共同体所认同的要求，形式上应该符合的基本规范。

16. 学术出版能力（Academic Publishing Capability）

学术出版能力，是指出版机构利用自身的各种资源和技术手段，整合学术资源、进行学术产品加工进而营销传播的一种综合能力。主要包含五个方面：学术出版资源整合能力、学术产品加工能力、学术产品营销传播能力、数字出版能力、国际出版能力。

17. 开放获取（Open Access）

开放获取（Open Access）是在尊重作者权益的前提下，读者通过新的数字技术和网络化通信，及时、免费、不受任何限制地通过网络获取各类文献的出版模式，是国际学术界、出版界、图书情报界为了推动科研成果利用互联网自由传播而倡导的，一般采用作者（或所属机构）付费出版、读者免费获得、无限制使用的运作模式，论文版权由作者保留。

商业开放获取模式一般认为是由英国开放获取出版机构 BioMed Central 于 2000 年创立，如今主要的科研强国的政府及世界大型出版社都相继加入了支持开放获取出版的行列。根据 DOAJ（Directory of Open Access Journal，开放获取期刊目录）的数据，目前全球已有 11444 种开放获取期刊，共有来自 136 个国家的 2233747 篇论文在世界范围发表。

18. 学术评价（Academic Evaluation）

学术评价，是指依据学术共同体在长期学术活动中积累形成的规范、标准程序对学术成果的科学性、有效性、可靠性及其价值所做的一种判定。

学术评价的方法包括主观评价（例如：同行评议）和客观评价（例如：引文分析）。学术评价的内容是对学术成果的内在规律、学科本身的逻辑结构、外在特征等进行评估。

19. 同行评议（Peer Review①）

同行评议，亦称专家评审，是学术评价的一种主要方法，是指同一个学科或研究领域的专家按照一定的判断准则，依据各自的专业知识和经验，对学术成果做出独立的、客观的判断和认定。

20. 文献计量（Bibliometrics）

文献计量，是指依靠数学工具和统计学技术对文献进行定量化研究，进而对文献的特征以及内在规律进行揭示的活动。

---

① 范广伟等. 英汉社科大词典 ［M］.北京：海洋出版社，1992.

参考文献

[1] Albert P. C. "Critical Success Factors for PPPs in Infrastructure Developments: Chinese Perspective" [J]. Journal of Construction Engineering and Management, 2010 (5): 484 – 494.

[2] Alesia Zuccaia et al. Can We Rank Scholarly Book Publishiers? A Bibliometric Experiment With the Field of History [J]. Journal of the Association For Information Science and Technology, 2014, 40 (4): 1083 – 1096.

[3] David C. McClelland. Testing for Competence Rather Than for Intelligence [J]. American Psychologist. 1973, 28 (1): 1 – 14.

[4] Development in OA Monograph Publishing [EB/OL]. [2016 – 01 – 12]. http://aoasg.org.au/au-monograph-developments/.

[5] Edward A. Goedeken. An Index of Publisher An Index to Publisher Quality Revisited: A Partial Replication [J]. Library Acquisitions: Practice & Theory, 1993, 17 (1): 263 – 268.

[6] Elea Gime'nez-Toledo, Carlos Tejada-Artigas, Jorge Manana-Rodrguez. Evaluation of Scientific Books' Publishers in Social Sciences and Humanities: Results of A Survey [J]. Research Evaluation, 2013 (22): 64 – 77.

[7] Elizabeth A. Geiser. A Preliminary Assessment of Book Publisher Quality [J]. Journal of Criminal, 2010, 21 (3): 229 – 244.

［8］ Garand, J. C. , Giles, M. W. Ranking Scholarly Publishers in Political Science: An Alternative Approach ［J］. College & Research Libraries, 2011, 44 (4): 375 – 383.

［9］ Garfield E. Journal Citetion Studies: Surgery Journals Spnother Operstion in Citetion Anslysis ［J］. Current Conteins/Life Science, 1985, 28 (21): 3 – 18.

［10］ John Calhoun and James K. Bracken. An Index of Publisher Quality for the Academic Library ［J］. College & Research Libraries, 1983, 44 (1): 257 – 259.

［11］ Kayvan K. , Mike T. , Somayeh R. Assessing the Citation Impact of Books: The Role of Google Books, Google Scholar, and Scopus ［J］. Journal of the American Society for Information Science and Technology, 2011, 62 (11): 2147 – 2164.

［12］ Kleijnen, J. P. C. , Van Groenendaal, W. Measuring the Quality of Publications: New Methodology and Case Study ［J］. Information Processing and Management, 2000, 36 (4): 551 – 570.

［13］ Kousha K. , Thelwall M. The Web Impact of Open-Accesssocial Science Research ［J］. Library and Information Science Research, 2007, 29 (4): 495 – 507.

［14］ Kuusisto J. , Viljamaa A. "Knowledge-Intensive Business Services and Co-Production of Knowledge-the Role of Public Sector?" ［C］. Frontiers of E-Business Research, 2004: 282 – 298.

［15］ Laband, D. N. Measuring the Relative Impact of Economics Book Publishers and Economics Journals ［J］. Journal of Economic Literature, 1990, 28 (2): 655 – 660.

［16］ Larry P. Goodson et al. Ranking the Presses: Political Scieentist's Evaluation of Publisher Quality ［J］. Political Science & Politics, 1999,

32 (2): 257 – 262.

[17] Lewis, J. S. An Assessment of Publisher Quality by Political Science Librarians [J]. College & Research Libraries, 2000, 61 (4), 313 – 323.

[18] Liebowitz, S. J. , Palmer, J. P. Assessing the Relative Impacts of Economic Journals [J]. Journal of Economic Literature, 1984, 22 (1): 77 – 88.

[19] Mark E. Funk. Open Access-Dreams and Realities [EB/OL]. [2009-07-02]. http://www. ifla. org/IV/ifla73/papers/098-Funk-en. pdf.

[20] Max H. Boisot, Knowledge Assets Securing Competitive Advantage in the Information Economy [M]. London: Oxford University Press, August 1999.

[21] Moed H. , Luwel M. Towards Research Performancein the Humanities [J]. Library Trends, 2001, 50 (3): 498 – 520.

[22] Mohammadi E. , Thelwall M. Mendeley Readership Altmetrics for the Social Sciences and Humanities: Research Evaluation and Knowledge Flows [J]. Journal of the Association For Information Science and Technology, 2014, 65 (8): 1627 – 1638.

[23] Neville T. M. , Deborah B. H. Evaluating Scholarly Book Publishers—A Case Study in the Field of Journalism [J]. The Journal of Academic Librarianship, 2014, 40 (3 – 4): 379 – 387.

[24] Open Edition Freemium for Books [EB /OL]. [2016 – 01 – 13]. http://www. openedition. org/13052? lang = en.

[25] Paul Metz, John Stemmer. A Reputational Study of Academic Publishers [J]. College & Research Libraries, 1996, 57: 234 – 247.

[26] Peter W. , Leon U. A Bibliometric Study of Referenceliterature in the Sciences and Social Sciences Information [J]. Processing & Management, 2010, 35 (1): 31 – 44.

[27] Preskill, H. , Torres, R. T. Evaluation Inquiry for Learning in Organi-

zation. ed. Thousand Oaks [M]. Calif: Sage, 1999.

[28] Prospectus for and Institutionally Funded First-book Subvention [EB/ OL]. [2016 – 03 – 04]. http://www. arl. org/storage/document/publications/aau-arl-prospectus-for-institutionally-funded-first-book-subvention-june2014. pdf.

[29] Savas, E. S. Privatization and Public-Private Partnerships [J]. Chatham House, 2nd edition, July 26, 1999.

[30] Schloegl C. , Gorraiz J. Global Usage Versus Global Citationmetrics: The Case of Pharmacology Journals [J]. Journal of the American Society for Information Science and Technology, 2011, 62 (1): 161 – 170.

[31] SchultheissO. C. , BrunsteinJ. C. Assessment of Implicit Motives with A Research Version of the TAT: Picture Profiles, Gender Diffences, and Relations to other Personality Measures [J]. Journal of Personality Assessment, 2001, 77 (1): 71 – 86.

[32] Scriven, M. Evaluation Thesaurus, 4th ed. Thousand Oaks [M]. Calif: Sage, 1991.

[33] Small H. G. , Crane D. Specialties and Disciplines in Science and Social Science: An Examination of their Structure Using Citation Indexes [J]. Scientometrics, 1979, 1 (5): 445 – 461.

[34] Stufflebeam, D. L. , Shinkfield, A. J. Systematic Evaluation: A Self-Instructional Guide to Theory and Practice [J]. Boston: Kluwer-Nijhoff Publishing, 1985.

[35] Thompson, John, B. Books in the Digital Age: The Transformation of Academic and Higher Education Publishing in Britain and the United States [M]. Polity, Mar, 2005.

[36] Tina M. Nveille, Deborah B. Henry. Evaluating Scholarly Book Publishers—A Case Study in the Field of Journalism [J]. The Journal of

Academic Librarianship, 2014, 40: 379 – 387.

[37] Torre S. D. , Moed H. F. Library Catalog Analysis as A Tool in Studies of Social Sciences and Humanities: An Exploratory Study of Published Book Titles in Economics [J]. Journal of Informetrics, 2009, 3 (1): 9 – 26.

[38] Torres-Salinas D. , Robinson-García N. , López-Cózar E. D. Towards a "Book Publishers Citation Reports" First Approach Using the "Book Citation Index" [J]. Revista Espanola De Documentacion Ciention, 2012, 35 (4): 615 – 620.

[39] Tsagari D. , Sifakis N. C. Course Book Evaluation in Greek Primary Schools: Views from Teachers and Authors [J]. System, 2014, 45 (1): 211 – 226.

[40] White et al. Libcitations: A Measure for Comparative Assessment of Book Publications in the Humanities and Social Sciences [J]. Journal of the American Society for Information Science and Technology, 2009, 40: 1083 – 1096.

[41] White H. D. , Boell S. K. , Yu H. , Davis M. , Wilson C. S. , Cole F. T. H. Libcitations: A Measure for Comparative Assessment of Book Publications in the Humanities and Social Sciences [J]. Journal of the American Society for Information Science and Technology, 2009, 60 (6): 1083 – 1096.

[42] Wiberley, S. E. The Humanities: Who Won the '90s in Scholarly Book Publishing. Portal [J]. Libraries and the Academy, 2002, 2 (3): 357 – 374.

[43] Wiberley, S. E. The Social Sciences: Who Won the '90s in Scholarly Book [J]. College & Research Libraries, 2004, 65 (6): 505 – 523.

[1] 卜卫, 周海宏, 刘晓红. 社会科学成果价值评估 [M]. 北京: 社

会科学文献出版社，1998.

[2] 财政部财政科学研究所，新闻出版总署财务司联合课题组，艾立民，刘尚希，王泉，傅志华.国外新闻出版业发展模式及其财税政策经验借鉴 [J].经济研究参考，2013（26）.

[3] 蔡继辉，张静鸥.皮书2012：价值与评价 [J].中国图书评论，2013（2）：56~60.

[4] 蔡迎春.基于"类目细分"的核心出版机构 h 指数雷达图实证研究 [J].图书情报工作，2011，55（11）：70-75.

[5] 曹丽华.学术规范与责任编辑的责任 [J].中国出版，2010（3）：33-34.

[6] 陈广仁.浅论网络学术出版范式 [J].中国电子与网络出版，2003（3）：14.

[7] 陈沪铭.学术出版与学术出版编辑价值体现 [J].出版与印刷，2013（1）：19-20.

[8] 陈丽霞.学术出版的困境与出路 [J].现代出版，2012（5）：44-46.

[9] 陈培根.传播媒体学概念（下）[M].首尔：世英社，1993：222.

[10] 陈小文.学术著作编辑出版基本规范刍议——以中西文图书比较为视角 [J].中国编辑，2012（5）：15-20.

[11] 陈晓明.浅谈出版部门的图书质量管理工作 [J].科技信息：科学教研，2008（19）：304.

[12] 陈之曦，陈通明.刍议社会科学应用对策研究 [J].宁夏社会科学，2012（1）：54-59.

[13] 程维红，任胜利，王应宽，方梅，路文如.国外科技期刊的在线出版——基于对国际性出版商和知名科技社团网络平台的分析 [J].中国科技期刊研究，2008（06）.

[14]《出版事典》编辑委员会.简明出版百科词典 [M].申非等，译.北京：中国书籍出版社，1990.

［15］初景利，李麟．国内外开放获取的新发展 ［J］．图书馆论坛，2009，29（6）：83 - 88.

［16］褚超孚，陈劲，王绳兮．社会科学基金项目评价与选择指标体系及模型 ［J］．科研管理，1998，19（3）：25 - 30.

［17］崔青峰．加强和完善出版社图书质量检查的思考 ［J］．科技与出版，2014（7）：58 - 60.

［18］代根兴，周晓燕．出版社与图书馆图书评价标准比较研究 ［J］．文献资源建设，2013（5）：36 - 40.

［19］代幸梅．自助出版：传统出版的幸与不幸？ ［J］．中国报业，2013（10）：131 - 132.

［20］邓曼．论社会科学研究成果评价指标体系构建的原则与框架 ［J］．企业家天地，2007（10）：165 - 167.

［21］邓元宏．中外出版集团规模比较分析 ［J］．编辑之友，2001（6）：6 - 11.

［22］丁军强，吴桂鸿．社会科学研究成果评价指标体系构建之管见 ［J］．科技进步与对策，2006（4）：113 - 115.

［23］丁如筠，等．出版词典 ［M］．上海：上海辞书出版社，1992.

［24］丁玉玲，夏侯炳．1979 ~ 2008 年我国图书内容索引的研究综述 ［J］．大学图书馆学报，2010（1）：80 - 85.

［25］都兴富．突变理论在经济领域的应用 ［M］．成都：电子科技大学出版社，1994.

［26］段乐川，王振铎．试论我国学术论著出版存在的问题、原因和对策 ［J］．中国出版，2013（2）：7 - 11.

［27］范超英，田丽娜．馆藏图书核心出版社测定模型研究 ［J］．图书情报工作，2009（13）：58 - 60.

［28］方正智慧出版．国外特色数据库探幽（2）［EB/OL］．（2016 - 05 - 15）．http：//www.wtoutiao.com/p/17bQ6xn.html.

[29] 方正智慧出版.国外特色数据库探幽［EB/OL］.（2016 – 09 – 03）.http：∥www.wtoutiao.com/p/3295Ixy.html.

[30] 方正智慧出版.看看国外的自助出版是怎么玩儿的［EB/OL］.（2016 – 09 – 03）.http：∥www.wtoutiao.com/p/3375IxD.html.

[31] 冯国祥.图书质量观初探［J］.编辑学刊,1993（2）：16 – 21.

[32] 冯平.评价论［M］.北京：东方出版社,1995：30.

[33] 冯智勇.学术图书出版基本概念研究综述［J］.编辑之友,2011（10）：26 – 28.

[34] 高风华,叶继元,郑德俊.社会科学基础研究成果的质量指数评价模型——以法学为例［J］.湘潭大学学报（哲学社会科学版）,2012,36（4）：152 – 156.

[35] 高若海.学术规范与编辑责任［J］.编辑学刊,2005（2）：30 – 31.

[36] 顾金亮.出版企业竞争力评价研究［M］.南京：东南大学出版社,2010.

[37] 郭进京,彭乃珠,张梦霞,等.2014年国际开放获取实践进展［J］.图书情报工作,2015（9）：119 – 126.

[38] 郭玲,陈燕.参考文献著录中的学术道德缺失现象及其防范［J］.编辑学报,2007（1）：8 – 10.

[39] 国家新闻出版广电总局.关于申报2015年度"经典中国国际出版工程"资助项目的通知.［EB/OL］.（2015 – 01 – 12）.http：∥www.gapp.gov.cn/news/1663/238707.shtml）.

[40] 韩建民.国家出版基金助推中国学术出版转型.［N］中国新闻出版报,2012 – 08 – 24.

[41] 郝振省.学术出版规范与中国学术出版［J］.出版参考,2013（2）：8 – 10.

[42] 郝振省.学术出版如何由"大"到"强"［N］.光明日报,2013 – 01 – 29（13）.

［43］ 何凤辉．大学出版社官方微博的品牌营销策略［J］．传播与版权，2015（3）：124～125．

［44］ 何皓．论图书质量管理［J］．图书情报知识，2003（4）：93-94．

［45］ 何皓．图书质量：出版宏观管理的一个重要范畴［J］．出版科学，2010（1）：31-36．

［46］ 何平，赵子都．突变理论及其应用［M］．大连：大连理工大学出版社，1989．

［47］ 何涛．基于PPP模式的交通基础设施项目风险分担合理化研究［D］．天津：天津大学博士学位论文，2011．

［48］ 贺威，刘伟榕．大数据时代的科研革新［J］．未来与发展，2014（2）．

［49］ 胡正荣．全球传媒产业发展报告（2011）［M］．社会科学文献出版社，2011．

［50］ 胡志斌．学术出版规范立法化问题研究［J］．出版发行研究，2013（11）：69-72．

［51］ 黄慧．浅谈社会科学应用对策［J］．青年与社会：上，2014（9）：312．

［52］ 黄津孚．资源、能力与核心竞争力［J］．经济管理，2001（20）：4-9．

［53］ 姜春林，孙军卫，田文霞．人文社会科学成果评价若干指标内涵及其关系［J］．情报杂志，2013，32（11）：43-50．

［54］ 姜庆乐．建立图书质量保障体系之关键点分析［J］．科技与出版，2014（6）：76-78．

［55］ 焦贵萍．浅谈我国学术出版的现状及发展对策［J］．中国编辑，2012（6）：52-55．

［56］ 焦贵萍．浅谈我国学术出版的现状及发展对策［J］．中国编辑，2012（6）：54-57．

[57] 柯真. 经评选在 1993、1994 年度表现良好新闻出版署决定表彰商务等 127 家出版社 [J]. 出版参考, 1995, (22): 3 - 4

[58] 劳斗, 戈平. 第 11 届国际出版学研讨会主要学术观点介绍 [J]. 中国编辑研究, 2005.

[59] 雷勇, 彭蝶飞, 谭日辉. 社会科学课题评价指标体系研究 [J]. 南通大学学报 (社会科学版), 2012, 28 (6): 132 ~ 136.

[60] 李冰祥. 英国学术图书出版的特点与启示 [J]. 科技与出版, 2004 (5): 56 - 58.

[61] 李昌佳. 学术出版引入同行专家评审机制的探讨 [J]. 中南大学学报 (社会科学版), 2006, 12 (3): 371 ~ 374.

[62] 李长青. 论规范学术出版的"三把抓" [J]. 出版参考, 2012 (33): 8 - 9.

[63] 李杭. RFM 模型在图书质量评价系统中的应用 [J]. 农业图书情报学刊, 2014, 26 (2): 54 ~ 57.

[64] 李瑞华. 论学术出版的专业化机制 [J]. 中国出版, 2013 (11): 10 - 13.

[65] 李霞, 樊治平, 冯博. 知识服务的概念、特征与模式 [J]. 情报科学, 2007 (10): 1584 - 1587.

[66] 李霞. 知识服务平台构建的若干问题研究 [D]. 东北大学博士学位论文, 2008.

[67] 李祥洲. 国外出版业宏观管理体系探析 [J]. 出版科学, 2004 (5): 42 - 46.

[68] 李苑青. 浅析 DMAIC 模式在图书质量管理中的运用 [J]. 广西大学学报 (哲学社会科学版), 2006, 28 (5): 83 - 85.

[69] 梁永霞, 刘则渊, 杨中楷. 引文分析学形成与发展的可视化分析 [J]. 图书情报工作, 2010, 54 (2): 31 - 35.

[70] 廖萍. 高校社会科学成果评价指标体系研究 [J]. 科技管理研究, 2008 (5): 169 - 170.

［71］廖汝年.论图书质量的宏观与微观管理［J］.出版发行研究，1997
　　　（3）：21.

［72］刘大椿.人文社会科学研究成果评价体系研究［M］.北京：经济
　　　科学出版社，2009.

［73］刘大椿.推进高校哲学社会科学研究分类评价机制［N］.中国教
　　　育报.2016－04－18.

［74］刘东信.英文参考文献审校中需要注意的问题例析［J］.编辑学
　　　报，2011，23（4）：316－317.

［75］刘建辉.社会科学学术成果评价方法探析［J］.湖南大学学报
　　　（社会科学版），2007，21（3）：125－127.

［76］刘丽华，姚德海.出版社竞争力评价指标体系探究［J］.出版经
　　　济，2004（4）：42－47.

［77］刘利，袁曦临.外文学术图书质量评价实证研究［J］.图书情报
　　　工作，2011（21）。

［78］刘利，袁曦临.外文学术图书质量评价实证研究［J］.图书情报
　　　工作，2011，55（21）：93－97，102.

［79］刘利成.支持文化创意产业发展的财政政策研究［D］.北京：财
　　　政部财政科学研究所博士学位论文，2011.

［80］刘蒙之.美国书评媒体的类型与定位［J］.编辑之友，2012
　　　（10）：125－128.

［81］刘仁.数字化时代国外版权立法盘点［N］.中国知识产权报，
　　　2008－02－22.

［82］刘银娣，苏宏元.国内外出版集团数字化转型路径比较研究
　　　［J］.中国出版，2015（19）：63－66.

［83］刘影.学术图书是怎样陷入困境的？［J］.编辑学刊，2007（2）：
　　　41－43.

［84］刘拥军.出版社竞争力指标体系研究［J］.出版发行研究，2005

（10）：9 – 18.

[85] 刘宇泰，潘光友，刘克刚. 应用性科研成果综合评价的模糊数学方法研究 [J]. 昆明理工大学学报（自然科学版），2006，31（6）：101 – 106.

[86] 刘志荣. 图书质量与图书商品市场 [J]. 出版发行研究，1994（2）：9 – 11.

[87] 陆怡洲. 试析图书质量评价的客观要素——兼论构建图书采访技术体系 [J]. 图书馆杂志，2012，31（6）：33 – 36.

[88] 马克斯·H. 博伊索特. 知识资产——在信息经济中赢得优势 [M]. 张群群，陈北，译. 上海：上海世纪出版集团，2005.

[89] 孟祥斌. 论出版社编辑工作的重要意义 [J]. 传播与版权，2015（11）：85 – 86.

[90] 米戎. 合理调配 普遍查看 详略得当——图书质量检查方法之我见 [J]. 中国编辑，2007（3）：26 – 28.

[91] 穆卫国. 哲学图书核心出版社的出版倾向研究——基于 h 指数和 g 指数实证研究 [J]. 图书情报知识，2011，30（2）：118 – 123.

[92] 倪润安. 中国人文社会科学学术成果评价体系建立的困境与出路——当前研究状况的总结与思考 [J]. 社会科学管理与评论，2004（2）：42 – 49.

[93] 聂静. 浅议大学出版社的微信营销 [J]. 出版发行研究，2013（2）：57 – 59.

[94] 牛太臣，曾勉之. 全面提高图书质量管理的尝试与探索 [J]. 出版发行研究，1993（1）：37 – 40.

[95] "皮书规范"课题组. 皮书手册——写作、编辑出版与评价指南 [M]. 社会科学文献出版社，2015.

[96] 祁述裕. 中国文化产业国际竞争力报告 [M]. 北京：社会科学文献出版社，2004.

［97］ 钱玲飞，孙辉．对新闻传播学最有学术影响的百家出版社分析—基于 CSSCI（2000—2007 年度）数据［J］．出版科学，2010，18（1）：66 –68．

［98］ 乔丽新．探析出版社编辑工作的意义与价值［J］．传播与版权，2015（11）：57 –58．

［99］ 邱均平，任全娥．国内外人文社会科学科研成果评价比较研究［J］．国外社会科学，2007（3）：58 –66．

［100］ 邱均平，王菲菲．社会科学研究成果综合评价方法研究［J］．重庆大学学报（社会科学版），2010，16（1）：111 –114．

［101］ 邱阳．人文社科类学术论文参考文献著录失范及防治对策［J］．长春师范大学学报，2014（11）：205 –207．

［102］ 全国图书出版业竞争力研究课题组．全国出版社竞争力谁领风骚——区域出版业发展模块形成　资本和造货是影响核心竞争力关键［N］．中国图书商报，2006 –08 –08（1）．

［103］ 全国哲学社会科学规划办公室．2016 年国家社科基金中华学术外译项目申报公告［EB/OL］．（2016-02-23）．http：∥www.npopss-cn.gov.cn/n1/2016/0223/c219469 –28143314.html．

［104］ 饶邦华．强化过程质量控制 全面提高图书质量［J］．中国出版，2008（6）：73 –74．

［105］ 任俊为．知识经济与图书馆的知识服务［J］．图书情报知识，1999（1）：27 –29．

［106］ 任全娥．人文社会科学成果评价研究［M］．北京：中国社会科学出版社，2010．

［107］ 任全娥．人文社会科学研究成果评价指标体系研究［J］．大学图书馆学报，2009（5）：51 –55．

［108］ 任全娥．人文社会科学研究成果评价中的价值论［J］．重庆大学学报（社会科学版），2009（3）．

[109] 沙似鹏，郑礼，郭才伯，等．人文、社会科学研究成果评价指标体系初探 ［J］．上海高教研究，1994（1）：74 - 78.

[110] 沈东山．论图书质量管理体系的完善 ［J］．出版科学，2016（1）：17 - 21.

[111] 师曾志．影响出版企业竞争力因素的综合分析 ［J］．图书情报工作，2001（5）：80 - 82.

[112] 施东毅．PDCA 循环在图书质量管理中的应用 ［J］．中国管理信息化，2011，14（12）：61 - 62.

[113] 石菊君，等．经济类核心出版社的测定与图书馆采购策略 ［J］．现代情报，2011，31（3）：139 - 142.

[114] 史海娜．国外出版产业价值链转型模式分析 ［J］．编辑之友，2008（3）：91 - 93.

[115] 史志富，张安，刘海燕．基于突变理论与模糊集的复杂系统多准则决策 ［J］．系统工程与电子技术，2006，28（7）：1010 - 1013.

[116] 苏世军．西方出版产业集团化与编辑分工细化——以拉加代尔集团为例 ［J］．出版广角，2014（15）：11 - 13.

[117] 苏新宁等．中国人文社会科学图书学术影响力报告 ［M］．北京：中国社会科学出版社，2011：4 ~ 5.

[118] 孙浩，王海鸥．论建立社会科学成果评价指标体系 ［J］．河北师范大学学报（哲学社会科学版），1998，22（2）：142 - 147.

[119] 孙树松，林人．中国现代编辑学辞典 ［M］．哈尔滨：黑龙江人民出版社，1991：5.

[120] 孙艳华．QC 法在图书质量控制中的应用研究 ［J］．编辑之友，2010（1）：66 - 69.

[121] 孙勇中，袁曦临，钱鹏．外文核心学术图书模糊综合评价体系的建立 ［J］．图书情报工作，2007，51（6）：134 - 138.

[122] 索柏民．企业知识管理的实现方式及能力评价研究 ［D］．大连

理工大学博士学位论文，2008.

[123] 谭春辉. 高校人文社会科学研究成果评价机理研究——基于利益相关者的视角 [J]. 社会科学管理与评论，2013（2）：16-23.

[124] 唐慧. 从爱思唯尔被抵制看西方出版伦理 [J]. 出版广角，2014（7）.

[125] 唐吉深. 高校图书馆馆藏学科"核心出版社"评测研究 [J]. 图书馆建设，2013（1）：18-21.

[126] 唐晓艳. 我国人文社科类核心学术图书分析——基于 Google Scholar 的被引统计 [J]. 图书馆，2014（2）：60-62.

[127] 田慎鹏，柳建尧. 浅析学术出版平庸 [J]. 中国编辑，2013（2）：45-48.

[128] 田媛. 试论学术专著的出版和营销策略 [J]. 编辑之友，2011（12）：24-26.

[129] 童根兴. 社会科学文献出版社出台学术著作出版规范的认识、做法和体会 [J]. 中国编辑，2013（1）：34-39.

[130] 涂桂林. 出版社要开启知识服务模式. 中国新闻出版网. [EB/OL].（2015-06-02）. http:∥www. chinaxwcb. com/2015-06/02/content_318453. htm.

[131] 涂华. 出版社核心竞争力培育的三大关键点 [J]. 出版发行研究，2012（8）：21-23.

[132] 涂子沛. 大数据 [M]. 广西：广西师范大学出版社，2012：1-3.

[133] 涂子沛. 大数据 [M]. 广西：广西师范大学出版社，2012：5-10.

[134] 王昌度，程群，汤雪峰. 维护学术规范是编辑的重要职责 [J]. 科技与出版，2005（3）：54-56.

[135] 王大达. 论图书质量的量化评估和调控 [J]. 出版发行研究，

1993（3）：32-39.

［136］王笛．学术规范与学术批评——谈中国问题与西方经验［J］．开放时代，2001（12）．

［137］王卉．自助出版：出版业的新生存模式？［J］．出版发行研究，2012（9）：60-62.

［138］王兰敬，叶继元．中文人文社会科学学术图书评价的瓶颈因素及对策研究［J］．图书与情报，2014（6）：82-87.

［139］王立平．国外出版社编辑流程分析（一）——以布莱克威尔出版有限公司接受作者投稿的程序为例．中国编辑学会第12届年会论文集，2007.［EB/OL］．http：∥www.docin.com/p-1618468929.html.

［140］王茜，谭宗颖，钱力．科学研究社会影响力评价综述［J］．图书情报工作，2015，59（14）：143-148.

［141］王秋林．学术出版技术创新及能力培育探讨［J］．编辑学刊，2011（3）：12-15.

［142］王铁梅，吴志荣．学术图书核心出版社测定方法比较研究——以法律类图书出版社为例［J］．图书馆杂志，2013（6）：30-35.

［143］王铁梅．类目细分下法律类图书"核心出版社"出版强项分析［J］．图书馆建设，2011（3）：45-48.

［144］王旭坤．关于学术出版的若干思考［J］．中国出版，2008（7）：31-33.

［145］王旭坤．关于学术出版的若干思考［J］．中国出版，2012（4）：15-17.

［146］王业康主编．简明编辑出版词典［M］．北京：中国展望出版社，1988.

［147］王瑛，曹玮，罗珍．考虑专家信度的科技成果立体式综合评价模型［J］．软科学，2008，22（6）：6-10.

［148］王迎春，郑建明．我国人文社会科学论文评价体系的建构［J］．图书馆学研究，2010（17）：2－4，24．

［149］王瑜．我国高校人文社会科学研究成果评价［J］．科技管理研究，2008（4）：82－83．

［150］王育红，党大恩．国外出版管理概述［J］．商洛学院学报，2000（3）：67－69．

［151］王跃．牛津大学出版社与剑桥大学出版社的数字出版研究［D］．南京：南京大学，2014．

［152］王智钧．论图书质量的全方位监控［J］．出版发行研究，1993（4）：18－20．

［153］未艾．加强学术图书出版规范体系建设 努力提升中华学术国际竞争力［N］．中国社会科学报，2012－11－14（6）．

［154］魏清荣．构建良性的图书质量评价体系［J］．中国编辑，2005（6）：78．

［155］魏蕊，初景利．国外开放获取图书出版模式研究［J］．图书情报工作，2013（11）：12－18．

［156］魏晓虹．论编辑工作与学术规范［J］．山西大学学报（哲学社会科学版），2004（6）：108－110．

［157］邬书林．加强学术出版 打牢中华民族伟大复兴知识根基［N］．中国新闻出版报，2013－08－16（1）．

［158］邬书林．加强学术规范 攀登出版高峰——新闻出版总署关于规范学术图书出版的思路与措施［N］．中华读书报，2012－12－12（5）．

［159］邬书林．遵循规律 扎实工作 精心抓好新闻出版行业标准化建设［J］．出版发行研究，2012（8）：5－9．

［160］吴桂鸿．社会科学研究成果评价指标体系研究［D］．湖南：湖南大学，2006：41－49．

［161］吴巧生，赵来时．图书质量动静态因果综合评价法的原理及应用［J］．出版科学，1999（4）：32－35.

［162］吴孝灵，周晶，彭以忱，段庆康．基于公私博弈的 PPP 项目政府补偿机制研究［J］．中国管理科学，2013（11）：198－204.

［163］武宝瑞，钱蓉，李晓彤．评价机构发展与人文社科学术评价质量提升［J］．甘肃社会科学，2016（2）：25－27.

［164］谢琛香．图书质量的六大要素［J］．编辑之友，2004（4）：41－42.

［165］谢贵良．提高图书质量的层次分析［J］．数学理论与应用，2001，21（3）：113－116.

［166］谢念．新形势下学术出版编辑的责任担当和价值重构［J］．新闻研究导刊，2014（13）：66－67.

［167］谢寿光．迈向 2020：拥抱中国学术出版的美好时代［J］．出版发行研究，2016（8）．

［168］谢寿光．谢寿光：中国学术出版的六大态势［EB/OZ］．（2016-07-22）．光明阅读：http：∥reader. gmw. cn/2016-07/22/contout2107 7381. htm.

［169］谢寿光．学术出版是有门槛的［N］．中国新闻出版报，2012－03－26（8）．

［170］谢寿光．中国学术出版：现状、问题与机遇［J］．出版发行研究，2013（5）：9－10.

［171］谢寿光．中国学术出版：现状、问题与机遇［J］．出版发行研究，2013（5）：27－30.

［172］谢曙光．皮书手册：写作、编辑出版与评价指南［M］．北京：社会科学文献出版社，2015：1.

［173］谢曙光．皮书手册：写作、编辑出版与评价指南［M］．北京：社会科学文献出版社，2015：10.

［174］谢新洲．数字出版技术［M］．北京：北京大学出版社，2002.

［175］辛阳. 中美文化产业投融资比较研究［D］. 吉林：吉林大学，2013.

［176］徐丽芳. 数字出版：概念与形态［J］. 出版发行研究，2005（7）：5－12.

［177］徐丽芳. 中国学术出版基金研究［J］. 出版发行研究，2006（10）：40－43.

［178］徐小傑. 2003 年以来国外图书出版产业研究述评［J］出版发行研究，2010（4）：72－76.

［179］许海云，方曙. 人文社会科学评价中"质"与"量"相结合的评价框架研究［J］. 图书情报工作，2011，55（10）：60－64.

［180］许力以. 中国出版百科全书［M］. 太原：书海出版社，1997：19.

［181］闫建华. 基于价值链理论的出版社竞争力分析［J］. 出版发行研究，2008（7）：31－33.

［182］阎晓宏. 谈谈出版社评估与评估指标体系［J］. 出版发行研究，1996（1）：21－22.

［183］杨贵山. 美国大学出版社博杀在学术与市场之间［N］. 中国出版传媒商报，2001－11－20（10）.

［184］杨建林，朱惠，潘雪莲，等. 以质量和创新为导向的人文社会科学学术评价研究［J］. 情报理论与实践，2012（5）：25－27.

［185］杨庆国. 出版强国软实力评价指标体系构建及其评价方法［J］. 中国出版，2010（24）：3－8.

［186］杨霞，熊世春. 社会科学研究成果综合评价指标体系研究［J］. 山西师范大学学报（社会科学版），2008，35（3）：51－54.

［187］杨向萍. 聚集优秀出版资源，持续提升品牌竞争力［J］. 科技与出版，2014（11）：30－32.

［188］杨晓鸣，黄娟琴. 学术出版规范的学理分析［J］. 中国出版，2014（1）：16－18.

［189］叶继元，袁曦临. 中国学术评价的反思与展望［J］. 中国社会科

学评价，2015（1）：65 – 78.

［190］叶继元. 人文社会科学评价体系探讨［J］. 南京大学学报（哲学·人文科学·社会科学版），2010（1）：97 – 110.

［191］叶继元. 学术图书、学术著作、学术专著概念辨析［J］. 中国图书馆学报，2016（1）：21 – 29.

［192］叶蓬. 人文社会科学研究成果评估指标体系分析［J］. 探求，2001（1）：60 – 67.

［193］伊静波. 专业出版社学术图书营销策略初探［J］. 出版广角，2011（8）：55 – 57.

［194］尹建国. 美国网络信息安全治理机制及其对我国之启示［J］. 法商研究，2013（2）.

［195］尹玉吉. 西方学术出版机制、误区及其借鉴［J］. 河南大学学报（社会科学版），2012（5）.

［196］喻承久，张勇. 社会科学成果评价指标体系分析［J］. 空军雷达学院学报，2005，19（3）：73 – 75.

［197］袁亮. 研究西方出版管理体制的几点看法（二）［J］. 中国出版，1995（11）.

［198］源子. 学术图书出版 直面三大困扰［N］. 中国出版传媒商报，2005 – 08 – 19（9）.

［199］约瑟夫·吉鲍尔迪（Joseph Gibaldi）. MLA 文体手册和学术出版指南（第二版）［M］. 沈弘，何姝，译. 北京：北京大学出版社，2002.

［200］岳凤翔. 图书质量应该注意的几个问题——第七届全国高校出版社优秀畅销书奖参评图书质量分析［J］. 大学出版，2006（4）：1 – 2.

［201］曾红岩，罗明英，坤燕昌. 学科文献核心出版社测算方法研究［J］. 图书情报工作，2011，55（11）：52 – 55.

［202］张冰，曲政阳．关于新闻出版业税收政策的思考［J］．出版发行研究，2015（12）．

［203］张国春．社会科学科研成果的界定和分类［J］．云梦学刊，2006，27（6）：5－9．

［204］张宏．学术出版：如何从乱象回归本真——当下我国学术出版的发展路径考察［J］．出版广角，2013（8）：20－23．

［205］张积玉．注释、参考文献著录中若干规范问题再探［J］．吉林大学社会科学学报，2006，46（6）：140－147．

［206］张黎明．大学资源已成学术出版制高点［N］．中国新闻出版广电报，2007－09－04（4）．

［207］张立．数字出版相关概念的比较分析［J］．中国出版，2006（12）：14－15．

［208］张琪玉．《图书内容索引编制法》前言与目录［J］．中国索引，2006（4）：13－15．

［209］张维．数字出版环境下国内外医学期刊增值服务对比研究［D］．重庆：第三军医大学，2015．

［210］张武．社会科学管理理论与实践［M］．湖北人民出版社，1993．

［211］张晓林．走向知识服务：寻找新世纪图书情报工作的生长点［J］．中国图书馆学报，2000（5）：32－37．

［212］张雨竹．科技图书质量的目标决策与评价研究［J］．暨南学报（哲学社会科学版），1996，18（2）：106－112．

［213］张志强．现代出版学［M］．苏州大学出版社，2003．

［214］张忠杰．试论学术专著的出版和营销策略［J］．新闻研究导刊，2015，6（13）：171．

［215］赵大良．谈学术期刊的优先出版［EB/OL］．（2011－09－07）．http：// www. editorhome. cn/reading/document. aspx？ documentid = 11898&Nid = 3AEE98A8-5BDD-477D-AFC3-7DF74E6C3E56.

[216] 赵继准．关于全面提高图书质量的探索［J］．图书情报知识，1993（2）：63－66．

[217] 赵荔红．争夺信息化世纪的最后一块金矿——透视国外出版集团［J］．国际展望，2003（14）．

[218] 赵婷．国外出版行业协会运作模式［J］．编辑之友，2008（4）．

[219] 郑雯译，侯壮．国外人文社科学术图书开放出版模式研究［J］．图书情报工作，2016（11）．

[220] 郑兆昭，黎秋萍．成书检查——图书质量管理的有效方法之一［J］．出版发行研究，1993（3）：38－42．

[221] "中国图书出版资源基础数据库"课题组．2001年度全国大学出版社竞争力比较［J］．出版与科技，2002（5）：17－20．

[222] "中国图书出版资源基础数据库"课题组．"九五"期间全国出版社竞争力评估报告（上）［J］．出版广角，2001（10）：6－12．

[223] "中国图书出版资源基础数据库"课题组．"九五"期间全国出版社竞争力评估报告（下）［J］．出版广角，2001（11）：6－9．

[224] 中国产业信息网．2015年中国电影票房收入、票房人次统计［EB/OI］．（2016－03－16）．http：//www. chyxx. com/industry/201603/395715. html.

[225] 中国出版传媒商报社、中国文化"走出去"协同创新中心、中国文化"走出去"效果评估中心、中国图书进出口（集团）总公司．中国图书世界馆藏影响力调查报告（2015版）［EB/OL］．（2015.8.27）．http：//book. sohu. com/20150827/n419915148. shtml.

[226] 中国出版科学研究所，编．编辑实用百科全书［M］．中国书籍出版社，1994．

[227] 中国知网．"百佳"图书出版单位闪亮出炉 中国时代经济出版社荣获"全国百佳图书出版单位"称号——全国经营性图书出版单位等级评估全记录［J］．中国审计，2010（21）：2－3．

［228］ 中华人民共和国国家统计局，编 . 2015 中国统计年鉴 ［M］. 北京：中国统计出版社，2015.

［229］ 周蕾 . 微信广告传播力研究 ［J］. 东南传播，2012（1）：21 - 23。

［230］ 周奇 . 编辑主体在审读加工过程中的创造性作用 ［J］. 出版科学，2003（2）：21 - 26.

［231］ 周祥森 . 新旧中西的冲突：关于学术规范讨论的思考 ［J］. 史学月刊，2003（10）.

［232］ 朱杰人 . 学术出版的策略选择 ［J］. 现代出版，2007（4）：10 - 13.

［233］ 朱杰人 . 学术出版的春天还有多远 ［J］. 出版参考，2007（27）：1 - 1.

索　引

学术　1～23，25～28，30～39，42～43，45～95，97～99，101，103～125，128～173，175～190，194～204，208～240，242，244～246，249～252，254～290

学者　4，6，16，19，22，25～28，31～34，37～38，46～47，50～52，60，70，75，78，81，83，89，99，101，103，128，130，134～135，144～145，148～150，159～161，167，189，203，254，266～268，274，279，283～285

学术出版　1～15，20～23，25～28，38～39，42，45～53，70，86，94，123，125，128，130～143，145～147，150～151，153～155，157～158，160～161，163～166，168～169，171～173，175～177，179～183，185～190，194～204，208～240，242，244～246，249～251，254～274，277，279～285，287～289

学术编辑　134，143，148，150，259，284，288

学术出版人　45，284，288

学术图书　1～3，5～19，21～23，25～

28，30～38，43，45～90，92～95，97～98，104～117，120～123，125，135，141，147，150～156，159，164～167，169～171，175，177，179～180，183～185，212～214，221～222，224～228，244，255～257，260～261，263，265，270，274～280，288

学术成果　1，3，8，14，16～21，28，32，34，86，89，124，131，133～134，151，254，256，264～265，267～270，272，276～277，280～281，284～288，290

研究报告　4，8，17，34，36～37，58，60，71，90，95，97，99，105，107，118，180，241，278，284，286

智库报告　95，123～128，284，286～287

学术论文　3～4，16，37，58，99，107，118，131，149，278，284，286～287

学术论文集　58，278，284，286～287

学术专著　4，31，36～37，48，58，80，82，107，118～120，131，278，284，286～287

图书质量　2，6～8，11～14，19，22～23，

25～32，35～38，49，52，70～90，94，
97，133，159，165，183，274，276～277

参考文献　8，14，16，25～26，78～79，
83，85～86，88～89，91，93，97，103～
112，118～121，123，134，166，168～
169，185，221，274～275，280，287

索引　8，14，16，26，34，37，48，50，
56，77，79，83，85～86，88～89，91，
93，97～98，103～107，113～123，134，
168～169，185，221，257，265，267，
274～275，280，287

学术评价　8，18～19，26，31～32，79，
84，151，272，274，285，290

文献计量　8，18～19，32～33，47，100～
101，285，290

学术品牌　144，274，279，280

学术共同体　12，18，21，74，131，256～
257，277，280，284～285，289～290

学术出版规范　5，8，13，15，26～28，
168～169，177，221，267～268，272，
274，280，285，287，289

学术出版机构　2，4，6～7，9～14，38～
39，45～52，123，125，128，134，136～
139，141，151，155，158，166，168，
171，175，179～180，182，185～190，
195，199，203～204，208～240，242，
244～246，249～250，255～274，277，
279～283，285，288～289

学术出版能力　2～4，6～7，9～14，21～
23，70，130～133，137～140，160～

161，163，177，179，182～183，190，
194～199，203～204，210，250，258，
270，272，285，289

学术出版能力评价　14，22～23，130，
138～139，163，177，183，190，194～195

人文社会科学　1，3，5～8，10～14，17，
19，31～34，36，51，53，55～56，58～
59，62，70，74～76，79，84，86～87，
89～90，94～95，97～98，100，104～
109，112～114，123，125，128，132，
168，179～180，182～183，195，199，
203～204，210，212～213，220，272，
275～278，286

学术出版资源整合能力　9，12，133，137，
142～143，145～147，163～166，177，
183，195～203，211，214～220，274，289

学术产品加工能力　9，12，133～134，137，
142，147，149～151，163，166～169，
177，184，195～203，220～224，274，289

学术产品营销传播能力　9，12，133～134，
137，142，151～153，155，163，169～
172，178，185，195～203，227，230～
231，233，274，289

数字出版能力　9，12～13，132～133，
135～137，142，155，157～158，163，
171～175，178，182，187，195～199，
211，235，237，274，281，289

国际出版能力　9，12，133，136～137，
142，158，160～163，175～178，188，
195～199，211，239，245，274，289

图书在版编目（CIP）数据

学术出版研究：中国学术图书质量与学术出版能力
评价／谢曙光等著. -- 北京：社会科学文献出版社，
2018.7
ISBN 978 - 7 - 5201 - 1930 - 6

Ⅰ.①学⋯　Ⅱ.①谢⋯　Ⅲ.①学术工作 - 出版物 - 图
书出版 - 研究 - 中国　Ⅳ.①G237

中国版本图书馆 CIP 数据核字（2017）第 318103 号

学术出版研究
　　——中国学术图书质量与学术出版能力评价

著　　者／谢曙光 等

出 版 人／谢寿光
项目统筹／吴　丹
责任编辑／白　云　吴　丹

出　　版／社会科学文献出版社·皮书研究院（010）59367092
　　　　　　地址：北京市北三环中路甲 29 号院华龙大厦　邮编：100029
　　　　　　网址：www.ssap.com.cn
发　　行／市场营销中心（010）59367081　59367018
印　　装／三河市东方印刷有限公司

规　　格／开本：787mm × 1092mm　1/16
　　　　　　印张：20.25　字数：280 千字
版　　次／2018 年 7 月第 1 版　2018 年 7 月第 1 次印刷
书　　号／ISBN 978 - 7 - 5201 - 1930 - 6
定　　价／128.00 元